연금술이란 무엇인가

현직 연금술사가 들려주는
빛과 깨달음의 여정 ✳

연금술이란
무엇인가

파트릭 뷔렌스테나스 지음
이선주 옮김

정신세계사

연금술이란 무엇인가

ⓒ 파트릭 뷔렌스테나스, 2017

파트릭 뷔렌스테나스 짓고, 이선주 옮긴 것을 정신세계사 김우종이 2019년 10월 18일 처음 펴내다.
서정욱과 배민경이 다듬고, 변영옥이 꾸미고, 한서지업사에서 종이를, 재원프린팅에서 인쇄와 제본을,
하지혜가 책의 관리를 맡다. 정신세계사의 등록일자는 1978년 4월 25일(제2018-000095호),
주소는 03785 서울시 서대문구 연희로2길 76 2층, 전화는 02-733-3134, 팩스는 02-733-3144,
홈페이지는 www.mindbook.co.kr, 인터넷 카페는 cafe.naver.com/mindbooky이다.

2019년 10월 18일 펴낸 책(초판 제1쇄)
ISBN   978-89-357-0432-3 03110

이 도서의 국립중앙도서관 출판시도서목록(CIP)은 서지정보유통지원시스템 홈페이지(http://
seoji.nl.go.kr)와 국가자료공동목록시스템(http://www.nl.go.kr/kolisnet)에서 이용하실 수
있습니다.(CIP제어번호: CIP2019038619)

차 례

21세기에 연금술사라니? 그런 것이 정말 지금도 있을까?

물론이다. 내가 이렇게 버젓이 존재하고 있으니.

그렇다고 기다랗고 뾰족한 모자를 쓰고, 칙칙한 보라색 망토를 걸쳐 입고, 긴 수염까지 기른 노인네를 섣불리 상상하지는 말라. 나는 파트릭 뷔렌스테나스Patrick Burensteinas이고, 파리에 살고 있으며, 30년 이상 연금술사로 활동하고 있다. 내 명함에도 그렇게 적혀 있다.

당신은 당장 연금술에 대해 수많은 의문을 가질 것이다. 내가 거기에 답해주겠다. 그런데 어쩌면 당신은 이미 진실을 알고 있을지도 모른다.

연금술은 도처에 산재해 있다. 광고나 문학 작품들을 한번 보라. "사랑은 야릇한 연금술이다", "부엌에서는 연금술이 통한다"

등의 표현이 쓰이고 아예 '알쉬미^{Alchimie(연금술)}'라는 향수 이름까지 있지 않은가.

그렇다면 평상인에게 연금술은 과연 어떻게 비치고 있을까? 상반되는 것을 서로 섞는 것? 나도 동의한다. 미스터리를 약간 넣어서? 거기에도 동의한다. 그래서 결국 예사롭지 않고 굉장한 결과를 만들어내는…? 그렇다. 게다가 거의 불가능한 것, 그러니까 금의 가치를 가지는 뭔가를 만들어내는…? 맞다.

보라, 당신은 벌써 파악하고 있지 않은가! 과학 분야에 종사하다가 전향하여 이 분야에 몸담고 있는 내가 이제 말할 수 있는 것은, 연금술은 하나의 예술이며 철학이라는 것이다. 행복의 예술이며, 삶의 철학이다. 당신과 마찬가지로 내가 모색하는 것도 바로 행복이니까.

장작을 때어 실내를 밝히거나, 물질의 속성을 바꾸려고 금속을 녹이거나, 빛을 발견하려고 실험실에 처박히는 등의 행위는 마냥 터무니없어 보일 것이다. 그러나 내가 당신에게 함께하자고 여기서 제안하는 것이 바로 그런 여정이다.

나는 당신을 콤포스텔라^{Compostella} 순례지(스페인 산티아고 순례길. 역주)로 초대할 것이다. 그 길에서 당신은 당당한 기풍으로 대지에서 별들을 낚게(compost stella) 될 것이다. 우리가 할 일은 투박한 것들 중에서 섬세한 것을 가려내는 작업이다. 시간의 줄을 타고 올라가서 우리가 가진 환영의 대부분은 물론이고, 시간 그 자체도 사라지는 곳으로 초대하겠다. 예사롭지 않은 현실의 문을 열어보기 위해서 당신도 순례자(pèlerin) ― 문자적으로 보면 '껍질을 벗는(pèle) 자' — 처럼 탈바꿈하게 될 것이다.

그러면 이 여정에는 무엇이 필요할까? 불가능도 뚫겠다는 순수한 호기심과 열린 눈과 주의 깊은 귀 정도면 된다. 그냥 가볍게 떠나자! 화학이나 아람어나 점성술에 대한 지식 따위는 없어도 된다.

기도할 때 필요한 깔개라든지 굿할 때 쓰는 막대기 같은 것도 필요 없다. 신이나 주술사가 필요하지 않은 여정이니까. 하지만 내가 줄곧 그랬듯 당신도 변별력은 잊지 말아야 할 것이다. 객관성을 유지하면서 당신 스스로 체험해보기 바란다.

물질 뒤에 무엇이 있는지 우리는 함께 발견하게 될 것이다. 말의 음률을 새겨들으라. 거기에 모든 것이 있다. 물질 안에도, 3분의 1은 영혼이다. 우리가 말의 음률을 '새의 언어'라고 부르는 이유는 그것이 덧없이 날아가버리기 때문이다. 그러나 영혼이 작용하는 곳에는 마법이 일어난다.

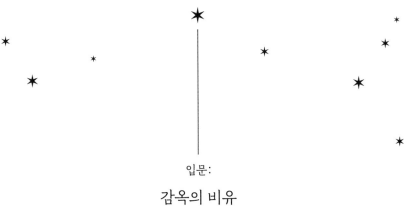

입문:

감옥의 비유

옛날 옛적에 전지전능(le grand tout)이 있었다. 평소 같지 않던 어느 날, 작은 점 하나가 자신의 존재를 인지하게 되자 공간 하나가 설정되었다. 어디든 가능했겠지만, 그 '어디'라는 것은 없었다. 언제든 가능했겠지만, 그 '언제'도 없었다. 누구든 가능했겠지만, 그 '누구'도 없었다. 단지 점 하나, 전일체(l'unité)의 한 귀퉁이에 있는 점 하나뿐이었고, 그 점은 자신의 주위로 기포 하나를 만들었다.

그 기포에 갇혀 있는 전체의 한 부분, 이것을 '갇힌 이'라고 부르기로 하자. 자신이 만든 감옥에 갇힌 그는 의문을 품기 시작했다. '왜 하필 나일까?' 그렇게 해서 태초의 생각이 생겨났다. 이어서 수많은 질문이 수많은 생각을 만들어냈다. '나는 어디에 있는 것일까? 왜? 도대체 얼마 동안? 어떻게 여기를 나가지?' 등등.

갇혀서 정신분열 상태에 처해버린 그가 만들어내는 잡다한 생각들이 바로 우리다. 우리 각자가 대체로 자신에게 맞는 방을 갖춰가면서 수많은 방이 생겨났고, 이윽고 거대한 우주가 만들어졌다. 어떤 이는 어두운 감방의 짚더미에서 자기도 하고, 또 어떤 이는 환기통이나 창문을 구비하기도 했다. 하지만 이들 중 극히 소수만 낮의 진짜 빛을 봤을 뿐이다.

자신이 감옥에서 오랫동안 머문다는 사실을 알면 거기서도 규칙을 만들어낸다. 자신의 감방을 좀 개선하려고 벽을 장식하기도 한다. 이런 장식들 중에는 도그마도 있고 신앙이나 다양한 치유법들도 있다. 그런가 하면 관심을 쏟을 만한 기분전환 거리들도 있다. 손톱으로 벽을 긁어 구멍을 내는 것보다 벽에다 포스터를 붙이는 것이 훨씬 쉬우니까. 그런데 여기서 연금술사는 "꾸준히 노력하라!"고 말한다. "구멍을 뚫으라, 그러면 보일 것이다!"라고. 하지만 단단한 물질을 긁노라면 손가락이 무척이나 아플 것이다.

연금술사란, 자신의 눈으로 빛줄기를 한 번 감지하고는 그 지표를 잊지 않는 사람이다. 그는 문밖으로 머리를 내밀어 새로운 공기를 맛보고 나자 전처럼은 숨을 쉬지 못하게 되어버렸다. 그는 이 세상이 저 밖, 진정한 빛 속에서 시작되었음을 알고 있다.

구원자들이 오는 곳은 저 밖에서다. 연금술사는 분명히 들었다. 밖에서 들려오는 작은 소리, 가끔은 저 멀리서 문 두드리는 소리. — 똑똑! 바로 그들이다. 문을 열었으니 이제 어떻게 해야 할까? 그들을 따라 밖으로 나가서 마침내 나도 자유로워질까? 물론 그럴 수 있다. 아니면 이렇게 말할 수도 있다. "기다리시오. 저 아래 아직 사람들이 많으니 가서 알려주고 오겠소."

연금술사는 바로 이런 사람이다. 일단 빛을 본 후 그것을 갇힌 이들에게 알려주려고 지하감옥으로 되돌아가는 사람. 그런데 빛을 한 번도 보지 못하고 암흑만 알고 있는 이들에게 어떻게 빛을 설명할 수 있을까? 눈이 봉인된 채 꽉 감겨져 있는 사람들은 아무것도 보거나 들으려 하지 않는다. 그들을 설득하기 위해서는 증거가 필요하다. 우리를 행복하게 만드는 빛을 증명해줄 어떤 것 말이다. 그것이 바로 '현자의 돌'이다. 감지할 수 없는 세상에서도 뭔가를 감지할 수 있게 해주는 증거. 물질 속에 깃든 영혼이 평화를 찾고 나면 불현듯 제 모습을 나타낸다는 것을 보여주는 증거.

그래도 갇혀 있는 이들은 굳이 나오려고 하지 않을지 모른다. 감옥의 왕이라면 더욱이! 그 감옥이라는 틀이 있어야만 왕이니까. 그래서 그는 보초들에게 구멍을 메우라며 이렇게 외친다. "안 돼, 저 밖에는 아무것도 없어. 절대 나가선 안 돼. 얼마나 위험하다고!" 문을 여는 것은 오히려 그에게 위험하다. 문이 열리면 그가 가진 것들을 잃게 될 테니까. 그의 규칙은 그 감옥 안에서만 통하니까. 더 경악스러운 점은, 감옥 안에서도 감방을 옮길 때마다 규칙이 바뀌면서 이전의 것들이 가치를 잃는다는 사실이다. 그럼에도 어떤 여정을 따른다는 것은 꾸준히 이 감방 저 감방 바꿔가며 마지막 감방의 마지막 문까지 도달하는 일이다.

우리는 감방을 떠날 때 거기서 아무것도 가져가지 않는다. 감방을 꾸며주던 포스터나 구멍을 뚫는 데 쓰였던 도구조차도. 그 모든 것을 뒤에 남겨두고 그냥 맨몸으로 여정을 따른다. 순례자처럼 훌훌 벗어던지며 탈바꿈한다. 그 유명한 '내려놓기'를 경험하게 된다. 그렇다. 뭔지 모르게 두려울 수도 있다.

그런데 알고 보면 이 두려움이야말로 위험하다. 자신의 감방에 남아서 안락해지는 것, 그것을 모든 종교는 '유혹'이라 일컫는다. 더 먼 곳을 바라보며 날아올라야 한다는 사실을 잊은 채 당장 기분이 좋아지는 데만 연연하는 것, 빠져나올 생각 자체를 잊어버린 채 오히려 감금된 상태를 개선하는 것. 그것이 바로 율리시스가 겪은 유혹이기도 하다. 율리시스는 여기저기를 배회하다가 집에 귀가하는 것조차 잊어버리지 않았는가.《오디세이아》나 다른 입문적入門的 고찰뿐 아니라 각종 종교와 창조신화에서도 이런 식의 '감옥의 비유'를 발견할 수 있다. 당장 우리가 흔히 쓰는 표현에도 있지 않은가. "도저히 빠져나갈 수가 없다."

여기서 연금술사답게 연금술식으로 기꺼이 한술 더 뜨자면, 갇힌 이들을 석방하느냐 마느냐도 우리 자신에게 달려 있으니 반길 만한 일이다. 우리는 갇힌 이의 생각이 만들어낸 산물인 만큼, 우리 스스로 긍정적인 생각을 만들어내어 빛이 감옥의 벽을 통과하도록 힘써야 한다. 다시 말해, 인간을 구출해줄 어떤 신을 기다릴 것이 아니라, 인간 자신이 갇혀 있는 신을 구해야 한다는 말이다. 우리를 들뜨게 만드는 새로운 관점 아닌가!

그래서 당신에게 당부한다. 무엇보다도 긍정적인 생각을 가진 다음, 감방에서 그저 편안해하지 말고 꿈틀거리면서 거기를 빠져나오라고.

한편 나는 비유법을 계속 사용할 것이다. 비유법은 이 책을 읽는 내내, 이 감방에서 저 감방으로 건너다닌 나의 여정을 당신에게 증명하는 방법이기도 하다. 그 속의 어두운 복도들, 대기실들, 등을 굽혀야만 했던 흰 천장들, 막히던 계단참들, 마침내 터널의 끝…. 그리고 그 여정에서 만난 경비원들뿐 아니라 안내자들에 대해서도 언급하겠다.

이제 나의 역할은 전수(transmission)하는 것이다. 연금술사의 목적은 빛을 찾는 것뿐 아니라, 암흑을 용서하고 더 나아가 암흑과도 빛을 나눠 가지는 것이다. 지하감옥의 암흑 속에서 나는 내게 주어진 등불의 빛을 나눠 가지는 작업에 응했다. 이 시점에서 나는 자신을 '감옥의 방문자'라고 여긴다.

신사 숙녀 여러분, 출구는 이쪽입니다. 자, 이쪽으로!

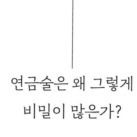

연금술은 왜 그렇게
비밀이 많은가?

당신은 연금술에 관한 책을 펼쳐본 적이 있는가? 만일 있다면, 고백하라. 아무것도 이해하지 못했다고! 적어도 그 분야의 입문자가 아니라면 말이다. 연금술 책을 보면 초록색 사자도 있고, 유니콘도 보이고, 용龍도 눈에 띈다. 달의 액체와 처녀의 젖으로 만든 괴이한 목욕물도 있다. 마른 물, 비밀스러운 불, 황으로 된 꽃, 생명의 수은 등도 기약한다. 독수리는 수증기, 월경은 용해액, 늑대는 안티몬을 가리키기도 한다. 안 되는 것을 계속해서 밀고 나가고, 응고시켜보고, 까마귀 머리를 자르기도 하고, 빛을 얼리거나, 햇빛과 달빛을 섞어보기도 한다. 용해하고, 가열하고, 압축시키기도 한다. 불도마뱀 집을 만들고, 화학적 혼배婚配를 기념하고, 뭔가를 태워서 결정체를 만들기도 한다. 야릇하면서도 예쁘고, 예쁘면서도 오묘하다.

한마디로 말해 밀폐되어(hermétique) 있다. 밀폐용기처럼 꽉 닫혀 있어서 아무것도 빠져나가지 못한다. 또한 헤르메틱하다는 것은 '헤르메스의 도장이 찍혔다'(문자 그대로 하면 '봉인되어 비밀스럽다'는 뜻. 역주)는 의미를 내포하기도 한다. 여기서 헤르메스는 고대 이집트에서 지식의 신인 토트Thot였다가 로마 시대에는 머큐리Mercure가 된, 그리스의 헤르메스 트리메기스투스Hermès Trismégiste를 말한다. 사실상 연금술의 흔적이 처음으로 발견되는 곳은 고대 이집트다. 그리고 그 유명한 〈에메랄드 옥판〉(Table d'émeraude)의 헤르메스 트리메기스투스 이름을 달고 나온, 그리스어로 된 다양한 글들이 기원전 1세기부터 수 세기 동안 유포되었다. 그와 더불어 헤르메스는 특정 인물보다는 어떤 주제를 가리키는 용어가 되었고, 연금술이 '헤르메틱 학문'(비밀스러운 학문. 역주)이라 불리게 된 것이다.

연금술, 혹은 비밀을 길러내는 예술…. 이 예술의 정수는 고서 《침묵의 책》(Mutus liber) 속에 담겨 있다. 이 책은 전설을 소개하거나 연대기별로 정리한 것이 아닌, 단순한 삽화 모음집이다. 그 외 다른 책자들을 훑어보면, 용기들의 이름이 상징이나 천체 이름으로 표현되어 있거나 아예 그 두 가지가 다 섞여 있다. 예를 들어 '화성의 사프란'(safran de Mars)이나 '금성의 비트리올'(vitriol de Vénus)과 같은 표현들은 그냥 진짜 구리의 황산화나 녹을 그런 식으로 거창하게 언급하고 있다. "의심 세 가지와 양심의 가책 두 가지, 씨앗 네 알을 넣어라"라고 적힌 글을 보며 어떻게 과학적 개량법을 사용할 수 있겠는가! 그야말로 완전 수수께끼나 마찬가지다.

그렇다면 연금술이란 이제는 아무도, 심지어 좀 아는 척하는 사람들조차 전혀 이해하지 못하는 구태의연하고 허무맹랑한 것이라고 해야 할까? 아니면 거기에 입문한 사람들만 이해할 수 있는 야릇한 학문일까? 만일 후자라면, 수많은 사람들에게 굳이 그것을 감춰야만 할 이유가 있는 걸까? 공개하면 큰일이라도 나는 걸까?

사람들은 내게 이 비밀과 관련해서 자주 묻는다. 왜 연금술은 그토록 비밀스럽게 진행되는지, 내가 그 수많은 비밀을 다 알고 있는지, 알고 있다면 좀 알려주면 안 되는지. 나는 기꺼이 답변하겠다.

제조회사들은 제각기 나름의 생산 비법을 가지고 있고, 그런 이유로 암호문이나 은어가 만들어진다. 이런 비법은 세대를 거치면서 확보된 보물인 만큼, 그들이 지향하는 예술적 규정 속에서 그 전통을 지켜나갈 수 있는 사람들에게만 전수된다. 연금술도 예외는 아니며 그럴 만한 이유가 무수히 많다.

무엇보다도 연금술은 위험한 예술이라는 점을 들 수 있겠다. 탄이 든 총을 아이에게 맡길 수 없듯이, 서투른 초보자들에게 까다로운 공식을 알려줄 필요는 없다. 화약을 발명한 것도 연금술사인데, 그것을 발명하기까지 모르긴 해도 여러 번의 폭발을 감수했을 것이다. 피에르 퀴리Pierre Curie와 마리 퀴리Marie Curie가 중독증으로 사망한 것도 그들이 우라늄을 기반으로 '현자의 돌'을 만들어내려는 연금술식 실험을 했기 때문이다. 한편 나치로 말할 것 같으면, 지배와 권력을 갈망하는 일명 '독재자의 돌'이라는 현자의 돌을 만들려고 안간힘을 썼다(다행히도 실패했다). 질 드 레Gilles de Rais(프랑스 역사상 최악의 연쇄살인마로 지목되곤 하는 15세기의 귀족. 역주)가 아이들에게 가한 고문도 같은 맥락이었다.

결국 이 영역의 지식이 대중에게 공개되지 않고 이 분야에 몸담는 사람들에게만 문이 열려 있었던 것은 오히려 신중했기 때문이라고 봐야 한다.

게다가 '이 분야에 몸담는 사람'이라는 표현에는 좀더 형이상학적인 의미가 더해진다. 그것은 바로 연금술은 과학이 아니라는 점이다. 연금술은 일반적 공식으로 풀어질 수 있는 것이 아닌, 마법의 공식이다. 사용된 용기나 요소, 가열되거나 숙성되는 시간, 온도, 주어진 숫자나 헤아릴 수 있는 숫자에 의존해서 결과가 나타나지 않는다. 그 결과는 오히려 실험자 자신에게 달려 있다.

연금술의 비밀이 여기 있다. 결과가 바로 주체에게 달려 있다는 것. 똑같은 금속, 불, 용기, 설명서를 두 사람에게 제공해보라. 한 명은 금속을 녹일 수 있고, 다른 한 명은 못 녹인다. 한 명은 변성에 성공하고 다른 한 명은 절대 못 해낸다. 기가 막힐 노릇 아닌가? 하지만 받아들일 수밖에 없는 현실이다. 이 쓰디쓴 교훈을 받아들이게 하려고 나는 두 명의 요리사 얘기를 흔히 예로 든다. 같은 부엌에서 같은 재료와 조리법을 써도 두 요리사는 절대로 똑같은 음식을 만들어내지 못한다. 그 둘은 알 수 없는 이유로 티가 나고야 만다. 바로 이것, '알 수 없는 뭔가'가 바로 화학과 연금술의 차이다.

요리 얘기를 더 해보자. 요리만큼 연금술과 가까운 것은 없으니까. '사랑으로' 만든 음식이 미움을 품고 만든 음식보다 훨씬 맛 있다는 이야기를 들어본 적 없는가? 화내면서 요리하다가 음식을 망쳐버린 적은? 기분 좋고 자신감 넘치던 날 '우연히' 만든 음식이 기똥차게 맛있던 적은?

연금술이란 바로, 이처럼 '획' 하고 발휘된 자신감과 우리에게 빛을 주는 약간의 도움의 손길 — 소위 '신의 선물'(donum dei) — 이 만들어내는 기똥찬 결합이다. 하지만 애석하게도 여기서도 내가 또 덧붙여야 하는 말은, 이 두 가지 기본요소의 결합 또한 우리의 의지에 달려 있다는 점이다.

연금술적 용어들이 꽤히 까다롭게 이미지로 표현되고, 상징들 때문에 골치 아프고, 무슨 말인지 하나도 모르겠다면, 거기에는 어쩌면 그럴 만한 이유가 있을 것이다. 연금술은 이성理性에 다가가는 것이 아니라 우리 자신에게 다가오기 때문이다. '연금술은 과학이 아니라 예술'이라는 말은 아무리 반복해도 지나치지 않다. 예술은 이성을 겨냥하지 않는다. 이성이야말로 빛에 도달하는 것을 방해하는 가장 큰 암초라면? 연금술에서 사용되는 언어는 설명서에 쓰인 그런 언어가 아니다. 그러려면 차라리 암호를 푸는 단서를 찾아 나서는 탐정 역할이나 하는 게 낫다. 그때도 진리의 옆을 그냥 무심히 스쳐 지날까 우려스럽지만 말이다….

왠지 시대착오적이고 혼동을 야기하는 듯한 연금술의 이런 특성들조차 우리를 어떤 특정한 '분위기'로 이끌려는 목적을 지니고 있다. 내가 조르주 꽁브Georges Combe와 같이 만든 일곱 편의 다큐멘터리 영화 〈연금술 여행〉(Le Voyage Alchimique)에서 보여주려고 했던 것도 바로 그런 분위기다. 수십만 명의 사람들이 이 영화를 봤는데, 그중 많은 사람들이 내게 이런 메시지를 보내왔다. "아무것도 이해하지 못했지만, 그래도 뭔가가 와닿았어요." 그것이 바로 내가 창출하고자 했던 영화의 효과였다. 말로 표현하기 힘들고 이미지로도 나타낼 수 없는 뭔가를 경험한 듯한 느낌과 함께 잠에서 깨어난 적이 없는가? 정확히 뭔지는 모르겠지만 심오하거나 강렬한 뭔가를 알게 된 듯한 느낌 말이다.

꿈과 관련해서는 다른 장에서 다시 얘기하기로 하자. 대신 지금부터 확실히 해두고 싶은 것은 '앎(connaissance)'과 '지식(savoir)'은 다르다는 점이다. 지식이란 '어떤 것을 보는 것'(voir ça), 즉 어떤 사항을 거리를 두고 파악하는 것이다. 그런 점에서 연금술사에게는 지식이 필요 없다. 게다가 지식은 어딘지 권력의 냄새가 난다. 앎은 그와 반대로 '함께-태어나는 것'(co-naître), 즉 동반하여 새롭게 태어나는 것이다. 그리고 '이해한다(comprendre)'는 것은 '자기 자신으로 감싸 안는다'(prendre en soi)는 의미다. 내가 당신에게 권하는 체험이 바로 이런 유의 앎과 이해다. 지식의 여정이 아니라, 보다 내적인 참여의 여정이다. 당신의 감지력에 자신감을 가지고 이 입문의 여정에 동참하라. 이 여정은 그 말뜻에 걸맞게 옳은 길로 인도한다.

자, 다시 '비밀'로 되돌아오자. 새들의 언어, 단순해 보이는 말에서 진리의 노래가 울려 퍼진다. 비밀(secret)이란, '스스로 창출되는'(se créer) 것이다. 비밀스러운 돌(la pierre secrète)이란, 바로 '우리가 다듬어내는(l'on sécrète)' 것이다. 변성(transmutation)은 단지 실험용기 속에서만 일어나는 것이 아니라 연금술사 자신에게서도 일어난다. 연금술은 각자 자신의 길을 만들어가는 외롭디외로운 여정이다. 혹여 스승이 있다면 이끌어주기는 하겠지만, 스승 또한 아무것도 밝혀주지는 못한다.

어느 정도의 수준까지 도달한 제자들에게 나는 단지 단어 하나만 이해하면 된다고 늘 말한다. 물론 적절한 단어여야 한다. 모든 것이 그 단어 하나에 들어 있기 때문에, 모든 것을 순식간에 이해하는 작업이기도 하다. 그런데 그 딱 하나의 단어를 발견하는 것은 오로지 그들의 몫이다. 아니, 그것은 단순한 발견이 아니라 일종의 계시(révélation)다. 그렇다. 내가 제자들에게 바로 밝혀주면 훨씬 간편할 것이다! 하지만 훨씬 간편할지는 모르나 전혀 쓸모없게 된다. 그 단어 자체에 힘이 있는 것이 아니라 그들이 경험하게 될 계시가 핵심이니까.

사람들이 얼마나 말을 귀담아듣지 않는지 상상을 불허한다. 사람들은 듣고 싶은 말만 듣는다. 연금술 책들의 처지가 딱 그렇다. 모든 것이 거기에 있다. 옛날부터 모든 것은 이미 언급되었을 뿐아니라 재차 언급되고 있다. 비밀스러운 책자들뿐 아니라 노트르담 성당 외벽 장식이나 잘 알려진 전래동화들, 널리 출판되어 읽히는 책들을 통해서! 모두 이미 언급되어 있으니, 그것을 찾는 작업은 바로 당신의 몫이다.

가장 힘든 노력은 정확히 무엇을 찾는지도 모르는 상태에서 신념과 겸허함을 동시에 간직하며 모색하는 태도를 늘 잃지 않는 것이다. 이 말을 잊지 말라. — 차라리 아무것도 기다리지 않을 때 바로 거기서 모든 것을 발견하게 된다. 반면 뭔가를 기다리면 기다리는 그것만 발견하게 된다.

　연금술의 진짜 비밀은 바로, 아무런 비밀도 없다는 것이다.

연금술의
주요 원리

    연금술은 자유로운 여정이다. 당신은 지금 당장 그것을 맛보게 될 것이다. 당신에겐 두 가지 선택권이 있다. 이 장을 지금 읽느냐, 마느냐. 책을 읽는 내내 염두에 두게 될 원리들에 익숙해지려면 아래에 쓰인 기본사항들을 한번 읽어보기 바란다. 함축된 내용이니 그냥 쭉 읽어가면 된다. 아니면 이 장은 뛰어넘고 다음 장부터 읽어도 된다. 책을 읽어가다가 이런 기본사항들이 필요하다고 느껴질 때 이 부분을 훑어보면 되니까. 그렇다. 모든 권한은 독자에게 있다. 삶의 매 순간 선택권은 당신에게 있다는 것을 명심하라. 나는 연금술에다 내 목소리를 내주었지만, 당신의 여정은 당신이 알아서 새겨나갈 일이다. 이것이 바로 입문의 원리다. 자, 이제 시작한다.

연금술이란 무엇인가?

* 연금술이란 다양한 문명에서 수천 년 동안 실행되어온 하나
  의 **예술**이다. 보이는 세계를 뛰어넘어, 그 이상을 알아보려고
  자연의 비밀들을 꿰뚫는다. 즉 물질 이면의 영혼을 탐색하는
  작업이다.

* 또한 우주가 태초에 하나의 **전일체**^{全一體}에서 분리되었다고 본
  다. 그 전일체를 원상 복구하기 위해 연금술사는 분산돼 있는
  태초의 벽돌 파편들을 모으는 작업을 한다.

* 연금술에 의하면 우주는 단 하나의 목적이 있을 뿐이다. **요동
  을 없애는 것.** 이것은 인간의 차원에서도 마찬가지다. 인간의
  영혼은 자신의 요동을 없애려고 안간힘을 쓴다. 이 요동은 다
  양한 감정의 모양새로 나타난다.

* 연금술사의 목적은 진정한 **빛**을 찾아서 물질을 없애는 데 있
  다. 히브리어로 '빛'을 aor 혹은 aour라고 하는데, 바로 이 단
  어에서 금(or)과 사랑(amour)이 파생되었으니 이 둘은 결국 동
  일하다. 연금술사가 찾는 진정한 금은 단순한 금속이 아니라
  이 고귀한 빛(혹은 우주의 사랑)이다. 고귀하다(précieux)는 말은 새
  의 언어로 '하늘에 가깝다'(près des cieux)는 의미다.

* 연금술에서 말하는 **새의 언어**란 조류학하고는 무관하다. 아
  주 미묘하고 감지하기 힘들다는 의미에서 이렇게 부른다. 말
  하자면 연금술식으로 기호화된 표현법인데, 왜 이런 표현들
  을 쓰느냐고 되묻기 전에 연금술사는 예술가라는 점을 상기

하라. 우리는 실제의 어원이나 상상의 어원에서 영감받아 단어 이면의 음률에 귀 기울인다. 마치 어떤 소리가 우리의 의식에 대고 색다르면서도 아주 내면적인 진실을 노래하듯이. 이것을 '음운적 카발라'라고도 부른다. 새의 언어는 말장난이나 동음어들로 구성된다. 예를 들어 뜻은 다르지만 음이 같은 단어들인 sel(소금)과 scelle(봉인하다)과 selles(대변)을 섞어서 쓴다거나 Pierrot(피에로)와 pierre-eau(돌-물), étrange(야릇한)과 être-en-je(내게 있는), bien(잘)과 bi-un(둘-하나)처럼 발음의 유사성에 기반하여 단어를 변형하기도 한다. 그런가 하면 Diane de Poitiers(디안 드 뿌아티에)가 argent deux poids tiers로 바뀌는 식으로, 이름 Diane을 금속, 색깔, 신, 천체의 실마리로 풀어서 은(argent)으로 대체하고 나머지는 발음의 유사성으로 변형한다. 또 각각의 단어에 상징적인 의미를 부여하거나 여러 가지 의미를 포함하는 하나의 단어를 만들기도 한다. 예를 들어 FORT(강하다)는 feu(불), eau(물), air(공기), terre(흙)의 첫 자나 발음을 조합한 것이다. 이런 표현들이 귀에 익숙해질 때까지 책 곳곳에서 반짝일 것이다….

연금술사는 무엇을 하는가?

＊그는 물질과 자기 자신을 동시에 다룬다. 실험실(laboratoire)이라는 말에는 두 가지 상보적 요소가 담겨 있다. 하나는 물질에 대한 힘든 작업을 일컫는 노동(labor)이고, 다른 하나는 영

적 탐구를 의미하는 기도원(oratoire)이다. 우리는 연금술사의 작업 방식이 구체적이라는 의미에서 그것을 '실전적(opératif)'이라고 말하지만, 그 노동은 기도(oraison)가 병행돼야만 한다.

* 실험실에서 연금술사는 **현자의 돌**을 실현하려 한다. 이것을 성배(Graal)라고도 한다. 오랜 세월, 아니 어쩌면 한평생의 희생이 요구되는 탐구인데 이를 **대업**大業(le grand œuvre)의 탐구라고 부른다.

* 현자의 돌을 만드는 이에게는 예사롭지 않은 능력이 부여된다. 우리가 빛을 볼 수 없게 가로막고 있는 **일곱 가지 베일**을 뚫는 이에게는 특히나.

* 그중에는 변성의 능력도 있다. 즉 어떤 상태를 변화시킬 수 있는 능력인데, 납과 같은 '하찮은 금속'을 금으로 바꾸는 작업이 널리 알려져 있다. 이런 작업은 그 자체가 목적이 아니라 변성 능력을 증명하는 방편일 뿐이다.

어떻게 현자의 돌을 만들어내는가?

* 돌은 식물, 동물, 광물의 **세 가지 영역**에서 실현될 수 있다. 각 영역에서 실현된 돌은 그 영역에 해당하는 능력과 결부된다.

* 소위 현자의 돌이라고 불리는 것은 사실상 **광물 영역**에서만 실현될 수 있다. 금속으로부터 나오는 이것은 빨간 결정체다.

* **식물적 돌**은 '녹색 손'이라고 불리는데, 식물들과 의사소통을 하며 식물들이 무엇이 필요한지 파악하고 사람에게 어떤 식

물이 좋은지 알아차리는 능력을 선사한다. 이 능력은 현자의 돌의 7분의 1에 해당하는데, 일곱 가지 베일 중에서 단 하나만 뚫을 수 있다.

* 정상적인 연금술사라면 **동물적 돌**을 실현하려 하지는 않는다. 이것은 피로 만드는 것이기 때문이다. 앞에서 언급한 바 있는 '독재자의 돌'이 바로 그 에다.

* 현자의 돌을 실현하는 이를 **아뎁트**adepte라 부른다. 그는 다른 아뎁트들에 의해서 인정된다. 아뎁트는 어느 시대든 전 세계를 통틀어 한 세기에 열 명 남짓이다.

* 이 탐구를 하기 위해 연금술사는 원리적으로 **세 가지 여정** — 건조한 여정, 습한 여정, 지고한 여정 — 중 하나를 택하는데, 이 여정들은 서로 교차하거나 결합될 수도 있다.

* 건조한 여정은 불로 물질을 정화시킨다. 물질의 요동을 걷어내기 위해 그 물질을 용기에 담아 아주 뜨거운 온도로 녹이는 작업을 한다.

* 습한 여정은 물질을 용해함으로써 그것을 정화시킨다. 적합한 용액을 사용해서 물질을 분해하는데, 예를 들어 금속의 경우라면 산酸을 이용한다.

* 지고한 여정은 물질을 육체로 대체한다. 여기서 연금술사는 자신의 내부에서 현자의 돌을 실현하는데, 신체적인 단련을 통해 자신의 몸에 빛을 받아들인다. 중용의 여정이라고도 부른다.

* 어떤 여정을 선택하든, 연금술사는 그가 선택한 방식이나 기

술 혹은 그가 자아내는 신비에 국한되지 않는다. 즉, 어떤 식으로 물질을 다루든 간에 작업에 연루된 모든 것이 연금술사 자신의 내부적 변성을 꾀하는 일이라 볼 수 있다. 금속이든 식물이든 자기 육체든, 그것이 지닌 불순물들은 모두 자기 영혼의 **불순물**을 반영할 뿐이다. 어쨌든 개인의 의지를 넘어서는, 소위 초월적인 뭔가가 힘을 실어줘야만 그는 이 여정의 끝까지 나아갈 수 있다.

* 연금술사는 **일곱 가지 금속**을 언급한다. — 납(Pb), 주석(Sn), 철(Fe), 구리(Cu), 수은 (Hg), 은(Ag), 금(Au). 이것들을 동일한 금속의 일곱 가지 숙성 단계로 본다. 이 금속들은 제각기 기하학적 심볼, 천체, 신, 요일, 색, 천사, 원석, 가치, 결함을 의미한다. 연금술 책에서는 이 금속들의 이름과 그것이 상징하는 바가 별다른 구별 없이 뒤섞여 사용된다. 예를 들어 초승달이나 디안Diane 같은 명칭은 은(Ag)을 뜻한다.

본격적으로 들어가기 전에 알아야 할 것들

* 연금술사는 만물이 세 요소로 구성되어 있다고 보는데 정신, 영혼, 물질이 그것이다. 이 세 요소를 각각 수은, 황, 소금으로 칭한다.

* 정신은 물질의 **수은 요소**에 해당한다. 가장 불안정한 부분이자 '메시지'라고 할 수 있다. 식물을 예로 들면, 식물을 증류시켜 얻어내는 알코올(spiritueux라고 부르기도 한다)이 바로 식물의

수은 요소다. 인간의 수은 요소는 바로 생각이다. 수은은 여성의 모태, 즉 자궁을 나타내기도 한다. 주로 파란색과 하얀색, 그리고 달과 여성 등으로 표현된다.

* 물질의 **황 요소**는 영혼(âme)이다. 존재를 북돋워서 움직이게 하는 요소다. 식물의 황 요소는 그것을 짜내어 얻는 정유精油다. 그리고 인간의 황 요소는 감정(émotion)이다. 라틴어로 motio는 동작을 의미한다. 황을 뜻하는 soufre와 고통을 뜻하는 souffre는 철자가 거의 같다. 게다가 감정의 해방을 뜻하는 '숨을 내쉬다'(souffle)도 유사하다. 영혼은 요동의 서식처다. 인간은 끊임없이 자신의 황을 걸어내려고 한다. 황은 하늘의 불, 모태를 잉태시키는 남성적 근원을 가리킨다. 주로 빨간색과 태양, 남성 등으로 표현된다.

* 물질의 **소금 요소**는 그것을 이루는 근원 물질이다. 식물의 소금 요소는 식물의 재다. 어떤 물체든 태워보면 마지막에 항상 있는 그대로의 물질이 나타난다. 이것은 메시지가 걸어진 상태, 즉 더 이상 퇴화하지 않는 상태로서 태초의 벽돌에 해당한다. 마찬가지로 인간의 소금 요소는 바로 육신 그 자체다. 소금은 뭔가를 봉인한다(le sel scelle, 또 한 번 동음어가 작동한다). 소금은 증발하는 것들을 붙잡고, 미세한 물질들을 가둔다. 이런 우화적인 개념 정리는 접어두고 그냥 한마디로 표현하자면, 소금은 여성적 요소와 남성적 요소가 결합하여 태어난 아이다. 주로 하얀색으로 표현되며, 동그라미 중간에 평행선이 그어져 있는 모습으로 상징되기도 한다.

＊이런 식으로 표현된 용어들은 연금술 책을 읽는 초보자들에게 혼동을 불러일으킨다. 그도 그럴 것이, 수은과 황과 소금이 실제 그 물질을 가리키는지 상징적인 의미로 쓰였는지 구별해야 하기 때문이다. 예를 들어 '식물의 수은', '안티몬의 황', '수은의 황', '황의 황' 같은 표현들은 후자의 경우다.

＊이 세 가지 요소(수은, 황, 소금) 외에도 연금술은 물질에 **네 가지 속성 혹은 성분**을 부여하고 있다. '물', '공기', '흙', '불'이 그것인데 제각기 물질의 '액체', '기체', '고체', '혈장血漿' 상태에 해당한다. 그리고 다섯 번째 속성, 즉 연금술사가 탐구하는 다섯 번째 성분은 바로 물질의 정수(quintessence)다. 이 정수는 만물에 공통되며, 우리가 오감을 넘어서서 감지하게 되는 어떤 것이다. 이런 맥락에서 연금술사를 '정수를 추출하는 자'라고 부르기도 한다.

돌을 실현하기 위한 단계들

＊상징적인 의미에서 전통적으로 흑색 작업, 백색 작업, 적색 작업으로 불리는 세 가지 단계를 통틀어 '대업'이라 한다.

＊흑색 작업은 니그레도nigredo라고 부르기도 하는데, 어떤 물질의 세 가지 요소를 발현시키기 위해서 그 물질을 분해하는 작업이다. 물질의 부패나 변질(corruption), 혹은 문자 그대로 망가진 상태(corps rompu)라고 말할 수도 있다. 여기서 물질은 검게 변하며 원래의 모양새가 달아나버린다. 그래서 이 단계를

까마귀에 비유하기도 한다. 연금술사에게는 여러모로 불쾌한 단계다. 물질을 분해하려고 산화시키는데, 분해되는 물질이 고약한 냄새를 풍긴다. 이 과정에서 연금술사도 마치 죽을 듯 새까맣게 으스러지는데, 이 힘든 시기를 통과해야만 한다. 새의 언어로 들어보면, 산화하는 것(oxyder)은 '죽이다(occire)'와 유사하다. 수년이 걸리기도 하는 이 과정에서, 투박한 것들 중에서 섬세한 것을 가려낸다. 금속을 정화시키는 동안 연금술사 자신의 불순물도 정화되는 단계인데, 여차하면 죽음까지도 무릅써야 한다.

＊백색 작업은 알베도albedo라고도 하는데, 물질의 세 가지 요소를 정화시켜 완전히 다른 것으로 만들어내는 단계다. 황(남성)과 수은(여성)을 똑같은 양으로 섞는 작업이기도 하다. 그래서 **화학적 혼배**(noces chimiques)라고도 부르며, 시각적으로는 남자와 여자의 결합이나 태양과 달의 결합 등으로 묘사된다. 이 첫 혼합물을 **물듦**(teinture)이라고 하고, 소금이 그 불안정한 상태를 안정시키는 역할을 한다. 이 단계는 유니콘에 비유되는데, 유니콘은 순백의 정결 또는 자웅동체(hermaphrodite: 헤르메스와 아프로디테의 결합)를 상징한다.

＊적색 작업은 루베도rubedo라고도 하는데, 위의 '물든' 상태에 빛이 스며드는 단계를 말한다. 비로소 현자의 돌의 색깔인 빨간색이 나타난다. 이 빨간 물체는 물질의 정수(quintessence), 문자 그대로 다섯 번째 에센스(cinquième essence)이며 어떤 것으로도 분화되지 않는 물질의 본질이다. 앞에서 언급한 결합에 의

해 탄생한 아이에 해당한다. 서로 상반된 것들의 평화로운 공존이고, 위와 아래의 결합이며, 우주가 만들어낸 합일(synthèse)이다. 이제 자웅동체는 중성이 되었고, 재 속에서 다시 태어난 불사조가 이를 상징한다. 궁극적 단계이지만 극히 드물게 도달하는 이 단계가 연금술사에게는 바로 '깨달음'이다.

태초에 말씀이 있었으니:

예술과 더불어 보낸 어린 시절

연금술로 향하는 나의 첫걸음은 허청거리는 수준이었다. 내 주위는 온통 철 더미였으니, '금속의 여정'은 내게 이미 마련되어 있었다. 투박한 더미 속에서 나는 섬세한 것을 거침없이 가려내었다. 멀끔하거나 매끄러운 모양새를 한 것을 골라 해체도 했다. 검게 반짝이는 가루라도 발견하면 경이로웠다. 그러고 있으면 아버지가 다가와 내 손에서 그 화약을 뺏곤 했는데, 그때가 서너 살 무렵이었다.

이처럼 나는 어린 시절을 그야말로 알리바바의 동굴 같은 데서 보냈다. 아버지가 고철상이었으니까. 아버지는 수천 톤씩 철을 사들여서 쌓아두는가 하면 가려내거나 녹여서 다시 팔기도 했다. 그 당시 내가 가졌던 납 병정은 모든 파리 아이들이 가진 납 병정보다 더 많았을 것이다. 납 병정들을 철 더미로 끌고 나가서 내

식으로 아무렇게나 이름 붙인 암벽과 계곡을 타게 하며 놀았다. 마냥 상상력에 기반하여 아무거나 금으로 바꾸어내기에는 그야 말로 이상적인 '제1물질(prima materia)'이 아닐 수 없었다. 철 더미 의 정상에서 근사한 차와 비밀스러운 기계, 레이저 탱크, 게다가 숫자판과 버튼까지 장착된 쥘 베른Jules Verne 식의 잠수함까지 갖추 고 있었으니 왕이 부럽지 않았다.

　나는 그때부터 이런저런 얘기들을 지어내기 좋아했다. 내가 만 든 장난감 기구들은 움직이지 않았지만, 내 입에서 나오는 말들 은 창조주나 다름없었다. 그냥 내가 믿고 싶은 대로 이야기를 만 들면 됐다. 그런 얘기들을 동네 친구들에게 들려주면서 소심했던 내 성격은 차츰 바뀌었고, 그들도 내 얘기를 믿어주었다. 친구들 을 상상의 세계로 인도하려고 나는 골목대장 역할도 마다하지 않 았다. 요즘도 내가 기획한 여행의 가이드로 나서서 고인돌에 손 을 얹고 어디서 나오는지도 모를 얘기들을 주절거릴 때면 어린 시절 그때의 감흥에 빠지곤 한다. 그 나이에는 불가능이 없고, 보 이는 세계와 보이지 않는 세계 간의 경계도 없다.

　게다가 수많은 의문을 가지는 나이이기도 하다. 그런 의미에서 나는 여전히 그 나이에 머물러 있는지도 모르겠다. 바람은 어디 서 불어오는 걸까? 회오리는 어떻게 생겨난 걸까? 죽으면 어디로 가는 걸까? 구름은 왜 늘 달 앞만 지나가고, 뒤로는 안 지나갈까? 이런 단순하고 기본적인 의문들은 이 세상을 아주 기똥찬 장소로 보이게 했다.

　나는 이런 질문을 아버지에게 했고, 아버지는 대답해주었다. 폭발이 있던 그날, 이렇게 설명해주었다. "그래, 이 가루는 보기엔 깜찍하지, 근데 이 고리만 떼면 모든 걸 폭발시켜 버린단다." 이어서 폭음과 함께 굉장한 불꽃이 번쩍였다. 내 눈에 비친 아빠는 도사인 동시에 마법사였다.

아버지와 함께 나눈 추억을 바라보는 내 나름의 관점이 있다. 아주 사적이긴 하지만 여기서 털어놓겠다. 아버지는 내가 다섯 살 때 돌아가셔서 추억이 그리 많지는 않다. 당시 우리는 비녀쉬르센Vigneux-sur-seine(파리 남쪽에 위치한 파리 근교. 역주)의 한 시골집에서 생활했다. 유산으로 물려받은 낡은 집이었고, 1920년대에 숲을 대충 깎아서 다져놓은 땅이었다. 여하튼 내가 들은 바로는 그렇다. 오래된 사진 속에서 조부모님이 젊었을 때 거기서 악기를 연주하며 떠들썩하게 잔치하는 모습을 볼 수 있었다. 내게는 늘 나이 들고 근엄하게만 보이던 그들이 한때 그렇게 젊었고 야단법석을 떨듯 즐거워했다니 믿기지 않는 광경이었다. 이처럼 그 옛날의 잔치 분위기와 야생의 자연을 그대로 품고 있던 집이었다.

그 집 화장실에서 아버지와 함께 나눈, 잊지 못할 추억이 하나 있다. 당시가 1950년대 말이었고 시골이었으니 당연히 재래식 화장실이다. 아버지는 변기통 위에, 나는 작은 똥통 위에 나란히 앉았다. 이래서 내가 앞서 아주 사적인 추억이라고 말하지 않았나…. 그 작은 화장실의 위쪽, 뻥 뚫린 천장으로 별들이 보였다. 이게 바로 내가 회상하곤 하는, 아버지와 함께했던 시간이다. 볼일을 보려고 앉았지만 두 눈은 하늘로 향한 채, 달에 대해, 우주의 무한함에 대해 얘기를 나누던 아버지와 나의 모습.

아버지는 심근경색으로 세상을 떠났다. 아무도 그 얘기를 내게 해주지 않았다. 여하튼 사망 직후는 아니었다. 방학이 끝날 즈음에야 어머니는 아버지가 돌아오지 않을 것이라고 말했다. 어머니는 나를 정성으로 돌보았다. 아니, 나를 위해 희생했다고도 말할 수 있다. 외동아들인 나를 돌보려고 재혼할 기회도 마다했다는 사실을 훗날 어머니의 편지들을 훑어보며 알게 되었다. 어머니의 보살핌에도 불구하고 내 마음속엔 여전히 풀리지 않는 의문들이 생겨났고, 거기에 답해줄 아버지는 더 이상 내 곁에 없었다.

나는 파리 시내 바스티유Bastille 근처, 금속과 나무 사이에서 자랐다. 아버지의 사업은 삼촌이 이어갔다. 삼촌과 처음으로 금속을 녹이는 엄청난 작업을 했다. 어머니는 목제가구 판매업에 종사했다. 파리 북쪽 생뚜안Saint-Ouen 벼룩시장에 노점상도 하나 가지고 있었다. 벼룩시장에는 귀중한 금속 더미들과 나무에서 풍기는 향, 거기다 언제나 나의 심금을 울리는 오래된 예술작품들이 즐비했다. 열두 살 때 나는 거기서 처음으로 작은 그림 하나를 사기도 했는데, 그 그림은 지금도 내 기도방에 걸려 있다. 화산 폭발로 불덩이가 회오리치듯 흘러내리며 불타고 있는 대지를 어두운 색깔로 묘사한 그림이다. 그 그림을 어머니 가게 바로 옆의 그림 상인에게서 샀는데 내게 처음으로 연금술 얘기를 해준 사람이기도 하다. 그리고 2년 후 학교에서 자유주제 발표회가 있었을 때, 나는 연금술을 주제로 삼았다.

그 시절 나는 에밀 졸라의 작품과 〈삼총사〉를 읽었고, 특히 쥘 베른의 책들을 즐겨 읽었다. 쥘 베른의 책에서 봤던 획기적인 발명품들은 아직도 내 가슴을 뛰게 한다. 쥘 베른은 꿈속에서 시간여행을 했을 것이다. 그렇지 않고서야 어떻게 그 시대에 헬리콥터, 전자의자, 전화기 같은 것을 상상할 수 있었겠는가? 심지어그가 묘사한 전화기는 전선이 연결된 특별한 거울을 통해 사람들이 원거리에서 음성과 영상을 주고받는 장치인데, 오늘날 쓰이는화상통화의 원조격이다.

그 시절, 벼룩시장의 중고책방에서 아무 책이나 쉽게 접할 수있었던 나는 〈르 쁘띠주르날le petit journal〉 같은 오래된 신문, 잡지들을 마구 독식했다. 1900년의 신문들이었지만 고리타분한 역사책이 아니라 살아 있는 현재의 이야기로 와닿았다. 마치 내가 스스로 지어내는 이야기 같다고나 할까. 대개 역사책들은 지식과먼지만 가득하기 일쑤지만, 뭔가 손에 잡힐 듯하고 여전히 와닿는 과거로 빠져드는 걸 즐기는 내 느낌은 다르다. 마치 예술작품의 첫 발상만 알고 난 후에 그 나머지는 내가 스스로 재해석해보는 느낌이다.

예나 지금이나 '이야기'에 대한 남다른 애착 탓에, 나는 훗날 현지답사 여행을 구상하게 된다. 성지나 전설이 가득한 장소에 관심을 가지는 사람들이 가슴 두근거리며 참가할 수 있는 여행 말이다.

전설, 오묘함, 자연적인 신비로움에 끌리던 나는 방학마다 기꺼이 시골로 향했다. 여름방학마다 어머니는 당신의 친구 집으로나를 보냈는데, 정확히 말하면 어머니와 거래하는 사람이 소유한시골 농장이었고, 장소는 르 로le Lot 지역의 수이악Souillac(프랑스 중남부의 도시. 역주) 근처였다. 일곱 살 때부터 거의 스무 살이 될 때까지 나는 1년 중 한 달간을 그야말로 촌구석에서 보냈다. 이런 표현을 쓰는 것은 당시 파리 토박이였던 내게 그곳이 딱 그렇게 보였기 때문이다. 이상한 것을 먹어대며 고약한 염소치즈 냄새를 풍기는 촌사람들에다, 텔레비전조차 없고 말뜻 그대로 해가 나야 아침이 밝는 곳이었다. 마치 위문품으로 맛있는 비스킷이 오길 기다리는 전쟁 포로처럼, 나는 엄마가 책과 사탕을 담아 보내주는 소포를 눈이 빠지게 기다리곤 했다.

나는 거기서 파리에서는 보기 드문 어떤 할아버지와 시간을 보냈다. 할아버지는 제2차 세계대전을 내게 다양한 시각으로 얘기해주었다. 어떤 때는 길게 늘여서, 어떤 때는 넓게 펼쳐서, 또 어떤 때는 완전히 뒤집어서. 그래서 나는 마치 진짜 참전이라도 한 것처럼 전쟁사를 꿰뚫게 되었다. 더 흥미로운 것은 할아버지가 내게 자연을 가르쳐주었다는 점이다. 할아버지는 나를 곳곳으로 데리고 다녔다. 양들이나 개와 함께 들판과 공원, 폐허가 된 동네를 누비고 다녔고 동네 한구석에 있는 이웃집 도사에게도 데리고 갔다. 정말이지 안 가본 데가 없었다. 그러면서 이런저런 이야기를 해주었다. 일반 상식이라고는 전혀 없는 할아버지인데, 행여 땅바닥에 걸터앉을 때는 앉기 전에 항상 손부터 내밀어 땅을 짚어보며 말했다. "음, 거긴 앉으면 안 되겠구먼." "왜요? 왜 여긴 되고 저긴 안 돼요?"(항상 나는 이런 식으로 질문을 던졌다.) "왜냐하면 여긴 좋지만 저긴 나쁘니 그렇지." 어떤 장소에서는 또 이렇게 말했다. "아녀, 여기로 지나가면 안 되겄어." "왜요?" "여기 십자가가 있잖여. 뭔가 요상한 게 있어 피하려고 그러는겨." 그런가 하면 해가 저물어갈 무렵 불현듯 이렇게 말하기도 했다. "빨리 집으로 되돌아가야겠어. 서둘러!" "왜요?" "어기적대다간 못 볼 걸 보게 될 거여." "뭘요?" "시간 없어! 잔말 말고 따라와!"

1960년대였고 시골이었으니 여전히 미신이 만연했다. 누군가에게 앙심을 품는 일은 과일 따 먹듯 허다했다. 이웃 때문에 배가 아프니 이웃의 젖소를 못살게 군다거나, 나랑 결혼하길 거부한 그놈을 꼭두각시로 만들어 바늘을 마구 꽂는 식 말이다. 그러니 자신을 보호하거나 운수가 좋아지라고 일상에서 행해지는 사소한 예식이나 행동, 말들이 당연히 수두룩했다.

이런 것들이 나름 소중하다는 사실을 나는 나중에야 알게 되었다. 그 당시엔 마냥 따분하게만 여겨졌다. 어쨌든 당시 나는 이런 환경 덕분에 그야말로 '색다른' 논리와 친근해질 수 있었다. 지금 내가 미심쩍은 미신과 자연의 신비를 구별해낼 수 있게 된 것도, 세상에는 영원히 없어지지 않는 초자연성이 존재한다는 경험을 시켜준 어린 시절의 그 환경 덕이다. 물론 그 당시 괴짜 시골 할배가 태양이 지구를 돌고 있다고 우길 때는 그를 놀려대지 않을 수 없었다. "봐, 저렇게 해가 번연히 떠오르고 있는디, 그 잘난 파리 사람들은 우릴 멍청이로 취급하고 있으니 원!" (10여 년을 그렇게 여름마다 할아버지와 같이 보냈지만, 할아버지에게 나는 늘 파리 사람이었다.) 하지만 나조차 그런 할아버지를 무시할 수 없었던 순간은, 도대체 무슨 육감으로 그러는지는 모르겠지만, 여기는 앉으면 안 되고 저기는 괜찮으니 저기로 지나가야 한다는 식으로 기똥차게 예견할 때였다.

그리고 수년이 지나서 나는 이공계의 학위로 무장하게 되었고, 나만큼이나 학위로 무장한 사람들과 같이 실험실에서 일하게 되었다. 우리가 하던 실험은 원칙적으로는 우리 중 누구나 할 수 있는 실험이었다. 그런데 이상하게도 특정 실험은 꼭 특정 인물에게 맡기곤 했다. "왜 꼭 그 사람이어야 하지?"라고 물으면 대답은 이렇다. 그 사람이 하면 매번 성공하니까. 마찬가지로 금속을 녹이는 작업도 과학적으로 증명된 과정이 쓸모없을 때가 있다. 벌겋게 달아오르고 있는 금속 앞에 노련한 경험자가 불현듯 나타나 "됐어. 그만둬. 됐어!"라고 하면 모두 그의 말을 따른다. 그는 알고 있으니까. 요리도 마찬가지다. 주방장은 굳이 맛을 보지 않아도 얼마나 익혀야 하는지 정확히 알고 있다.

세상의 한 촌구석에서 생활하는 무식하다면 무식한 할아버지였지만, 내가 인정할 수밖에 없는 그의 앎은 바로 전통과 영감이 혼합된 경지였다.

훗날 나는 한 시골 마을에서 카발라에 대한 강연을 하게 되었다. 나는 히브리어 알파벳, 그중에서도 두 번째 알파벳인 베트(ㄱ)와 관련된 수호 예법을 이야기했다. 베트는 수평선이 지붕을 뜻하고 수직선이 벽을 뜻하는 집의 모양새다. 나는 우리 조상들이 이 문자의 모양을 본떠서 보호막을 표시하던 동작을 보여주려고 구둣발로 바닥을 치며 손을 머리 위로 긋고, 다시 발을 치며 쭉 뻗었다. 마치 그 문자를 내 속에 그려 넣듯이 말이다. 이런 행동을 거기 모인 사람들에게 보이자, 강연장에 참석했던 검붉은 얼굴의 시골 사내 한 명이 더욱 벌게진 얼굴로 내게 화를 내며 고함질렀다. "아니, 이럴 수가 있어요? 방금 선생님은 우리 할머니의 비법을 세상에 폭로했다구요!" 내가 보여준 동작이 그 사람의 가족끼리 쉬쉬하면서 몰래 간직해왔던 자기 수호의 보물이나 마찬가지였던 것이다. 그것이 히브리어 알파벳에서 유래했다는 사실을 그 사람은 인정하려 들지 않았다.

달리 말해, 전통은 단순히 무지의 색채를 띤 미신들을 뭉뚱그린 것만은 아니다. 전통은 그 기원이 잊혔을 뿐 여전히 효력을 잃지 않은 비결이자 감춰진 앎이다. 내가 연금술 분야의 책자들이나 야릇한 현상에 대한 문화적, 역사적, 과학적인 '해석'들을 좀 늦게 접하게 된 이유를 찾자면, 시골에서 생활하면서 그것들을 직접 경험해볼 수 있었기 때문일 것이다. 내게 지식을 전달하기보다는 오히려 분위기를 맛보게 해준 분들께 정말 감사드린다. '분위기를 맛보게 하는 것'은 하나의 전수 방식이라서 나도 그것을 자주 활용한다.

책을 통해서가 아니라 시골에서 내가 배운 또 다른 것은 바로 자연과의 관계다. 할아버지와 산책하거나 가축들을 방목하러 갔다 오는 길에서 우리는 절대로 빈손으로 되돌아오는 일이 없었다. 버섯, 밤, 오이, 야생 과일 등을 잔뜩 싸 들고 오곤 했다. 자연이 얼마나 관대한지를 내게 가르쳐준 이도 바로 그 할아버지다. 우리를 먹고살게 해주는 모든 것이 우리 손안에 있었다. 게다가 할아버지는 눈여겨보고, 귀 기울여 듣는 법도 가르쳐주었다. 내가 사람들을 이끌고 여행할 때 그들에게 가르치는 것도 바로 이 '보고 듣는' 연습이다. 자연 속에서는 보고 들으며 모든 것을 느끼게 되니까. 자연은 육체뿐 아니라 정신까지 보강해주니까.

더욱이 거기가 르 로 지역이었으니 얼마나 행운이었던가. 인류의 요람지로, 동굴 속에 원시인들이 남겨놓은 벽화들이 있는 곳이다. 벽화 위에 손을 대고 우리보다 27,000년 앞서 살았던 인간들이 거기에 똑같이 손을 대고 있었다고 생각하면 현기증까지 날 판이다. 알주^{Alzou} 계곡의 숲에 가면 그 옛날, 광산의 금속들을 녹였던 커다란 솥이 아직도 남아 있다. 옛날에 은과 안티몬 광산이 거기에 있었다는 게 상상이나 되는가! 그 시절에는 나중에 연금술사가 되리라고 생각해본 적 없었지만, 이런 분위기에 젖어 있었으니 내 길은 그때 이미 닦여져 있던 셈이나 마찬가지다.

시간이 가면 갈수록 의문들은 늘어갔지만, 내가 아는 답은 점점 줄어갔다. 더 배우고 익히고 싶은 갈증이 나를 새로운 길로 이끌었다. 나는 연금술을 하려고도, 강연을 하려고도, 책을 출간하려고도, 영화를 만들려고도 하지 않았다. 아니, '이런 것을 해야지'라는 식의 계획 자체를 하지 않았다. 그저 '이 우주에 대해 알고 싶다'는 마음뿐이었다. 그것이 바로 내 삶의 계획이었다. 나는 그냥 돌을 들춰서 그 밑에 대체 뭐가 있는지를 보고 싶었다. 그것이 전부다.

과학에서 예술로:

피어오른 불꽃

아주 오랜 기억을 되짚어봐도 나는 항상 우주가 어떻게 작용하는지 알고 싶어했던 것 같다. 학문에 눈뜰 나이가 되자, 오래전부터 나를 집요하게 따라다니던 이런 의문들에 가장 잘 답해줄 수 있는 학문이 과학이라고 생각했다. — '물질 속에도 비밀이 있을까? 무슨 이유로 이건 단단한데 저건 물렁물렁할까? 이건 찬데 왜 저건 따뜻할까? 모든 걸 탄생시킨 근원의 물질이 있는 건 아닐까?' 물리학이 그런 의문에 답해줄 것 같았다. 이제 겨우 숫자 1에서 시작하고 있는 것이나 마찬가지였으니, 거기서 시작해서 우리의 현실을 묘사하기까지 하나씩 체계를 잡아가면 되겠거니 했다.

내가 습득한 과학적 학식을 부인하는 것은 아니지만, 그렇다고 내가 배운 화학이 나를 연금술로 이끌었다고 말할 수는 없다. 나는 내가 거쳐온 학위 과정에 대해 사람들에게 별로 얘기하지 않는 편이다. 왜냐하면 사람들은 내가 그런 이력을 가졌으니 과학적인 설명과 관점을 동원해 연금술을 옹호해주기를 기대하기 때문이다. 그런데 나는 그런 일이라면 사양한다. 무엇보다도 연금술은 옹호할 필요가 없다. 준비가 되었으면 하산하고, 그렇지 않으면 계속 동굴에 처박혀 있으면 된다. 나는 연금술을 화학적으로 활용하지도 않고, 연구실에서 하얀 작업복 차림으로 미심쩍어하는 이들에게 증명해 보여야 할 공식이 있지도 않다. 나는 연금술을 몸소 경험했고, 거기에 관심 있는 사람이라면 누구든 환영한다. 변성이 진짜 가능하다는 사실을 전자나 원자를 언급해가면서 설명하는 것이 무슨 소용 있겠는가? 진짜 빛은 광자(photons)로 관측될 수 없다. 나는 특정 현상이 어떻게 가능한지 설명하려 하지 않는다. 그냥 그런 것이라고 받아들일 뿐이다. 왜냐하면 직접 경험해봤으니까. 연금술은 불가능을 가능하게 하니까. 이런 식의 관점이 행여 골치 아프게 느껴진다면 그냥 이쯤에서 책을 덮으시길….

실제로 종교사학이나 민속학, 금속제련학 등의 학계에서 연락이 오기도 했다. 소르본 대학에는 연금술이라는 연구 분야가 따로 있다. 하지만 나는 연금술을 과학화하는 작업을 거부한다. 왜냐하면 과학적인 시각으로 접근하기에는 불가능한 부분이 있기 때문이다. 학자들의 귀를 즐겁게 하자고 이 부분을 물리학적으로 설명해 보이기는 싫다. 행여 나를 과학적으로 반박하는 이들이 있다면, 그들의 코를 납작하게 만들 만한 그들 방식의 어휘를 모르는 것도 아니지만 말이다. 현재 내 수업을 듣는 제자들 가운데는 뛰어난 과학자들도 있는데, 다들 자신의 연구 분야에서 어떤 접점을 찾으려 한다. 나는 오히려 그 반대로, 과학자들이 그들 자신을 능가하는 방향으로 한 걸음 나아가기를 바란다. 연금술은 하나의 예술이며, 마법의 여정이다. 그것을 받아들이든 말든 각자 알아서 할 일이다.

나도 그런 것을 보여주려고 애를 쓴 때가 있었다. 어느 날 방사능 측정 기계를 구비한 엔지니어를 동반해 실험실에 있었다. 그는 장작불이 금속을 녹일 때의 온도를 측정하려고 했다. 바로 그날 기계가 표시한 온도는 1,750도였다. 집에서 장작을 때워서는 나올 수 없는 온도다. 나는 용기 자체를 녹인 적도 있는데 그때 온도는 2,000도였다. 과학은 이런 불가능을 마주할 때 어떤 태도를 보일까? 보일 수 있는 반응은 두 가지다. 머리가 어떻게 돼버릴지도 모르니 그냥 곧장 도망가버리든지(혹은 되려 상대를 자신의 이성을 잃게 만드는 위험한 사기꾼으로 취급하든지), 아니면 보이는 것을 인정하면서 이제껏 자신이 가지고 있던 세계관에 의문을 제기하든지.

의심스러워하는 이들에게 불가능이 가능하다는 것을 보여주고, 그들의 논리가 통하지 않는 작업을 실현시켜 보이고, 금속이 유리처럼 투명해질 수 있다는 것을 보여주며 경악하게 만들어본들 그들 중 대부분은 믿지 않을 테니, 그런 일을 뭐하러 하겠는가.

하긴 나도 초기에는 이런 유혹에 동하기도 했다. 증거들을 밝혀내며 번쩍번쩍 칼날이 선 이성을 쫓아가는 에고ego, 뭔가를 밝히기보다는 그냥 빛만 내려는 에고에 귀를 기울이면서 말이다. 앞서 얘기한, 말도 안 되는 장작불 온도의 예로 되돌아가자. 연금술사는 이에 대해 연금술식으로 설명한다. "이런 열기는 불도마뱀의 개입으로만 가능해질 뿐이다." 이와 관련해서는 다른 장에서 다시 언급하겠다. 초록색 불꽃이 일어나면, 그때 연금술사는 '이게 그것이로군' 하고 알아본다. 반면 일명 전문가들은 뭔가 산화되었거나, 구리의 황산화(sulfate)라고 말할 것이다. 그때 이렇게 대응해보라. "그런데 이런 현상이 왜 하필 이때에만 일어나지요?" 그러면 끝없는 논쟁이 시작된다. 각자 자신이 옳다는 것을 보여주려고 안간힘을 쓰게 될 것이다. 하지만 연금술은 그런 것은 무시한다. 그냥 그 현상을 조용히 응시하고 받아들인다.

이런 이유로 나는 곁에 전문가가 있으면 한마디만 하고 바로 입을 다문다. "잠깐! 이건 예술이랍니다. 괴테의 초록색 뱀이자 아즈텍의 도마뱀이자 또한 용이지요. 시詩이기도 하고, 낭만이기도 하답니다. 당신의 전공 분야에서는 당신이 옳겠지만, 제 편에서 보면 전혀 다른 이야기가 되지요."

그러면 논쟁이 수그러든다! 그들은 다소 누그러지면서 이 판 속으로 들어온다. 그들이 개운치 않았던 것은 바로 연금술사가 그들과 같은 땅에서 사냥을 하고 있다는 점이었으니까. 하지만 이것이 과학이 아니라 예술이라고 하면 그들은 그제야 마음을 열고 긴장을 푼다. 아니, 흥겨워하기까지 한다. "와우, 저기 녹색 뱀 봤어요? 아름다워요." 조금 전만 해도 타들어가는 모양새를 보며 나를 줄기차게 추궁해댔으면서 말이다. 연금술식으로 표현하자면, 소금을 용해하고 고착시킨 끝에 '정신'을 얻은 셈이라고나 할까.

내가 갑자기 세월을 뛰어넘어 이런 이야기를 굳이 한 것은 독자들이 오해하지 않도록 분명히 짚고 넘어갈 필요가 있다고 여겨

저서다. 나는 이 책에서 분명한 공식을 들먹이면서 연금술이 과학적으로 증명될 수 있음을 보여주려는 것이 아니다. 그냥 나 자신이 평범한 한 사람으로서 이런 경험들을 해왔다는 사실을 말하려는 것뿐이다. 물론 과학 또한 내가 탐구하는 영역에 속한다는 점만은 덧붙여둔다.

다시 내가 스물두 살이었던 때로 거슬러 가보자. 당시 대학생이었던 나는 니콜라 레므리Nicolas Lémery(프랑스의 화학자. 역주)가 집필한 《화학수업》(Cours de chimie)이란 책을 접하게 되었다. 17세기 말에 출간된 이 책은 당시 각광을 받아 여러 번 재간되었을 뿐 아니라 대부분의 유럽 국가에서 번역 출간되기도 했다. 이 책에서 레므리가 금속의 유리화琉璃化(vitrification) 같은 일명 불가능한 작업들을 어떻게 실현하는지 설명해놓았기 때문에 모든 연금술사가 그를 스쳐 가기는 하지만, 엄밀히 말해 이 책은 연금술 책이 아니다. 모든 수치를 미터법으로 바꿔서 적어두던 19세기의 한 약사가 소장했던 판본을 운 좋게도 내가 구하게 되었을 뿐이다.

나는 어린 시절 내내 금속 녹이는 것을 봐왔던 터라 이런 실험을 직접 시도해보는 일이 흥미로울 수밖에 없었다. 그래서 뭣도 모르고 그저 장작을 피우려고 시골집 마당에 구덩이를 팠던 것이 출발점이 되었다. 사춘기 시절 이래 줄곧 연금술에 어딘지 모르게 이끌려왔지만, 당시의 목적은 그런 것이 통하지 않는다는 사실을 스스로 확인하기 위해서였다. 그러니 처음으로 붙인 그 불은 전혀 신성하지 않은 그냥 불이었다. 그런 것은 순전히 거짓말이고 절대로 믿을 수 없다고 고집하면서 당겼던 불이니까. 그런데도 나는 순식간에 불의 아름다움에 빠져들었다. 여기서 '아름다움'은 그냥 나온 말이 아니다. 내 탐구의 원초는 ― 또한 결실은 ― 바로 아름다움이었다. 세상이 얼마나 아름다운지 보는 것, 그것이 바로 깨달음이다.

나는 바닥에 무릎을 꿇고 안티몬의 잔을 만들어보겠다는 기대로(아니, 어쩌면 실패하기를 기대하면서) 재에 입김을 불었다. 한 번, 두 번, 세 번. 물론 될 리가 없다. '내 그럴 줄 알았지! 다 거짓말이겠지!' 그래도 나는 계속 밀고 나갔다. 나는 혼자였고 주위에 얘기를 나눌 사람도 없었다. 하긴 이런 사적인 경험을 어떻게 다른 사람과 나누겠는가? 마치 머릿속을 뒤죽박죽으로 만들려고 작정한 사람처럼 보일 텐데. 만일 성공한다면 내 상식에 대반전이 일어날 것이고, 실패한다면 모든 노력이 한낱 꿈처럼 허사가 될 것이다. 나는 외줄 위에 서 있는 것과 다름없었다. 그래도 혹시 모르지 않는가. 노력하다 보면(persévérer) ― 보기 위해 구멍을 뚫다 보면(je perce pour voir) ― 뭐라도 될지. 그래서 나는 계속 시도했다.

그러던 어느 날, 평소와는 뭔가 다른 어느 날, 녹고 있는 금속 표면에 작은 물방울들이 생겨났다. 아니, 작은 기름방울이었던가. 여하튼 물이든 기름이든 그 자리에 있어야 할 것이 아닌, 작고 투명한 방울들이 벼룩마냥 튀고 있었다. 그것이 처음 생기는 아주 작은 유리방울이라는 것을 깨달은 나는 신기해하며 앞으로 다가갔다. 방울들이 정말로 움직이고 있었다. 이상하게도 내가 다가가니 움직임이 달라졌다. '아니 이럴 수가! 내가 미쳐가는 건 아니겠지? 어디서 바람이라도 부나?' 그런데 바람은 한 점도 없었다. 내가 멈춰 섰더니 방울들도 멈췄다. 내 동작에 방울의 움직임이 바뀌었다. 어찌 이런 일이! 그 작은 방울들이 마치 실험하는 자, 그러니까 나와 어떤 교감을 하고 있기라도 하듯 움직이고 있었다.

이렇게 해서 나의 믿음체계에 금이 갔다. 빈틈이 생겨버린 것이다. 아직은 미비하지만 오래전부터 도사리고 있던 자그마한 틈. 이제 그길 다시 닫느냐 그냥 열어놓느냐는 전적으로 나한테 달려 있었다.

불이 파닥거렸다. 녹고 있던 금속은 어느새 벌겋게 변했다. 금속 표면에서 방울들이 춤을 췄다. 이토록 아름다운 광경 앞에 오직 당신밖에 없다고 생각해보라. 입에서 '와우!' 하는 감탄사가 절로 나오게 된다. 창조의 엿새째 창조주가 뱉어냈을 단어는 아마도 이것이었을 것이다. 창세기에 보면 '하느님께서 보시니 좋았다'라고 번역돼 있는데 어딘지 좀 자아도취적이지 않은가! 히브리어로는 kitov라고 적혀 있는데, 이는 '와우!' 하고 가장 비슷한 말이다. 이 세상의 아름다움 앞에서 경이로움을 표하는 감탄사 말이다.

아, 연금술은 별다른 것이 아니구나. 그로써 나는 연금술의 첫 장을 익혔다.

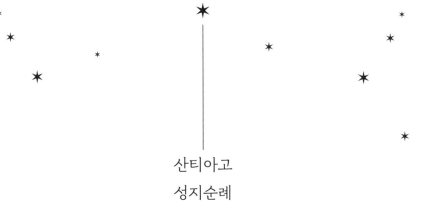

산티아고
성지순례

앞서 언급한 융해의 경험은 내게 혼동을 불러일으켰다. 그런데 나의 놀라움은 거기서 끝나지 않았다. 이 새로운 현실을 받아들이기 위해서는 다른 하나를 포기해야만 했다. 즉 탈바꿈이 필요했다. '변성'에는 '탈바꿈'의 의미가 있다. 껍데기를 벗어던져야 한다. 훌훌 버려지는 껍데기. 성지순례와 연관하여 나는 탈바꿈이라는 말을 앞에서 이미 사용한 바 있는데, 이와 관련해서는 곧이어 다시 언급하겠다.

나는 내 머릿속의 의문들을 해결해줄 다른 책 한 권을 접하게 되었다. 프랑수아 졸리베 카스텔로français Jollivet-Castelot가 쓴《물질의 삶과 영혼》(la vie et l'Âme de la matière)이라는 책인데 1893년에 출간되었다. (상대성 이론이 발표된 것은 1905년임을 상기하라.) 자칭 초超화학자였던 저자는 그 책에서 물질 속에는 '감지되지 않는 무엇'이 있다고 표현한다. 이 '무엇'과 더불어 작용과 반작용이 가능하다고도 말한다. 다시 말해 물질은 정신과 결합되어 있고, 정신에 가한 작용이 물질에서 결과를 만들어낼 수 있다는 것이다. 그 책은 저자의 실험들도 소개하고 있어서 내가 직접 실험해볼 수 있었다. 그럴싸한데! 또 한 번 이게 쓸데없는 짓이라는 걸 증명해볼까나?

그런데 문제는 그것이 가능했다는 것….

실험의 한 예를 들어보라고? 물체의 무게 증가를 예로 들어보자. 연금술적 과정을 다 거쳐서 공 안에 금속을 완전히 밀폐시키고 나면 그 공은 점점 더 무거워진다. 그럴 리가 없다고? 그런데 사실이다. 당신은 혼란스러울 것이다. 조금이 아니라 많이.

양자역학은 어떤 현상을 단순히 관찰만으로 변화시킬 수 있다고 주장함으로써 사람들을 의아하게 만들었다. 막스 플랑크Max Planck의 불확정성 원리나, 토마스 영Thomas Young의 간섭 실험(이중슬릿 실험)을 들여다보라. 오늘날에도 여전히 실행되고 있는 실험들이다. 어떤 입자가 무엇으로 구성되어 있는지를 알아보기 위해서 특정 공간에다 그 물체를 놓고 전자를 마구 쏘아본다. 그러면 그 입자는 산산조각 나면서 사방팔방 무작위로 흩어진다. 여기서 '무작위'라는 표현은 그냥 갖다 붙인 말이다. 왜냐하면 99.9퍼센트는 우연일지 몰라도, 그중 일부분은 항상 실험자와 연관되어 움직이기 때문이다. 그 실험을 하는 사람이 누구냐에 따라서 결과가 달라진다. 실험자와 실험 대상 사이에 측정 가능한 무언가가 존재한다니, 왠지 양자역학적인 냄새가 나지 않는가? 이후 과학계에서는 이런 현상을 설명할 수 있는 새로운 개념을 만들어내야만 했는데, 오죽했으면 '주술 계수'(coefficient de charme)라는 말을 붙였겠는가.

이제는 한술 더 떠서 이렇게도 말할 수 있겠다. 우리가 익숙해져 있는 합리적인 세계란 결코 우연이 만들어낸 결과가 아니다. 그런데도 사람들은 모든 사건이 마치 동일한 확률을 가진다고 미리 간주하여 일종의 논리, 즉 규칙으로 사건들을 연관 짓는다. 일관된 체계라는 표현에서 '일관되다(cohérent)'라는 단어는 새의 언어로 '함께 길을 잃는다'(co-errants)는 뜻이다.

아인슈타인은 우주의 힘 중에서 가장 극복하기 힘든 힘이 바로 습관이라고 말한 바 있다. 여하튼 나는 그 나이에 습관, 더 나아가 세계관까지 바꿀 준비가 되어 있을 정도로 성숙했던 것 같다. 나는 정원에서 장작불을 지피는 작업을 접고 아예 집 지하실에 나만을 위한 실험실을 만들기로 작정했다.

처음에는 혼자서 조용히 독서를 할 수 있는 안식처쯤으로 생각했다. 그래서 사다리, 책, 안락의자 등을 배치하여 무엇보다 안락하면서도 사적인 장소가 되도록 꾸몄다. 그런 다음 거기서 실험을 계속하려니 굴뚝과 실험대, 수도관과 배수구가 필요했다. 행여 화재라도 나면 큰일이니 서재는 분리해야 했다. 그래서 그 공간을 둘로 나누려고 뭣도 모르고 칸막이를 설치했는데, 알고 보니 연금술사 실험실(laboratoire)의 원래 모양새가 그랬다. 한 부분은 물질에 손을 대는 장소(labor)이고, 다른 부분은 정신을 부양시키는 장소(oratoire)이다. 나는 이 후자의 공간에 책뿐만 아니라 네 가지 요소들을 재단할 수 있는 재단탁자까지 마련했다. 그야말로 이전의 내 삶이 내팽개쳐진 채 준비되는 다른 길로 점차 접어들고 있었다.

일단 이렇게 장소는 마련했는데 기초 물질이 없었다. 중세의 연금술사들은 실습생에게 이렇게 말했다고 한다. "자, 어디 가서 제1물질부터 구한 다음에 나를 다시 찾아오너라." 서구에서 제1 물질(prima materia)이란 전통적으로 안티몬을 일컫는다. 그런데 이런 다금속 단괴(Polymetallic nodules)를 도대체 어디에서 구해온단 말인가? 그야 참배지로 유명한 스페인의 산티아고 데 콤포스텔라에서 서쪽으로 90킬로 떨어진, 땅과 바다가 만나는 피스테라 곶(cabo Fisterra)에 있는 해변이리라.

이곳은 9세기부터 순례가 시작되었다고 하는데, 사실상 그보다 더 오래되었을 수도 있다. 순례의 원점이라고 간주되는 이곳부터 산티아고까지는 그리스도교가 시작되기 훨씬 이전부터 순례자들의 흔적이 보인다. 옛날부터 이곳은 태양신 숭배지이기도 했다. 스페인을 동서로 잇는 이 길을 '별의 길'이라고 부르는데, 이유는 이 길이 은하수와 평행선에 있기 때문이다. 순례와 연금술사의 상징인 그 유명한 조개를 발견할 수 있는 곳도 바로 이 해변이지, 바다에서 사흘을 족히 걸어야 도달하는 산티아고가 아니다. 여기에 가면 조개와 파도에 실려온 작은 갈색 돌을 닮은 단괴들이 여기저기 흩어져 있는 모습을 볼 수 있다.

나는 시작한 김에 제대로 해보고 싶었다. 앞날이 창창했고 시간도 남아돌았다. 중세의 연금술사 실습생마냥 브뤼셀(벨기에의 수도. 역주)에서부터 걷기 시작했다. 좀 전에 말한 그 피스테라 곶에

도착하기까지 꼬박 1년 정도 걸렸는데, 나는 이것이 내 여정의 시작임을 직감했다.

브뤼셀의 대광장(Grande-Place)에 가면 바닥에 커다란 별 모양의 파란 돌이 있다. 이 전에 연금술사의 성지순례 출발점을 가리키던 도보의 돌을 갈아치우면서 그 자리를 표시한 것이다. 나도 거기서 출발했다. 2,300킬로미터의 도보길. 우주의 의미를 되새겨보기에 안성맞춤의 거리 아닌가! 두꺼운 양모로 되어 이불로도 쓸 수 있는 수도복, 투박하고 무거운 지팡이, 그보다 더 무거운 배낭, 그뿐 아니라 그 여정의 길목에서 괜찮은 사람들을 만나려는 엄청난 기대까지 보탰다. 그렇다. 나도 그랬다. 나는 특별히 준비를 한 것도 아니고, 이전에 그토록 오랜 도보여행을 해본 적도 없었다. 단지 나보다 앞서 연금술사들이 지나갔던 길과 경치들을 나도 똑같이 지나가보고 싶었다. 그야말로 낭만적인 생각이었다.

나는 산티아고 성지순례를 모두에게 권한다. 사람들은 각자 나름의 이유로 그 여정을 택하겠지만, 그들에게는 공통점이 하나 있다. 그것은 바로 짊어지기도 버거울 정도의 무거운 배낭을 들고 간다는 점이다. 도대체 그 안에 무엇을 넣는 걸까? 행여 필요할지도 모를까 봐 바리바리 싼 것일 테다. 그런데 그 무거운 걸 종일 짊어지고 다녀야 하다 보니, 자연적으로 짐은 줄어들게 되어 있다. 다시 말해 내가 짊어질 배낭의 무게는 곧 내 두려움의 무게다.

그뿐 아니라, 그 길에서 덧없는 환상도 줄어들게 된다. 이런 식의 기대 말이다. — '멋진 사람들이 나를 반겨줄 거야! 이 여행을 하려면 건전한 정신이 필요하니 순례자들끼리 부둥켜안노라면 박애 정신을 나누는 좋은 경험이 될 거야! 그 길에서 종일 신성한 피로를 쌓고 나서 멋진 풍경을 배경으로 쉼터에 오손도손 둘러앉아 감흥을 나누면 얼마나 행복할까?' 하지만 그런 것들은 싹 잊힐 것이다. 물론 색다른 만남이 있을 수도 있지만 대체로 쉼터는 구린내 나고, 코 고는 소리와 불평으로 요란하며, 신성하기는커녕 남 탓해대기 일쑤다. 이런 식의 산티아고 순례는 다양한 이유로 우리를 사로잡는 여정이기는 하지만 별로 연금술적이지 않다.

나는 재빨리 고독의 여정을 선택했다. 그 옛날처럼 길가에서 망토를 이불 삼아 잤다. 별들! 그렇다, 아름다운 별들이야말로 이 여정에서 우리를 꿈꾸게 하는 요소다. 그러나 비라도 쏟아지면 흠뻑 젖어서 평소보다 두 배나 무거워진 망토를 짊어지듯 걸쳐야 했다. 으슥한 산이라도 만나면 무슨 수를 써서라도 어정거리던 발걸음을 재촉해야 했으니 낭만하고는 거리가 멀었다.

햇볕에 눈 녹듯 녹아내린 나의 또 다른 환상은 바로 그 여정을 시작하게 만든 고상한 동기, 즉 고매한 인내력의 추구였다. 이 여정에서 사람들이 자신에게 다음과 같은 질문을 얼마나 많이 던지게 되는지 당신은 상상도 못 할 것이다. '아이고, 내가 지금 뭘 하고 있는 거야. 이게 다 무슨 소용이람. 근데 지금 이대로 되돌아갔다간 그것도 못해냈냐며 모두의 웃음거리밖에 더 되겠어?' 가족과 친지들에게 인사하고 이 길을 나서고 나면, 그 후로는 주위에 아무도 없고 오직 혼자뿐이다. 이때 '내가 도대체 여기서 뭘 하고 있지?'라는 자문이야말로 '신은 존재할까?'라거나 '별은 어떻게 만들어지지?'라는 의문보다 훨씬 큰 공부거리가 된다고 나는 장담한다. 그렇듯 애초의 고상한 동기는 처음 두어 시간 정도 지속될까 말까다.

그다음에는 발이 마구 아플 뿐이다. 발뿐 아니라 발목, 무릎 등 온 데가 아프다. 게다가 물집까지 기승을 부린다. 밤마다 물집에 연고를 바르면서 '내가 미쳤지'를 반복한다. 도저히 못 참겠다는 감정이 몸과 마음, 영혼을 가득 채운다. 다시 말해 흑색 작업 단계다. 이것은 분명 육체적인 시험이지만 그게 다는 아니다. 내게 이 순례의 진정한 시험이자 진정한 배움(apprentissage)이었던 것, 그러니까 나를 겸허한 실습자(apprenti sage)로 만들어준 것은 바로 '시간'이었다. 걷노라면, 즉 이 여정을 따라 길을 가노라면 시간이 여느 때처럼 흐르지 않는다. 처음에는 기록을 세워본다는 쓸데없는 각오까지 한다. '하루에 30킬로씩 걸어야지' 하는 식의 마음가짐으로 떠날 바에는 차라리 러닝머신 위를 뛰는 편이 낫다. 왜냐하면 순례가 가져다주는 진정한 지혜는 쭉 걷는 것만이 아니라, 가던 길에서 멈춰 설 줄 아는 것이기도 하니까. 어디든 멈춰 서서 '와우!'라는 감탄사를 내뱉고, 아름다운 장소를 발견하면 시간에 구애받지 않고 원하는 만큼 머무는 것, 움직임을 멈출 줄 아는 것, 그것이 바로 이 여정의 진정한 첫걸음이다.

순례의 첫 공부는 인내다. 더욱이 연금술에서 가장 자주 사용되는 시간 단위가 바로 '필요한 만큼'이다. 그것은 그냥 지속되는 만큼의 시간이며, 영원이 될 수도 있다. 영원은 긴 것이 아니다. 그 속에 들어가면 시간은 아예 존재하지 않는다. 인간 세상에서는 최소한의 계획조차(계획이라는 말에 벌써 미래의 의미가 포함되어 있다) 시간을 헤아린다. 내가 시간을 투자했으니 정해진 시간 안에 뭔가를 보상받아야 한다는 식이다. 그러나 연금술은 그런 식으로 작동하지 않는다.

중세에는 이런 식이었다. 연금술 실습생이 스페인 여정에서 육체적인 고통과 포기하고 싶은 충동을 모두 이겨내고, 또 그 길에서 만난 도적들과도 겨루어 겨우 살아남아 스승이 가져오라던 단괴를 들고 걸어서 되돌아왔을 때, 스승은 이렇게 말한다. "그래, 이젠 이탈리아의 유리공에게 가서 너의 플라스크를 찾아오너라." 그래서 실습생은 또 길을 나선다. 다시 걸어서 이탈리아까지. 이는 다른 말로, 마침내 처음으로 불 위에 실험 용기를 얹게 되는 순간까지 15년이라는 숙고의 세월이 흐른다는 얘기와 같다. 오늘날 누가 그럴 수 있겠는가? 연금술에 입문하려는 사람들이 내게 자주 던지는 질문은 "시간이 얼마나 걸리나요?"다. 나는 그들을 이케아IKEA 세대라고 부른다. 원하는 모든 것을 그 즉시 가져야 하는 세대 말이다.

첫 번째 교훈은 인내이고, 두 번째는 경이로움이다. '와우!'라고 내뱉는 것, 멈춰 서서 그 순간을 만끽할 줄 아는 것. 최종적인 어떤 보상을 위해서 희생했다고 느끼는 것이 아니라 그 현재의 순간을 실감하는 것. 순례는 바로 이렇게 멈춘 시간의 의미를 파악하는 것이다. 다른 분야에서는 이것을 관조觀照라고 부르기도 한다. 같은 의미다. 결국 '시간의 열림'이다.

그러면서 조금씩 알아간다. 특히 스페인의 한 작은 마을, 트리

아카스텔라^{Triacastela}에 도착할 즈음에. 그 마을에는 800여 년 묵은 밤나무가 한 그루 있다. 중세 때부터 거기를 지나간 수많은 순례자들을 지켜보았을, 이젠 너무 늙어서 거의 화석이 된 것 같은 거대한 나무다. 그 마을의 공터에는 노인네들이 옹기종기 앉아 있다. 밤나무와 연륜이 별반 다르지 않아 보일 정도로 쭈글쭈글한 노인들. 그들에 따르면 그 밤나무에는 시간의 문이 있다고 한다. 나도 거기서 그런 느낌을 받았다. 내 실험실 문을 들어설 때 혹은 숲이나 다른 자연보호 구역에서도 느끼는 기분인데, 거기는 시간이 여느 때처럼 흐르지 않는다. 연금술을 영생을 추구하는 것이라고 흔히 간주하는 이유도 바로 여기에 있을 것이다. 연금술이 시간을 냉혹하게 헤아려가면서 마치 시간의 노예가 된 듯 불로초를 찾아 나서는 것이라기보다, 오히려 이런 느슨한 시간적 관점 속에 자리하기 때문일 것이다.

그렇게 계속 걷는다. 이젠 발도 아프지 않다. 고비들도 모두 한때다. 혹자는 '미묘한 고통'이라고도 부른다. 특히나 걷는 게 더 이상 걷는 게 아니게 될 때, 육신은 단지 일종의 교통수단일 뿐이라는 덤덤한 기분이 들게 된다. 그러니까 약간 퇴폐적인 기분에 젖어 일부러 괴로우려고 던지는 질문 같은 것들은 싹 사라진다.

드디어 산티아고 데 콤포스텔라에 당도한다. 하지만 그조차 여전히 또 넘어야 하는 관문일 따름이다. 대성당이 아름다워 대부분의 순례자들은 거기서 발길을 멈추고 금박으로 입혀진 동상들을 만져보기 위해 줄을 잇는다. 사방이 금빛인데다 이제껏 지나온 험한 길에 비하면 믿기 어려울 정도로 웅장하다. 그런데 연금술사에게 그 금은 목적이 아니라 또 하나의 단계다. 목적은 제1물질이라는 것을 잊지 말아야 하며, 모든 것이 시작된 곳은 대양이다. 거기서 영광의 문 쪽으로 가보기를 권한다. 두 받침목에, 한쪽에는 사자 두 마리가 헤라클레스를 둘러싸고 있는 모습과 다른 한쪽에는 그 성당의 건립자인 대가 마테오의 모습이 있다. 헤라클레스는 연금술사를 인물화한 것이다. 그의 행적을 보면 그가 현자의 돌에 이르려고 노력했음을 알 수 있다. 헤라클레스 형상의 발치에는 손목이 들어갈 만한 구멍이 두 개 뚫려 있다. 거기에 손을 집어넣어 마치 두 손으로 그 거대한 성당을 들어 올리는 기분을 느껴 보라는 의도다. 한번 시도해보라. 헤라클레스 같은 장사가 되는 기분을 느껴보라. 그리고 마테오의 형상에 이마를 갖다 대는 것도 하나의 전통인데, 대가의 지혜를 전해 받는다는 의미다. 그렇게 힘과 지혜를 갖추고 나서 다시 길을 떠난다.

갈리스Galice까지는 다시 사흘간 도보를 해야 한다. 켈트 전통이 살아 있는 이 지역에는 그 옛날 켈트 문화의 흔적이 여전히 여럿 남아 있다. 5,000년은 족히 된 고인돌들과 카스트로Castro라고 부르는, 기원전 5세기의 켈트 마을의 폐허. 그것이 바로 진짜 대성당이다. 열린 하늘 아래 몇천 년 동안을 그렇게 자리하고 있는 신성한 장소들. "살아 있는 기둥들이 때로 괴상한 소리를 내게 하는 자연이야말로 진짜 사원이다"라고 어느 시인이 읊었듯이, 거기서 잠시 멈춰서 자연의 참예배에 귀 기울여보기를 권하는 바다. 모든 것을 잊은 채 바람을 따라 자연이 우리에게 들려주는 예배 소리에 귀를 기울이고 있노라면, 뭔가 야릇해진다. 혼자가 아니라는….

그다음 단계로 노이아Noia 만灣의 위용이 펼쳐진다. 노아의 이름에서 나온 지명인데, 그도 그럴 것이 노아의 방주가 거기서 사고로 정박하게 되고, 노아의 딸 노엘라Noela가 정착해서 가족을 만들며 생활했다는 전설이 있기 때문이다. 전통적인 절차에 따르면, 그곳 마을 성당을 둘러싸고 있는 오래된 묘지에 가서 묘석 하나에 자신의 이름을 새겨야 한다. 묘석에 새겨진 자기 이름을 바라보면서 마냥 무덤덤할 사람은 없을 것이다. 그것은 죽음과 재생을 의미하는 예식이다. 순례자는 이 길에서 자신의 일부분을 버리면서 또 한 번 탈바꿈한다. 순례길 내내 여러 차례에 걸쳐 특정 유물 앞에 자신의 소지품 일부를 남겨두게 된다. 스카프, 남아도는 옷, 너무 낡아 못 신게 되어버린 신발 등. 거기 두면 바람이 알아서 처리해준다. 그렇게 길을 다시 나설 때마다 자신의 뒤로 뭔가를 항상 조금씩 남겨두게 된다.

여정의 끝이 다가올수록 지역 이름들은 연금술을 떠올리게 한다. 네그레이라 라 느와르Negreira la noire라는 죽음의 해변, 그곳엔 배들을 좌초시킨 암초들이 있는데 이는 성인 산티아고가 타고 왔다는 돌배를 상기시킨다. (성인들이 대개 돌배로 항해했다는 점을 뒤에서도 살펴보게 될 것이다. 돌로 만든 배가 바다 위에 뜬다니 좀 낯설겠지만, 이 배에는 또 다른 연금술적 상징이 담겨 있다.) 이어 헤르메데수소Hermedesuxo라는 마을이 나타난다. 새의 언어로 들으면, 헤르메스가 있다는 의미다. 하지만 문자 그대로 하면 '현자의 심판'이라는 뜻이다. 산티아고에서 멈추지 않고 여기까지 온 순례자들은 피스테라 곶의 맨 끝까지 가서 일몰을 바라본다. 거기서 어떤 이들은 이제는 쓸모없어진 마지막 소지품들, 추억들, 애착품 등을 태워버리기도 한다. 태양과 아발롱Avalon 섬, 그리고 대서양을 한꺼번에 삼키고 있는 극서에 자리한 신비로운 세상의 끝에 와 있는 것이다.

연금술 실습생은 크루아상Croissant 해변까지 간다. 물살이 너무 거세서 아무도 수영할 엄두를 못 내는 곳이다. 이곳은 몇 세기 동안 접근한 이가 아무도 없어서 야생상태로 남아 있다. 시 당국에서 층계를 설치하려고 여러 번 시도해보았지만 매번 폭풍에 떠내려갔다. 그러다 보니 인간의 손길이 닿지 않는 청정구역이 돼버렸다. 그래서인지 뭔가 강하게 와닿는 분위기 속에서도 평안하고 안전한 느낌이 난다. 거기에 동굴이 하나 있다. 기후가 안 좋을 때 순례자들이 피신할 수 있는, 아주 옛날부터 있었던 동굴이다. 책자에 따르면 바다가 안티몬의 단괴를 토하는 시기가 '산양과 황소 사이', 즉 3월과 5월 사이여서 그 시기에 맞추려면 순례자는 겨울에 피레네 산맥을 지나는 고충을 감수해야 한다. 그러고 싶지 않으면 그 동굴에서 다시 내년을 기다리면 된다. 뭐 어차피 시간을 헤아리지는 않으니….

해변은 별다를 것이 없다. 대신 연금술 입문자들에게만 좀 다르게 보인다. 책자에는 이렇게 쓰여 있다. "다른 사람들이 마치 자연비료처럼 아무렇게나 버리는 것을 너는 조심스럽게 모아라." 정말 그렇다. 단괴는 개똥과 비슷하게 생겼다. 그런데 그것을 깨면 안에 별이 있다. 바로 그래서 콤포스텔라다. 증명 완료.

이 단괴는 심해에서 나타난다. 아마도 금속 덩어리를 삼킨 화산의 화석 덩어리일 것이다. 운이 좋으면 몇 킬로그램씩이나 모을 수 있다. 내 경우가 그랬다. 때문에 너무 무거운 짐이 생겨버려 걸어서는 귀가할 수 없는 처지가 되었지만. 옛날에도 마찬가지였다. 그때도 배를 타고 오를레앙Orléans까지 갔다. 새의 언어로 보면 오를레앙의 이름에서 금(or)이란 단어가 딱 눈에 띈다.

이 여행에서 얻은 건 무엇일까? 바로 다금속단괴 50킬로그램이다. 거기에는 황화구리와 철도 섞여 있다. 이것을 안티몬으로 만들려면 다시 정화시켜야 한다. 사실 안티몬은 흔한 광물이라서 파리에서도 일반 금속상점에 가서 20유로 주고 1킬로그램 구해오는 데 한 시간도 걸리지 않는다. 그럼에도 세상 끝에서 가져온 안티몬은 어딘지 각별하게 보인다. 그 여행의 모든 경험을 함축하고 있으니까.

이 여행은 전체 여정의 절반이다. 그 길에서 벌써 연금술에 필요한 철학을 익힌 셈인데, 당장 활용할 수 있는 것들이다. 인내, 내려놓기, 바라보기, 듣기 등을 배웠으며, 시간에 개의치 않으면서도 시간을 만끽하고, 침묵하며 자연에 귀 기울이고, 고독을 감수하고, 고통을 이겨내며, 이전의 모습을 훌훌 벗어버렸다. 그 대가로 제1물질을 잔뜩 안고 돌아온 것이다. 용기에 넣어 녹이게될, 이제는 그 자신이 되어버린 제1물질 말이다. 이제 실험하는 일만 남았다!

불을 다스리다

실험실에서 연금술을 본격적으로 시작하면서, 나는 사흘 정도면 현자의 돌을 만들어낼 수 있으리라고 생각했다. 초보자들이 흔히 그렇듯 말이다. 그렇다. 순례까지 하고 왔다고 해서 성인이 되는 것은 아니다. 자신의 에고를 다스리는 데는 한평생이 걸린다. 내가 현자의 돌을 실현해내는 데는 15년이 걸렸다. 금속과 더불어 보낸 15년. 양을 일일이 측정해가면서, 식물도 취급해보고, 반복하고 또 반복하기를 열 번, 백 번, 수백 번, 또 수백 번. 15년간의 희망과 시도와 끈기와 실패. 고래고래 고함을 지르기도 하고, 기뻤다가 허탈해지기도 하고, 진짜로 기쁘기도 했던 세월. 지하, 고독, 밤의 생활… 학업, 직장, 가족과 보내는 낮의 생활… 그렇게 이중적인 생활이 15년간 이어졌다.

산티아고의 길에서 여러 번 그랬듯 '다 때려치울 거야! 이게 다 무슨 소용이람. 다 시간 낭비야!'라면서 실험실로 다시는 되돌아가지 않겠노라고 다짐했는가 하면, 심지어 실험실 열쇠까지 갖다 버린 적도 있다. 그러고도 매번 실험실로 되돌아갔다. 그걸 후회하지 않는다. 그 당시 나는 참을성은 없었지만 계속 시도해봐야 할 작업이 있었고, 발산해야 할 분노가 있었으며, 정화시켜야 할 화산 퇴적물도 있었고, 야금야금 맛보아야 할 지혜도 있었다.

몇 분간 끓여보는 첫 가열 작업으로 알코올이 쉽게 얻어질 것이라고 흔히 생각한다. 그래서 일단 데워본다. 그리고 기다리고 또 기다린다. 그래서 얻어지는 것은… 한 방울의 액체다. 단순한 가열 작업에 열 시간이나 걸린다. 사람들은 자신이 뭔가 특별할 뿐 아니라 이제 모든 것을 알았으니 남보다 더 빨리 해낼 수 있으리라고 생각한다. 하지만 절대 아니다. 연금술은 무엇보다도 겸허함의 교훈이다. 내가 제자들에게 자주 하는 말이 있다. "큰 여정을 따르려면 아주 작은 것들부터 잠재워라. 네가 남보다 낫다고 옆에서 자꾸 소곤대는 그 작은 목소리 말이다." 모든 종류의 입문은 에고를 상실하게 하는 길로 이끈다.

자, 내가 연금술의 기본기를 연마하던 때로 돌아가보자. 안티몬의 정화 작업, 그것이 일단 나의 첫 목표였다. 이번에는 스페인에서 가져온 퇴적물까지 갖추어 내가 만든 진짜 실험실에 그럴싸하게 자리 잡은 셈이다. 졸리베 카스텔로의 책이나 다른 이들의 책을 참고하여 분석, 종합해본 결과 빛은 외부에 있으니 물질을 잘 '긁어대어' 빛이 통과하게만 하면 된다. 물질을 계속 긁어대다 보면 비로소 관문 하나를 통과하게 되는 셈이다. 그런데 물질을 어떻게 밝어야 하나? 정화시키면서. 즉 불순물을 제거하기 위해 녹여가면서 그 물질을 '단순화시켜야' 한다.

이 시점에서 연금술에서 말하는 금속 녹이는 작업에 대해서 몇 가지 언급해야겠다. 연금술이 화학과 분리되는 지점이 바로 여기다. 화학 교과서는 금속이 녹는 온도를 명기한다. 앞에서도 언급했듯이, 원칙적으로 장작불로는 일정 수준 이상의 온도에 노서히 다다를 수 없다. 그러려면 '뭔가'의 도움이 필요하다. 바로 이 순간에 작업(labor)은 기도(oratoire)와 불가분의 관계가 된다. 불이 필요한 온도에 도달하도록 연금술사는 '불의 정신'을 개입시키는데, 이것을 불도마뱀(salamandre)이라고 부른다. 이것은 진짜 도마뱀을 데리고 와서 불을 더 데운다는 의미가 아니라, 신비로운 개입을 가리키는 예스러운 명칭이다. 왜냐하면 이 작업이 성공하면 에메랄드빛 뱀, 즉 뱀 모양의 초록색 불꽃을 선명히 볼 수 있기 때문이다.

이 단계에서 기본적으로 알아야 하는 것은, 다른 외부의 힘을 동원해서 금속을 녹이려 해봤자 아무런 소용이 없다는 점이다. 하지만 애석하게도 실습생들 다수가 수없이 실패해보고도 그 점을 깨닫지 못한다. 다른 장비를 이용한다면 그것은 금속제련 작업일 뿐이다. 연금술사는 아타노르athanor(연금술사 아궁이에 붙여진 이름)에서 금속이 그 내부에 간직하고 있는 불을 태우도록 해주면 된다. 이것이 기본적인 차이다! 좀체 녹으려고 하지 않는 금속 앞에서 금속제련사는 내게 이렇게 말할지 모른다. "뭘 그렇게 계속 장작불로 그러고 있습니까? 용접기로 하면 훨씬 쉬울 텐데!" 내가 이런 말을 얼마나 귀가 따갑도록 들었는지, 그 차이를 얼마나 목 아프게 설명해주었는지 모른다. 그들과 나는 서로 다른 것을 말하고 있다. 그러니 사실은 연금술에 대해서 이러쿵저러쿵 얘기할 필요조차 없다. 그냥 묵묵히 하면 된다. 그래, 그러면 된다!

그냥 장작불로만 밀고 나간다. 다른 도리가 없다. 장작불이 서서히 온도를 올려 정점에 도달하면, 그 정점에서야 마침내 금속은 내부의 불을 켜려고 깨어난다. 이 절차를 세심하게 관찰하면서 마지막까지 잘 다스려야 한다. 하지만 외부의 힘을 빌리면 그걸 다스릴 수가 없게 되어버린다. 연금술을 기똥차게 잘 묘사해놓은 건물인 파리의 노트르담 성당 앞 벽면에는 불 아궁이 위로 노인네의 모습이 새겨져 있다. '네가 다루는 불은 팔팔한 젊은이가 아니라 노인네이니, 부디 조심하라'는 의미다. 즉 이것은 강렬한 불꽃이 아니라 서서히 타오르는 불이다. 이것을 토성제土星制(le regime de Saturne)라고 부른다.

금속은 그 자체의 분노를 갖고 있기 때문에, 그 분노가 밖으로 분출되도록 유도해줘야 한다. 마치 재채기를 하기 전에 코가 간질간질한 것과 비슷하다. 너무 지나치거나 모자라지도 않게 하는 것이 요령이다. 금속에 잔뜩 주의를 기울이고 귀까지 쫑긋 세운다. 그러면 아무런 일도 일어나지 않는 듯하다가, 단번에 퍽 하면서 금속이 녹는다. 오묘한 균형의 순간이 아닐 수 없다.

어떨 때는 용기를 불에서 꺼냈는데도 계속 벌겋게 타오르기도 한다. 금속을 제련할 때 드물게 일어나는 발열 현상이다. 일반적으로 열로부터 멀어진 금속은 곧 응고되어 검게 변하기 마련이다. 벌겋게 타던 숯을 밖으로 꺼냈더니 순식간에 검어지는 모습을 누구나 본 적이 있을 것이다. 그런데 그와는 반대로 금속이 제 내부를 태우고 있는 이 경우에는 아궁이조차 필요 없다. 그냥 용기 안에서 스스로 계속 불탄다.

이런 작용이 얼마나 위험한지 한 예를 들면, 어떤 연금술사들은 불도마뱀의 불에 사로잡혀 자신의 내부가 타들어가는(드물긴 해도 실제로 일어나는 현상이며 연금술적 설명이 가능하다) 느낌에 휩싸이기도 한다. 혹은 진짜 타들어가지는 않지만 속에서 뭔가 타들어가는 느낌 때문에 1년 정도를 하루에 두어 번씩 찬물로 목욕까지 하며 고생하는 사람들도 봤다.

그러니 아주 조심해야 한다. 이 작업을 해보려는 제자들에게 내가 제일 먼저 하는 얘기가 있다. "이런 불이 나타나면 절대 옆에 있지 말라." 이것은 가연성 물질 없이도 타는 불이다. 예사롭지 않은 불이다 보니, 마구 물을 끼얹는 식의 통상적인 방법으로는 끌 수가 없다. 훨씬 거창한 방법을 쓸 때도 있다. 소방대까지 동원할 정도로 말이다. 나는 소방대원들과 여러 차례 이야기를 나눈 적이 있는데, 늘 불을 다루는 그들도 다양한 종류의 불이 있다는 점을 인정했다. 그들의 표현에 따르면 '영리한' 불은 저 혼자 교활하게 속임수를 쓰기도 하고, 숨기도 하고, 뒤에서 순식간에 덮치기도 한다고 한다. 따라서 불의 정신을 우습게 봐서는 안 된다.

이 정신을 연금술식으로 표현한 것이 바로 '불도마뱀'이다. 우리는 불도마뱀을 환영하기 위해서 근사한 거처를 마련해두는데, 아름다운 불이 바로 그 거처다. 불도마뱀이 거기로 오게 유인하여 똬리를 틀게 하는 것이 목적이고, 지나침은 금물이다.

나는 스테판 베른Stéphane Bern이 진행한 〈역사의 비밀〉(Secrets d'Histoire: 프랑스 국영 TV에서 2007년부터 방영하고 있는 방송 프로그램으로 주로 역사적인 인물들의 숨겨진 이야기들을 다루고 있다. 역주)에 출연해서 연금술 실험을 한 적이 있다. 불기가 오를 때 내가 거기에 있던 사람들에게 말했다. "조심하세요. 카메라가 폭발할지도 모릅니다. 불이 하얗게 달아오를 정도로 강렬해지면 카메라를 태워버릴지도 모릅니다." 그랬더니 그들은 태평한 태도로 이렇게 대답했다. "괜찮아요. 적정 마세요. 우리도 알아요. 게다가 특수 필터도 장착되어 있어 문제가 전혀 없습니다." 그러다가 그만 카메라 두 대를 태워버리고 말았다. 사람들은 내 말을 안 믿는다. 그냥 예사로운 불이 아니라는데도 말이다!

그리스 연초煙硝라는 것을 들어봤는가? 이것은 7세기경 콘스탄티노플의 두 중심지에서 비잔틴 사람들이 아랍인들의 선박을 망가뜨리기 위해서 사용했던, 화재를 일으키는 무기를 가리킨다. 어떻게 만들었는지는 전해지지 않지만, 그 파괴력이 얼마나 대단했던지 몇 세기 동안 인구에 회자될 정도였다. 이 배 저 배를 폭발시키던 이 불덩이에 대한 기록이 많이 남겨졌는데, 거의 정신을 못 차릴 지경이었다고 한다. 모르긴 해도 당시 비잔틴 사람들은 그런 재주가 있는 사제를 배에 동승시켜서 가연성의 불덩어리에 불의 정신을 불어 넣었을 것이다. 다시 말해 그냥 불덩이가 아닌 불도마뱀을 날렸던 것이다!

잠시 옆으로 샜는데, 다시 집에서 우리를 기다리고 있는 안티몬에게 되돌아가자. 이것은 안티몬이 자신의 불을 일으키게 돕는 작업이다. 달리 말하면 안티몬이 스스로 자신의 유동을 없애도록 진정시키는 작업이다. 만일 억지로 녹이게 되면, 완전히 정화되지 않은 까닭에 식고 나서 다시 요동치게 된다. 이것이 화학(혹은 금속 제련술)과 연금술 간의 절대적인 차이다.

내 말을 받아들이기 힘들다는 것을 알지만, 더욱 납득하기 힘든 것들이 뒤에 나올 테니 지금은 그저 몸풀기에 불과하다. 연금술사의 실험실은 일상적인 인과의 고리가 들어맞지 않는 특별한 공간이다. 그곳은 특별한 장소, 즉 현자의 돌을 실현할 수 있는 특별한 구역이다. 거기를 벗어나면 현자의 돌을 실현할 수 없다. 현자의 돌을 실현하기 위해서는 그 공간 속이라야 한다. 현자의 돌은 우리를 안에서 밖으로 나가게 해주는 문이 되어준다. 우리에게는 우리를 밖으로 끄집어내줄 외력外力이 필요한데, 그 바깥세상의 규칙은 우리의 일상적인 현실과 전혀 다르다.

다시 말하자면 이 바깥세상, 즉 '비범한 현실'이 손을 내밀어 우리를 '평범한 현실'에서 끄집어내는 것이다. 우리가 찾고 부르면 그것이 나타나 우리를 붙들고 그쪽으로 데리고 간다. 물론 우리가 저항하지 않는다면 말이다. 연금술사는 그때 저항하지 않기 위해 만반의 준비를 한다. 나도 이 점을 이해하는 데 꽤 오랜 시간이 걸렸다. 소위 레귈régule(녹인 금속을 틀에 붓고 식힌 후에 떼어낸 고형체)을 만드는 데만 급급하는 이는 이 점을 이해하지 못한다.

빛에 대한 저항 여부를 이해하려면, 먼저 실험자가 실험에 어떤 식으로든 영향을 미친다는 사실부터 받아들여야 한다. 이 사실을 알기 위해서는 복잡한 합금을 만들 필요조차 없다. 그냥 순도 100퍼센트의 금속을 녹여보면 된다. 이 실험은 단순하고 기초적인 것이니, 있는 그대로의 내 경험을 얘기해보겠다.

예를 들어 순도 100퍼센트의 안티몬 금속을 가루로 만들어 용기에 담아 불로 가열한다. 그리고 불도마뱀을 부르고 '이슬의 소금' — 특히 초보자에겐 유용한데 나중엔 굳이 없어도 된다 — 까지 더하면 하얀 불꽃이 나타나고 금속이 녹는다. 그때 용기를 불에서 꺼내서 쇠로 된 다른 용기에다 녹은 금속을 붓는다…. 그런데 대체 이게 웬일인가? 그중 절반이 금속 찌꺼기로 변해버린다. 불순물이 조금 끼는 게 아니라 절반이나 말이다! 여기서 의문이 생긴다. 도대체 이 찌꺼기들은 어디서 나타났을까? 내가 사용한 금속 자체는 불순물이 없는 순도 100퍼센트였는데. 이것이 금속 자체에서 나온 것이 아니라면, 바로 실험자인 나 자신으로부터 나왔음을 받아들일 수밖에 없다.

비범한 현실에 속한 요소들(여기서는 '불의 정신')의 상호작용에 더하여, 이것은 받아들이기 힘든 또 하나의 사실이자 연금술의 기본 전제다. 실험 물질과 실험자는 마치 직통 회선이 연결되어 있는 것처럼 서로 소통한다. 이를 두고 연금술사들은 자신이 음악가처럼 '완벽한 화음'을 추구한다고 말하곤 한다. 순수한 금속을 획득하려면 나 자신이 정화되어야 한다. 즉 금속을 정화시키면서 나 또한 정화시켜야 한다.

이것은 불안한 내기인 동시에 흥분되는 도전이다.

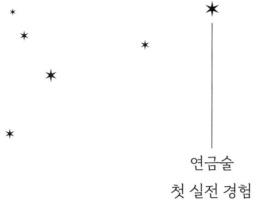

연금술
첫 실전 경험

"기도하라, 읽어라, 읽어라, 읽어라, 또 읽어라, 작업하라, 그러면 찾게 될 것이다."(Ora, lege, lege, lege, relege, labora et invenies.) 글자가 거의 없는 《침묵의 책》(Mutus Liber)에 쓰인 거의 유일무이한 설명이다. 나는 수많은 고서를 읽고 또 읽었다. 실험방식을 모으고 비교해보면서 서서히 그 의미를 파악해갔고, 불도마뱀에게 기도하면서 쉴 새 없이 작업했다. 무슨 목적으로? 여느 초보자들의 목적과 마찬가지인, '별 모양 화성의 작은 왕'(régule martial étoilé: 안티몬의 시적 이름. 역주)을 얻기 위해서 말이다. 이것은 다섯 개의 가지를 가진 별 모양의 작은 금속 덩어리가 표면으로 드러나게 하는 작업이다. 그 모양새는 마치 가금류의 깃털을 붙여놓은 듯하다.

제자가 되겠다고 나를 찾아오는 사람들에게 나는 '별 모양 화성의 작은 왕'부터 만든 후에 다시 오라고 말한다. 단순한 환경 속에서(장작불을 이용해서) 그것을 만들어내게 되면, 그제야 본격적인 작업을 시작할 준비가 되었다는 뜻이기 때문이다.

이것은 기술적으로 보면 별다른 장비가 필요 없는 아주 간단한 작업이다. 여하튼 식물 작업 같은 방식에 비교하면 그렇다. 제1물질, 장작불, 금속을 태울 용기, 집게, 녹은 금속을 담을 용기만 있으면 된다. 무슨 가스 공장이라도 만들듯 법석을 떨며 거창한 장비들을 준비하는 이들도 있는데, 내가 보기에는 부차적인 장비가 많으면 많을수록 연금술적 효과는 떨어진다. 연금술사는 옛날 방식을 고수한다. 당시의 사람들이 원자저울이나 그 외 이름도 모를 현대적인 장비들을 갖추고 있었겠는가? 당연히 아니다.

나는 작업을 계속해나갔고 마침내 별 모양을 얻어냈다. 그날 나는 내가 제대로 된 길로 접어들었음을 직감했다. 그런데 어쩌다 보니 만들어내기는 했지만 도대체 그게 무엇으로 구성되어 있는지는 알 수가 없었다. 그도 그럴 것이, 특별히 지도해주는 사람 없이 그냥 혼자서 주먹구구식으로 작업을 했기 때문이다.

나는 더 많은 경험을 해보려는 욕심으로 온갖 시도를 병행해보았다. 마치 요리할 때처럼. 요리법을 따라 요리해보지만 결과물이 나타나기 전까지는 여전히 미심쩍다. 그러다 일단 성공하게 되면, 여전히 믿기지는 않더라도 자신이 옳았음을 알게 된다. 나도 그랬다. 한 예로, '봄날에 비올레트 꽃 한 다발이 나타날 것이다'라고 묘사되어 있는 어떤 실험을 할 때였다. 우선 투명한 액체가 되다가 갑자기 초록색 바탕 위로 아름답게 반짝이는 보라색이 드러났다. '꽃 한 다발'이라니, 연금술사들이 이렇듯 낭만적이다. 모르긴 해도, 아름다우면서도 야릇한 이 현상을 바라보면서 어떤 감상에 젖어 그 느낌을 암호화된 이름으로 기록해둔 것일 텐데, 단지 암호로 바꾸었을 뿐만 아니라 거기에 시적인 감성까지 더했던 것이다.

다른 한 예로, '생생한 은'(Vif-argent)이라는 표현도 있다. 이 또한 예쁜 이름인데, 왜 이런 이름이 붙여졌는지를 나는 실험을 해보고 나서야 알게 되었다. 수은으로 된 기름이 움직이는데 그 형상이 마치 수은 자체가 뭔가 신이 난 듯해 보였다. 따라서 문자 그대로 보면 '생생하다'라는 말도 맞고, 수은이다 보니 '은색'을 띠는 것도 맞다. 모든 불순물을 제거하고 나니 오묘한 것만 남아서 그런 식으로 움직인 것 같다. 그것이 예쁘게 보여 나는 그 둥근 플라스크를 그대로 밀폐해서 장롱 속에 넣어두고는 한동안 잊어버렸다. 그리고 한참 후 꺼내보니, 이게 어찌 된 일인가. 내부가 온통 금색으로 변해 있는 게 아닌가! 내가 거기 넣은 것은 100퍼센트 수은이었을 뿐인데, 작은 금박이 올라오면서 수은이 금으로 변성되어 있었다.

내가 그것을 장롱에서 끄집어냈을 때 얼마나 놀랐을지 상상해보라! 온갖 생각이 주마등처럼 스쳤다. 읽었던 책들, 화학수업, 동화, 전설 등등…. 금이라니! 니콜라 플라멜Nicolas Flamel(14~15세기에 살았던, 연금술 역사에서 빠지지 않고 언급되는 인물. 역주)이 금을 구한 방식도 바로 이런 식이었다는 기억이 났다. 1385년에 그는 납이 아니라 수은으로부터 금을 얻었다고 한다. 아마도 어느 날 아침 지하실로 내려갔다가 아내 페르넬Pernelle을 불렀을 것이다. 그 부부는 함께 작업했다고 알려져 있다. 그들이 금을 발견하고 어떤 표정을 지었을지 상상해보라. 그들은 독실한 신자였으니 하늘이 내려준 선물이라고 여겼으리라. 그래서 주위 사람들에게도 베풀었는데, 여러 성당의 재건을 도왔는가 하면 집들을 사들여 가난한 사람들의 주거를 돕기도 했다고 한다.

니콜라 플라멜이 진짜 연금술사였는지는 공식적으로 증명되지 않았다. 단지 그가 살던 집의 지하창고 아래에서 깊숙이 숨겨져 있던 또 다른 창고가 최근 발견됐는데, 거기 굴뚝이 설치되어 있었다. 그 깊디깊은 지하에 굴뚝까지 설치하는 일은 드물다. 이와 관련해서 역사학자들의 의견이 어떻든지, 나는 이 이야기를 좋아한다. 가만히 들여다보면 볼수록, '생생한 은'에 대한 나의 경험은 1612년에 아르노 드 라 슈발르리Arnauld de la Chevallerie가 발간한《상형문자의 서》(livre des figures hiéroglyphiques: 플라멜이 라틴어로 쓴 책을 불어로 번역한 책. 역주)에 묘사되어 있는 플라멜의 경험과 아주 유사했다. 이 책은 플라멜이 세상을 떠난 후에 출간되었다.

어쨌든 나는 이 현상에 깜짝 놀라서 과학적인 해명을 찾아보았다. 사실 수은의 원자번호는 80이고 금은 79니까, 그 둘은 원자 하나 차이다. 수은에서 원자 하나만 빼내면 금이 된다. 대신 이런 작업을 현실에서 실현하려면 입자 가속기와 어마어마한 에너지가 필요하다. 그런데 연금술적인 방법으로 금속을 정화시켰더니 저절로 그런 변성이 일어난 것이다.

자, 여기서 이 변성과 관련해서 좀더 얘기해보기로 하자. 변성(transmutation)은 변화(transformation)와 다르다. 그 본성 자체가 바뀌기 때문이다. 변성은 우주, 아니 우리 일상에도 존재한다. 따라서 마법이 아니다. 당장 닭만 보아도 알 수 있다. 칼슘을 따로 섭취시켜 기른 암탉은 다소 물렁한 알을 낳는데, 닭을 그냥 밖에 풀어두기만 하면 주둥이로 돌을 쪼아대고는 딱딱한 알을 낳는다. 이것이 바로 변성의 결과다. 닭은 돌에서 실리카를 섭취해서 칼슘 덩어리 알껍질을 생산해낸다. 우리가 칼슘을 1그램도 주지 않더라도 말이다.

당신도 집에서 해볼 수 있는 실험이 있다. 솜을 채운 통에 콩 한 알과 물을 넣고 뚜껑을 닫은 후 통의 무게를 측정해보라. 그리고 콩깍지가 벗겨지면서 식물이 자라기 시작할 때 다시 통의 무게를 측정해보면, 그 무게가 처음보다 더 무거워져 있음을 확인하게 된다. 왜 그럴까? 콩알은 솜이 머금고 있는 물로만 자랐을 텐데…. 그것은 바로 식물이 빛을 물질로 변성시켰기 때문이다. 빛에서 물질을 생성하는 것을 우리는 '광합성 효과'라고 부른다.

양자역학은 원자로를 이용해서 원소의 상태를 변성시킨다. 하지만 연금술은 굳이 원자력의 힘을 빌리지 않고도 금속 내부의 에너지를 살려서 변성을 이뤄낸다는 점이 획기적이다. 내가 갖고 있던 수은이 갑자기 금으로 바뀌었으니, 내 탐구 과정에서 아주 큰 은총을 받은 순간이었다. 하지만 내 목적은 그게 아니었다. 다시 말하지만, 연금술사는 단순히 금을 생산해내려고 금을 갈구하는 것이 아니다. 우리가 찾는 것은 현자의 돌이고, 그 이유는 바로 그 돌이 변성력을 가지기 때문이다. 그러니까 이 단계의 실험은 하찮은 금속이 금으로 정말 바뀌는지를 보면서 현자의 돌의 효력을 체

험해보기 위함이다. 더 나아가기 위해서 거쳐야 할 하나의 단계이
자 시험일 뿐이다. 현자의 돌을 소화시키는 것, 그것이야말로 연금
술사의 궁극적인 도전이다. 때가 되었을 때, 완벽히 정화된 상태에
서, 그 돌을 소화시켜 자신의 몸과 하나로 만들어야 한다.

그런데 내 길은 여전히 까마득했다. 금속을 유리로 변성시키는
것은 내가 시도하기에 턱없이 '불가능한' 일로만 보였다.

나는 니콜라 레므리의 방법을 따랐다. '새 둥지를 만들어라.' 좋
다. 그런데 무슨 새? 무슨 둥지? 이것은 석탄 위에 놓인 용기를 덮
으라는 의미다. 녹고 있는 금속이 갑자기 끓어올라 뚜껑까지 올
라와서 고착될 수 있으니 그것을 피하라는 뜻이다. 흔하게 일어
나는 현상이다. 적절한 시간 동안 용기를 끓이다가 적절한 순간
에 그것을 불에서 꺼내는 것이 중요하다. 그 순간이 딱 맞아떨어
져야 하는데, 어느 순간에 정확히 금속이 준비되었는지를 대체
어떻게 알 수 있단 말인가? 바로 그렇다. 알 수가 없다. 아니 더
정확하게는, 육안으로는 그런 것을 파악할 수 없다. 계속 시도해
보는 수밖에. 또, 자꾸, 다시. 무게를 달아보고, 재보기도 하고, 일
일이 기록하기도 하고, 시간을 헤아려보기도 하고, 결과를 살펴보
려고 용기를 깨보기도 한다…. 그런데도 안 된다. 그래서 매번 다
시 시작한다. 데우기를 한 시간, 한 시간 5분, 한 시간 10분…. 그
야말로 인내와 집요함과 신념이 엇갈리며 지속되는 실험이다.

그 시절의 나에겐 모든 것을 기록하는 자세가 필수적이었다.
실험에 성공하기라도 하면, 내가 정확히 어떻게 했기에 성공했는
지 알아야만 했으니까. 여하튼 그때는 그랬다. 여전히 과학자 행

세를 하고 있었으며, 착실한 실습생으로서 모든 것에 주의하면서 숫자와 표식을 나만의 마법서에 기입했다. 온갖 종류의 재료들을 실험해보며, 결론을 하나하나 끄집어냈다. 이것은 이래서, 저것은 저래서 안 된다는 식으로.

그렇게 하다 보면 기운이 쭉 빠진다. 시간이 너무나 많이 걸리니까 말이다! 매번 금속을 쇠판에 놓고 망치를 내리쳐 가루로 빻아야 하고, 예술적 기법으로 불을 지펴야 하고, 몇 시간을 기다리고, 어떨 때는 용기를 박살 내기도 하고…. 그럼에도 나는 계속해서 참을성을 발휘했다.

어느 날은 '에구 아깝네, 거의 될 판이었는데' 하며 아쉽게 마무리되기도 했다. 모든 것을 정확히 재어보고 시작해도 안 될 때는 안 되었다. 그러니 그냥 내 느낌에 충실하면서 '더 잃을 게 뭐 있겠나' 싶던 어느 날, 굳이 성공하고 싶어서가 아니라 그냥 별다른 기대 없이 한번 해보자는 생각이 들었다. 다른 날의 나는 관찰자였는데, 그날만큼은 이런 느낌이 들었다. ― '내가 저 안에 들어가 있다.' 그냥 별 긴장 없이 시도해보고 싶었다. 되든 안 되든 아무 상관 없다고 여겨졌다. 그러니 마음이 편했고, 아무런 기대도 없었다.

그리고 용기를 부수자, 바로 거기에… 그것이 있었다. 헉!

작은 조약돌 같은 회색빛의 반들반들한 금속이 바닥에 깔려 있고, 그 위를 몇 센티미터 두께의 오렌지빛 크리스털이 덮고 있었다. 작은 설탕 덩어리들이 모여 왕관을 이루고 있는 모습과 비슷했는데, 색깔이 훨씬 생생하고도 투명했다. 정화된 금속 바다 위에 단단하게 얼어 있는 작은 빙산 같기도 했다. 정말 굉장했다. 나는 그것을 여전히 내 기도실의 장식장에 보관하고 있다.

성당의 창들은 원래 이런 식으로 만들어졌다. 빨간색 창은 순금을 유리로 변성시킨 것이고, 파란색 창은 은을 변성시켜 만든 것이다. 애초에 샤르트르 대성당의 창들도 그렇게 만들어졌다. 그렇게 만든 창들을 통해 빛이 스며들면 그야말로 신비롭다. 실리카로 된 유리처럼 단순히 반짝거리는 것이 아니라 보라색, 즉 영성(spiritualité)의 색깔을 띠는데 이 세상의 빛이 아닌 듯 보인다.

자, 다시 내가 놀랐던 그 순간으로 되돌아가자. 그날 도대체 무엇이 내 작업을 성공으로 이끌었을까?

그날 나는 '그 안에 있었다.' 그것 말고는 딱히 할 말이 없다. 그것이 바로 기술자와 예술가의 차이다. 하긴 나도 그 시절에는 이 차이를 알지 못했다. 어쨌든 그날 나는 운수가 참 좋았다. 뭔가 '낌새를 느꼈다'고도 할 수 있고, 촉이 들어맞아 적당한 순간에 용기를 꺼냈다고도 할 수 있다. 아니면 이유는 없지만 그냥 '알아차렸다'고도 말할 수 있다. 바로 그날부터, 나는 기똥찬 순간의 영감을 신뢰하게 되었다. 마치 요리사가 언제 정확히 불을 꺼야 하는지 알듯이 지금은 정확히 언제 유리화되는지, 언제 멈춰야 하는지를 눈 감고도 알 수 있게 되었지만, 여전히 그냥 '알게 된다'는 말 외에는 덧붙일 설명이 없다.

여기서 신뢰라는 단어에 대해 잠깐 얘기하자면, 신뢰(confiance)란 새의 언어로 '스스로에게 맡긴다' — ce qu'on fie en se(en soi) — 는 뜻이다. 우주에 대한 신뢰도 마찬가지다. 올 것은 온다. 우리를 인도하는 것은 빛이니까. 그런데 아주 특별한 다른 한 가지, 묘사하기 어렵지만 좀더 근본적인 뭔가가 필요한데 그것은 바로 순수한 기대다. 순수한 기대란 다가오는 것을 받아들일 자세가 되어 있는 동시에 기다리지는 않는 태도다. 스스로 그것에 참여하면서도 일종의 압력으로 작용할 수 있는 요소는 없애버리는 것. 완전히 그 안에 들어가 있으면서도 저항하지 않는 것. 이 얼마나 역설적인가! 하지만 바로 그렇기 때문에 연금술이 단순한 화학수업이 아니라 입문의 여정인 것이다.

이제는 내 제자들에게 이런 식의 조언을 해줄 수 있지만, 나도 실습생이었을 때는 몰랐으며 실제 경험을 거듭하고서야 조금씩 조금씩 진실을 보게 되었다. 아무것도 기다리지 않으면 모든 것을 발견하게 된다. 반면 뭔가를 기다리면 기다리는 그것만 발견하게 된다.

이 탐구의 여정에서는 원한다고 해서 금이 만들어지지 않는다. 연금술사 자신의 변성도 마찬가지다. '나 자신에 대한 작업'이란 ― 이것이 무슨 뜻인지는 당시 나조차 이해 못했지만 ― 금속제련사가 하듯 단지 물질을 다루는 기술만을 뜻하지 않는다. 연금술사들이 한때 '농사꾼(laboureur)'으로도 불린 이유는 바로 '하늘의 농사꾼'이기 때문이다. 니콜라 플라멜의 집 앞 벽면에도 이 문구가 새겨져 있다. 여기에 또 하나의 역설이 있다. ― 일(labor), 즉 농사꾼의 일이란 뭔가를 쪼개고 열고 하는 것인데, 그러면 연금술사는 도대체 무엇을 열어젖히는 걸까? 정확히 말해 우리가 열 것은 단 하나뿐이다. 바로 하늘이다. 그렇기에 이 여정이 신비롭다고 수천 번 반복해 말해도 지나치지 않은 것이다.

　이처럼 나는 새로운 역설을 직접 경험했다. 첫 시도에 현자의 돌이 나타나게 하려면 텅 빈 상태여야 한다. 순수한 기대 이외에는 정말 아무것도 필요치 않다.

　참으로 놀랍고도 놀라웠다.

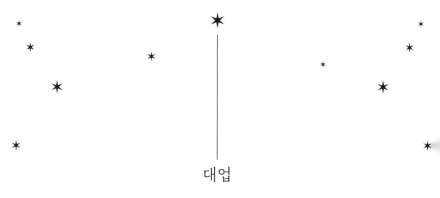

대업

대업大業에 도달하기 위해 내가 선택한 여정은 '아말감 여정'(la voie des amalgames)이었다. 그 단계들을 설명하자면, 적절한 제1물질을 구해서 그 속에 있는 두 가지 근원물질을 추출하고(흑색 작업), 그 두 물질을 동일한 양으로 혼배시켜서(백색 작업), 아이가 태어나기(적색 작업)를 기다린다.

탐구는 우선 건조한 여정(앞에서 언급한 '별 모양 화성의 작은 왕'을 획득하는 작업)으로 시작됐다. 그다음은 습한 여정으로 접어들어, 그것을 천천히 분해하고 배양하는 작업을 했다. 그리고 마침내 물질의 내부에 정신이 통과하게끔 한층 뜨겁고도 따끔한 방식을 선택했다. 이건 내 식의 여정이다. 연금술에는 수많은 여정이 있고, 연금술사들은 각자 자신에게 맞는 단계를 찾아 밟아간다. 연금술은 절대적으로 '자유로운 여정'이라고 나는 늘 주장한다.

사람들은 내게 대업의 제1물질이 무엇이냐고 자주 묻는다. 마치 거기에 무슨 비밀이라도 있는 듯이 말이다. 서양에서는 흔히 안티몬이라고들 한다. 풀카넬리^{Fulcanelli} — 가명의 저자로 유수한 건축물들에 숨겨져 있는 연금술적 의미를 설명하기 위해 두 권의 책《Le Mystère des Cathédrales》(1926), 《Les Demeures Philosophales》(1930)을 집필했다. 현재까지도 저자의 본명이나 정체는 밝혀지지 않았다. 역주 — 의 책에도 이렇게 쓰여 있다. '안티몬이 제1물질이다.' 그리고 그 문장의 두어 줄 다음에 또 이렇게 쓰여 있다. '안티몬은 제1물질이 아니다.' 당황스럽기 짝이 없다. 풀카넬리는 작업 방식을 묘사할 때 '우리의 안티몬'이라고 썼다. 그가 굳이 그런 표현을 썼다는 데 유의할 필요가 있다. 안티몬은 그리스어로 Antimonos이고 문자 그대로 '결코 혼자가 아님'을 의미하는데, '우리의 안티몬'이라고 하면 '우리의 근원적인 안티몬', 즉 '혼자가 아닌 우리의 물질 / 다른 무언가와 함께 있는 이 육체'라는 의미가 되니, 모호하지만 꼭 맞는 말이다.

나는 제1물질은 사실상 그리 중요하지 않다고 생각한다. 호미로 시작하든 괭이로 시작하든 농사만 지으면 그만이다. 현자의 돌은 이미 용기 안에 있는 것이나 다름없는데, 그것을 만들어내고 있다고 여기는 당사자가 아직 모를 뿐이다. 중요한 것은 그 돌을 발견하기 위해서는 불순물을 없애야 한다는 점이다. 그것이 어떤 물질이든지 간에 말이다. 이런 관점으로 보면 여기서 돌 또한 일종의 용기, 빛을 받기 위한 또 하나의 그릇인 셈이다.

빛은 우리 세상에 들어오면 이중성을 갖는다. 빛 에너지의 일부는 한쪽으로, 다른 일부는 다른 쪽으로 향한다. 빛은 일종의 대류 현상을 일으키면서 우리 세상 속을 흘러다닌다. 헤르메스 지팡이의 상징처럼 서로 상반된 방향으로 움직이는 뱀을 연상하면 된다. 이 두 에너지의 본질은 서로 상반된다. 한 에너지는 음기, 즉 달과 여성, 수동적인 에너지다. 다른 한 에너지는 양기, 해, 남성, 능동적인 에너지다. 현자의 돌은 이 두 에너지가 부동의 상태에서 다시 만나게 한다. 바꿔 말하면, 현자의 돌은 이러한 부동 상태를 담는 용기다.

용기(creuset)를 새의 언어로 들어보면, 자연의 힘이 교차(croisée)하는 장소가 된다. 여기에는 네 가지 방향(sens)과, 네 방향이 만나는 하나의 접점(point commun)인 다섯 번째 방향(cinquieme sens)이 있는데 그 접점이 바로 '물질의 정수'(quintessence)다. 이 중앙의 점이야말로 유일한 부동의 장소다. 〈에메랄드 옥판〉에 쓰여 있듯, '위아래를 잇고, 보이는 부분과 보이지 않는 부분을 잇는' 점이다.

이 작업에서 인간은 보이는 부분에 속한다. 따라서 인간은 이 그릇을 매혹적으로 다듬어서 보이지 않는 어떤 원리가 거기로 내려와 머물고 싶도록 만든다. 기술자도 유능하다면 이 네 가지 요소를 찾을 수 있다. 하지만 다섯 번째 요소는 절대 못 찾는다. 그는 절대로 그 중앙에 자리할 수 없기 때문이다. 연금술사만이 십자(용기를 상징적으로 이렇게 표현하기도 한다)의 중앙에 자리 잡고 '물질의 정수'를 발견한다.

그렇다면 이런 작업은 어떤 식으로 진행될까? 연금술의 전통적인 방식은 이렇다. 황과 수은을 동시에 포함하는 이중적인 에너지를 가지는 물질을 구해서 그것들을 서로 분리시킨다. 그다음 분리된 것들을 각각 똑같은 양으로 맞추고, 이 두 요소만큼 정갈한 중개자를 이용해서 그 둘을 다시 합친다. 그렇게 화학적 혼배를 거행하고 난 후엔 그 중개자를 없앤다. 그러면 이 결합에서 원래의 두 요소보다 더 아름다운 아이가 탄생하게 되는데, 그것이 바로 현자의 돌이다.

이 모두가 실제로 활용되는 방식이며, 무엇을 제1물질로 택했느냐에 따라 물론 차이가 생기기는 한다. 그래서 여느 연금술사들처럼 나 역시 온갖 금속으로 이 작업을 시도해보았다. 첫 단계에서는 금속을 여는 작업을 한다. 금속을 산화시키는데(oxyder), 앞서도 말했듯 해당 금속을 죽여서(occire) 그 찌꺼기를 얻고, 그 속에 숨어 있는 두 가지 성분을 찾아낸다.

그러기 위해서 두 가지 길 중 하나를 선택한다. 건조한 여정으로 할 것인가, 습한 여정으로 할 것인가. 건조한 여정에서는 불을 이용해서 금속을 분리한다. 습한 여정에서는 불 대신 특정 용액을 이용해서 투박한 것으로부터 섬세한 것을 분리해낸다. 일단 금속이 열리게 되면, 거기에 물을 붓는다. 물은 달과 태양의 에너지를 전달하는 전령이다.

그런데 벌겋게 달궈진 금속 때문에 물이 수증기가 되어 날아가 버리지는 않을까? 그것이 문제다. 게다가 의문은 거기서 그치지 않는다. 어떤 제1물질을 사용할 것인가? 어떻게 그걸 여는가? 음기와 양기는 어떻게 분리시키는가? 그 둘을 어떻게 똑같은 양으로 맞추는가? 그 둘을 어떻게 결합시키는가? 마침내 돌을 어떻게 잉태시키는가? 나는 이런 의문들과 관련된 실마리들을 여기저기 펼쳐 보이겠다.

이런 실험이 왜 수년씩이나 걸리는지 이제는 조금 이해되는가? 심지어 연금술사들은 적어도 한 번쯤은 자신의 실험실이 폭발할 위험까지 떠안는다.

자, 두 개의 통을 준비해보자. 하나는 양기의 금속으로 만들어진 통이고, 다른 하나는 음기의 금속으로 만들어진 통이다. 각각의 통 안에 물을 붓는다. 이 물에 손이 닿지 않게 주의하라. 그러면 각각의 통은 물에 포함된 빛의 두 에너지, 즉 음과 양 중 하나만을 담게 된다. 각 통의 물의 양이 똑같이 맞춰졌다면, 당신은 이 예술의 규칙을 제대로 지켜서 분리해낸 것이다. 이것이 바로 흑색 작업이다.

그다음에는 이렇게 각각 음과 양으로 북돋워진 두 가지 금속을 함께 녹이는데, 그 둘 사이를 녹아드는 중개자가 필요하다. 이 결합이 완전하고 완벽하게 진행된다면 이것이 바로 백색 작업이다.

이제 새로 태어난 아기에게 진짜 빛이 내려오게만 하면 된다. 그러려면 금속과 연금술사가 완전히 하나가 되어야 한다. 이것이 적색 작업이다. 이때 금속 안에 빨간 결정체를 품고 있는 작은 동굴 같은 것이 나타난다. 이것이 바로 요람에 있는 아기, 즉 현자의 돌이다.

현자의 돌은 변성력을 가진다. 다시 말해, 무언가로부터 껍데기(그림자)를 벗겨내서 진짜 빛이 그것을 통과하게끔 해준다. 여느 금속과 단순히 접촉만 시켜도 그 금속을 빛으로 승화시킬 수 있을 정도의 변성력이다. 금속뿐 아니라 사람도 이 돌을 과감하게 삼킨다면 같은 현상이 일어난다.

이 돌의 변성력을 높이려면 같은 정화 과정을 반복하면 된다. 처음에는 현자의 돌 1그램이 납 1그램을 금 1그램으로 변성시킨다. 그런데 정화 과정을 한 번 더 거치면 변성력은 열 배로 커진다. 즉 두 번 정화된 현자의 돌 1그램은 납 10그램을 금으로 변성시킨다. 만일 여섯 번 반복했다면 10의 6승 곱절이 되어, 현자의 돌 1그램이 무려 1톤의 납을 금으로 변성시키게 된다. 정화 과정을 반복할수록 돌은 더욱 투명해지고 더욱 많은 빛을 통과시킨다. 그렇다 해도 변성력의 배가는 최대 여섯 번에 그친다. 일곱 번 정화하게 되면 돌이 너무 투명해져서 보관조차 할 수 없게 되어버리기 때문이다. 그 단계에서는 돌이 사라질 뿐 아니라 증발하면서 닿게 되는 모든 것을 빛으로 변성시킨다고 한다. 용기, 아궁이, 연금술사, 실험실, 나아가 그 동네까지. 여하튼 그렇다고 해서 나는 시도해보지 않았다.

여섯 번까지 배가되고 나면, 현자의 돌은 극히 불안정해져 고체 상태를 유지할 수 없게 되면서 액체로 변한다. 명칭이 좀 안 어울리기는 하지만 이것을 '안티몬의 붉은 기름'이라고 부른다. 이 액체는 상상 이상으로 무겁다. 단순히 무거울 뿐만 아니라 무게가 변한다. 이 액체가 잔뜩 든 병을 사람들에게 들어보라고 하면 모두 의아해하면서 놀란다. 40킬로그램쯤 되어 보이는데 실제로는 두 손으로 들기에도 버거울 만큼 훨씬 더 무겁게 느껴지기 때문이다. 도저히 못 들겠다고 포기하는 사람들도 있다. 아주 건장한 사람들도 마찬가지다. 그러면서 이렇게 묻는다. "이게 뭐죠? 바닥에 붙어 있나요? 자석이라도 숨겨져 있는 거 아니에요?"

그런데 연금술사가 보기에 그것은 무게의 문제가 아니라 빛의 압력 문제다. 그 병을 힘으로만 들려고 할수록 더욱더 꼼짝하지 않는다. 하지만 그 빛에 전혀 저항하지 않는 사람에게는 병의 무게가 없어진다.

그런 병이 내 사무실에 있는데, 재미 삼아 손님들에게 한 번씩 들어보게 한다. 말하자면 우리 집의 엑스칼리버인 셈이다.

이 기름은 그 유명한 '연금술사의 꺼지지 않는 램프'를 만드는 데 쓰이기도 한다. 아뎁트라면 이런 램프를 실험실에 하나씩은 갖추고 있다. 스스로 빛을 발하니 전기가 필요 없는 데다가 영원히 꺼지지 않는다. 여섯 번 배가된 현자의 돌을 유리 튜브 속에 완전히 밀폐시켜놓은 것이다. 불빛은 촛불과 비슷한 맑은 붉은색으로 영원히 빛난다. 만약 램프가 해체되거나 부서지기라도 하면, 불꽃은 스치는 모든 것을 잠시 붉게 물들이다가 사라진다.

이집트 전문 고고학자인 하워드 카터[Howard Carter]가 투탕카멘[Toutânkhamon] 무덤에 처음으로 들어갔을 때, 그 무덤이 이와 비슷한 램프로 밝혀져 있었다고 한다. 카터는 수천 년 동안 켜져 있는 램프를 보고 도저히 믿을 수가 없다고 말했다.

이게 다가 아니다. 일본의 나라[奈良] 현에는 수천 개의 등불이 있는 카스가다이샤[春日大社]라는 신사가 있다. 그 등불 중 하나가 영원히 켜져 있는 등불이라고 하는데, 정확히 어느 등불인지는 아무도 모른다. 이처럼 연금술은 다양한 문화와 전통 속에서 발견된다.

여기서 내가 거쳐온 모든 과정을 늘어놓지는 않겠다. 너무 힘들게 느껴져서 실습생들의 사기가 저하될지도 모르니까. 실전적 연금술의 전수는 책에 의해 이뤄지는 것이 아니다. 나는 어떤 비율로, 어떤 온도에서 작업해야 하는지를 묻는 이메일을 매일 10여 통씩 받는다. 마치 기술적인 비밀이나 숨겨진 묘법, 명확한 설명서가 따로 있어서 그걸 알아내면 금방 모든 것이 성사되기라도 하듯 말이다. 그렇다면 무게나 온도를 구체적으로 알려주는 것이 연금술사가 되고 싶어하는 이들을 진정 도와주는 일이 아닐까? 딱 맞아떨어지는 화학식 설명서를 건네주면 더 명료해지지 않을까? 하지만 정신에 대해 완전히 이해하지 못한 상태에서, 즉 자기 자신을 알지 못하는 상태에서 연금술을 한들 무슨 소용이 있겠는가. 정신을 이해하게 되면 비법 따위는 필요 없어진다. 이 길은 스스로 나아가야지 누가 대신해줄 수 없다.

하고 싶으면 '용기勇氣 파티'(실제로 봤다)를 벌일 수도 있고, 작업의 결과물들을 그럴싸하게 진열해놓고 자신의 영광을 음미할 수도 있다. 인내와 베풂이라는 미덕을 무시한 채, 실험실에서 현자의 돌로써 자신이 원하는 다른 결과를 만들어낼 수도 있다. 다시 말해 연금술사가 아니라 연금술적인 아이디어만을 활용하는 작업들 말이다.

연금술에서 제일 힘든 작업은 금속을 여는 것이 아니라, 자기 자신을 여는 것이다. 앞서 나는 어떤 제1물질을 사용하든 간에 현자의 돌은 이미 용기 안에 있는 것이나 마찬가지라고 말한 바 있다. 마찬가지로, 빛은 이미 우리 내부에 있다. 그런데 육체적으로

나 심리적으로 뭔가 스트레스를 받거나 불만이 있을 때, 우리는 스스로 자기 안에 통을 만들어내고 그 통을 닫아버린다. 우리 몸의 곳곳에 그런 통들이 있고, 그 통들은 빛을 가둔다. 우리가 해내야 하는 작업은 그 통들을 여는 일인데, 하도 오랫동안 닫혀 있었던 까닭에 한 번 열리면 견디기 힘들 정도의 고약한 냄새를 풍긴다. 그것이 곧 악마들이고 쓰레기다. 정화란 이런 통들을 열어서 그 속에 공기를 넣는 작업이다. 러시아 인형처럼 통 속에 또 다른 통을 품고 있는 경우, 여는 작업이 더욱 힘들다.

금속도 마찬가지다. 모든 통이 닫혀 있는 상태의 금속이 바로 납이다. 일곱 번째 통이 열리면 그것이 주석이다. 그다음이 철, 수은, 구리, 은이고, 딱 하나의 통만 더 열면 되는 마지막 금속이 금이다. 물질과 빛 사이의 이 일곱 단계는 다양한 전통에서 흔히 언급된다. 연금술사는 이 일곱 금속을 다루면서 둔탁함에서 오묘함으로, 암흑에서 빛으로 향하는 일곱 단계를 거친다.

빛에 도달하는 이 여정을 두고 종교 쪽에서도 '정화'라는 표현을 쓰지만, 그것은 윤리적인 의미 — '올바른 길' — 에 가깝다. 파리 노트르담 성당 벽의 장식들도 흔히 죄악, 미덕 등의 도덕적인 가치의 잣대로 해석되지 않는가. 하지만 그 장식들을 다르게 볼 수도 있다. 거기에는 대업에 이르는 모든 단계가 아주 세밀하게 묘사되어 있다. 연금술(L'alchimie)이 곧 '올바른 길'(le droit chemin)이기도 하니까. 이런 시각으로 그 장식들을 바라보면 윤리적인 은유가 아니라 작업의 엄정한 지침이 드러난다. 아래에 있는 것과 위에 있는 것이 하나가 되도록 물질을 조율하는 작업 말이다.

바로 이런 이유로 나는 트람^{trame}을 만들었다. 트람은 일종의 치료요법인데, 나중에 다시 언급하겠지만, 심리요법에 의존하지 않고도 육신과 정신을 조율할 수 있는 방법이다. 뭔가 마음대로 되지 않아 막혀 있다(plombé: 사전적으로는 '납으로 막혀 있다'는 의미다. 역주)고 느껴질 때 우리는 '막힘', '해결책', '탈출구' 등의 표현을 쓴다. 나는 이 단어들의 본래 의미에 주목한다. 즉 '막혀 있는' 상태란, 뭔가가 빛을 막고 있지만 그 문제는 알고 보면 '해결될 수 있는' 것이어서 우리가 온갖 방법으로 '탈출구'를 찾아서 마음을 가볍게 하려는 상태라고도 하겠다.

대업이 연금술사 자신에게 정신적이고 윤리적인 변성을 가져온다는 것은 부인할 수 없는 사실이다. 연금술사는 모든 면에서 개선된다. 왜냐하면 연금술은 물질 찌꺼기들과 인간 감정들을 나란히 두기 때문이다. 이것을 기억하라. — 우주가 그 스스로의 요동을 없애려고 한다면, 인간은 자신의 감정들을 희석하려고 한다. 아니, 더 정확하게는 변성시키려 한다.

연금술사의 목적은 딱 세 가지로 요약될 수 있다. 이 책 속에서 그 세 가지를 찾으라고 한다면 다음의 세 단어를 고르라. — 부동, 고요, 합일. 대업을 실현해낸 연금술사는 부동과 고요와 합일의 상태가 된다. 당신도 지금껏 살면서 겪은 행복(분명히 해두지만 유희가 아니라 행복이다)의 순간에는 부동과 고요와 합일의 상태를 맛보았을 것이다. 예를 들면 일몰을 보거나, 깊은 사랑의 희열 속에 있거나, 산의 정상에 오르거나, 개인적인 성공을 맛보거나, 감동적인 광경에 푹 젖었을 때 말이다. 이런 행복의 최정점에서 우리는 움직이지도 않고, 말도 하지 않고, 그냥 그 상황과 하나가 된다. 하지만 그 외의 순간들에 우리는 늘 움직이고, 말이 많고, 무질서하게 요동친다. 하지만 이런 요동치는 감정들 또한 에너지이므로, 변성시키는 방법을 알면 된다.

모든 것이 에너지다. 예를 들어 분노나 두려움도 에너지다. 어떤 에너지도 그 자체로 좋거나 나쁘지 않다. 단지 그 쓰임새에 따라 좋은 것도 되고 나쁜 것도 된다. 화가 나서 모든 것을 부숴버리고 싶어질 때는 밖에 나가서 정원이라도 가꾸면서 분노를 배출시키라. 아니, 더 정확하게는 분노를 창조의 힘으로 변성시키라.

이런 의미에서 연금술은 근본적인 일곱 감정을 배출시키는, 또는 변성시키는 방법이다. 이 일곱 감정은 전통적으로 일곱 금속과 짝지어진다. — 내적인 혼돈은 납, 복수심은 주석, 소통의 어려움은 구리, 분노는 철, 허영은 수은, 두려움은 은, 자만은 금. 이와 관련해서는 뒤편의 '다른 세상들'과 '금속 비율표' 장에서 다시 언급하게 될 것이다.

모든 심리학적 치료법은 이런 감정들의 원인을 찾아서 속속들이 파헤치라고 한다. 하지만 연금술은 그런 논리에 반대한다. 연금술의 세상은 인과관계가 명확하게 성립하지 않는 곳이기 때문이다. 연금술은 모든 감정의 원인은 딱 하나, 즉 전일체의 태초의 분리라고 본다. 그래서 어떤 감정의 원인을 찾으려고 거슬러 올라가 살펴보거나 왜 그런지를 자문해보는 일을 무의미하게 여긴다. 대신 그런 감정들을 비워내는 방법을 모색한다.

내가 금속을 유리화시키는 작업에 실패한 경험들을 돌이켜보면, 나는 실패에 대한 두려움과 성공에 대한 자만심을 동시에 품었던 것 같다. 그런가 하면 내가 원하는 대로 세상이 돌아가지 않는다는 분노와 쓸데없는 허영심도 있었다. 나 자신도 모르는 새에 감정의 찌꺼기들로 채워져 있었던 것이다.

금속이 유리화되던 날, 나는 텅 빈 상태였다. 그렇다고 완벽하다거나 무슨 성인이라도 된 듯한 상태까지는 아니고, 그냥 덤덤하게 텅 빈 상태. 나는 연금술에 몸담은 지 벌써 40여 년이 지났고 현자의 돌을 삼켜 소화시킨 것도 오래전 일인데, 지금까지 내가 이루어낸 게 있다면 바로 감정이 텅 빈 이 상태다. 유리화에 성공하던 그날도 그랬고, 이후로 대업을 단계별로 실현한 날에도 그랬으며, 앞으로 내가 살아갈 일상에서도 그럴 것이다. 이 상태에서는 감정이 엷어지고, 과장된 것들이 뒤로 물러나며, 조건 없는 순수한 기대만이 남는다. 내적 평화라고나 할까. 물론 나 역시 그렇게 되기까지는 많은 고충과 오랜 세월을 거쳐야 했다.

자, 흑색 작업에 대한 이야기를 더 나누어보자.

나는 산티아고 순례를 마쳤을 때 스스로 연금술의 여정에서 꽤 나아갔다고 여겼다. 여하튼 내 기분은 그랬다. 하지만 앞서도 언급했듯이 실험실과 함께할 여정이 한참이나 남아 있었다. 우리는 '다른 사람들이 똥처럼 마구 버리는 것들'에 손을 대야 한다. 알고 보면 그것들이 우리 자신의 쓰레기이기 때문이다. 안티몬은 그중 하나에 불과하다. 그 통들을 열어보면, 마치 무덤이라도 파헤친 듯 주검의 냄새가 난다. 이 흑색 작업에는 어딘지 죽음의 면모가 보인다. 더 정확하게 말하자면, 바로 죽음의 단계다. 특별한 의지도 없다. 일반적인 삶은 지겨울 뿐이다. 그래서 실험실에 처박힌다. 거기에 자기 자신을 묻는다. 정말이지 스스로 무덤을 파는 행위나 마찬가지다!

연금술사들이 금언으로 여기는 비트리올^{VITRIOL}(Visita Interiora Terrae Rectificando Invenies Occultum Lapidem)이라는 약어에 이런 상황이 잘 담겨 있다. '땅속을 방문하라. 자신을 가다듬노라면 숨겨진 돌을 찾게 될 것이다.' 그렇다. 땅을 파고 들어가면, 그 속에서 창자가 뒤틀리듯 흔들린다. 거기서 시꺼먼 물질을 다루고, 제거하고, 극복해야 한다.

곱지 않은 감정들이 둥둥 떠다닌다. 분노, 욕구, 자만, 성급함…. 그런 것들로 휩싸인다. 처음에는 확신에 차서 빛 받을 그릇을 찾는다. 하지만 그릇에 빛이 가득해지기를 기다리고 기다려도 그 그릇은 텅 비어 있다! 흑색 작업은 그야말로 자기 자신을 비우는 식으로 전개된다. 그러는 동안 마냥 헤매고 초점을 잃는다. 인간관계도 깨지고, 스스로를 고립시키게 된다. 심지어는 가족까지 잃기도 한다. 거의 고독한 성직자의 길이나 마찬가지다. 기존의 세상에서 고립되고 사랑과 재산, 그 외의 가치로부터도 멀어진다. 연금술사들 중에 왜 그리 종교인이 많은지 납득하게 된다. 친구들과 함께 있다가 5분도 채 못 되어 지루함을 느끼고 '대체 여기서 내가 뭘 하고 있지?'라며 자신의 실험실로 되돌아온다. 그런데 실험실에서도 똑같은 자문을 반복한다. '여기서 내가 도대체 뭘 하고 있지?' 여느 학자들이 그렇듯, 연금술사도 파국을 맞는다. ― 나는 혼자다. 아무도 나를 좋아하지 않는다. 아무짝에도 쓸모없는 짓을 하고 있다.

한마디로 말해, 이것은 우울증이다. 짓누르고, 후비고, 텅 비고, 깊은 우울. 이것은 몹시 치명적일 수도 있어서 어떤 사람들은 끝내 극복하지 못하기도 한다. '이거 다 바보 같은 짓이야! 이제야 그 굴에서 벗어나는구나' 하며 연금술을 때려치우는 사람들도 있다. 하지만 그들은 아무것도 얻지 못하고 다시 예전의 감방으로 되돌아간 것에 불과하다. 그런가 하면 정신뿐 아니라 육체적인 고통까지 더해지기도 한다. 완전한 변성인 동시에, 아주 불쾌한 파국인 셈이다.

나도 믿기지 않을 정도의 분노에 사로잡혀 다시는 발을 들여놓지 않을 것이라고 다짐하며 여러 차례 실험실 문을 꽝 닫곤 했다. 내 이름은 뷔렌스테나스^Burensteinas다. 문자 그대로 보면 '돌을 깎는 사람'이다. 그래서인지 부드럽고 여성적인 식물 작업은 나한테 맞지 않았다. 나는 더 거친 곳으로 가야만 했다. 그곳에서 내가 고통스럽다 하더라도. 남보다 더 영리하니까 사흘이면 돌을 실현해낼 수 있을 것이라고 여겼던 초창기의 나를 떠올릴 때마다 피식 웃음이 나온다. 게다가 나는 비슷하게 생긴 뭔가를 만들어내기까지 했다. '해냈어, 모든 것을 다 이해했어!'라며 날뛰기 직전이었다. 내가 얼마나 대단한지를 증명하려고 말이다. 하지만 진짜가 아니었다. 단지 비슷했을 뿐이다. 그러니 나는 내가 만든 것을 스스로 없애버려야 했다. 그러기가 너무나 힘들었다! 생각해보라. 어쩌면 진짜 현자의 돌일 수도 있고, 이후 다시는 못 만들 수도 있는데, 어떻게 그것을 쉽게 없애버린단 말인가?

하지만 그렇게 해야 한다. 연금술에서는 이것을 '까마귀 머리 자르기'라고 부른다. 이렇게 할 수 있게 되면 벌써 많은 일을 해낸 것이다.

사실 나는 여러 가지 실험을 꽤 빨리 실현해냈다. ― 금속의 유리화, 금속꽃 피우기, 적절한 온도에서 수은을 증류화하기…. 과학자가 보기에는 불가능한 것들 말이다. 그러다 보니 내가 대단한 연금술사이고, 이 세상의 주인이나 된 것 같았다. 그때 나는 고작 20대였다. 그래서 앞에서도 흑색 작업은 자신을 비우는 단계라고 말했던 것이다. 하지만 동시에 비우기 힘들고, 탐욕적이고, 전혀 현명하지 못한 단계이기도 하다!

이 시기와 연관된 아주 인상적인 일화가 있다. 나는 클럽메드(프랑스의 글로벌 리조트 기업. 역주)를 통해 휴가를 떠났다. 누구나 다 가는, 전혀 신비롭지 않은 여행이었다. 그 지역을 한 바퀴 돌려고 배에 타려는 순간, 힌두교도처럼 보이는 한 남자가 달려와 자신도 같이 탈 수 있느냐고 물었다. 나는 기꺼이 승낙했다. 배 위에는 우리 외에도 다른 사람들이 있었고, 나는 그들과 얘기를 나누며 나 자신을 좀 과시했다. 내가 무슨 일을 하고 있는지, 내가 왜 보통 사람이 아닌지, 내가 할 줄 아는 것들이 얼마나 많은지…. 들어주는 사람이 있으니 그냥 신나게 주절댔다. 어릴 때처럼 얘기들을 늘어놓으면서 나 자신에게 그럴싸한 역할을 부여했던 것이다.

그렇게 두어 시간이 흘렀을까? 그때까지 아무 말도 없던 힌두교인이 나를 물끄러미 바라보다가 물었다. "그런데 왜 그런 일을 하시는 거죠?" 그러자 내 말문이 턱 막혔다. 하지만 자존심 때문에 아무런 기색도 보이지 않고 설명을 계속 늘어놓았다. 해변으로 되돌아왔을 때, 그가 떠나면서 내게 말했다. "저는 저쪽에 머물고 있으니, 내키면 와서 얘길 더 나누어도 좋아요." 나는 나중에 그를 찾아보았지만 찾지 못했다. 아니, 사실은 그를 다시 만나고 싶은 마음이 없었던 건지도 모른다. 그때 나는 기분이 몹시 언짢았으니까. '네가 도대체 누군데, 감히 나한테 그런 것을 물어?'

그럼에도 그 질문은 내 마음 한편에 남았고, 나는 그 답을 찾아내는 데 2년이나 걸렸다. 그는 없었지만, 주인 없는 질문이 그대로 남아서 아직 답을 찾지 못한 나를 압박하며 끊임없이 성가시게 했다. '내가 이걸 왜 하고 있지?' 때로는 짜증도 났다. 내가 뭔가에 대해 우쭐대며 얘기하고 있을 때마다, 그 질문이 불쑥 다가와 뽐내는 즐거움을 망쳐버리곤 했으니까. 마치 발에 박힌 가시처럼 그 질문이 늘 거기에 있었다. 떨쳐내려고 온갖 발길질을 다 해봐도 소용없이 막무가내로 버티고 있었다. '그것은 그냥 우연한 만남 아니었을까? 내가 굳이 그 질문에 답을 해야만 할까?'

나는 2년 동안 자문하며 온갖 종류의 답변을 찾아보았다. 솔직히 말해서, 이런 식으로 답해버리려고도 했다. '왜? 금을 만들려고 그런다. 왜? 금을 만들면 부자가 된다. 어쩌라고!' 하지만 어떤 답변도 만족스럽지가 않았다. 그냥 그렇게 뭔가 우쭐대고 싶어 대답해보는 어리석은 고백조차도 전혀 흡족하지 않았다. 뭔지 모를 꺼림칙한 것이 뒤에 남아 있다는 느낌만 들었다. 갖은 색채와 갖은 씁쓸함의 상태를 다 경험했지만 여전히 성에 차지 않았다. 나는 뭔가를 놓치고 있었고, 그래서 끙끙 앓았다.

이 여정 자체가 절대적으로 어렵다기보다는, 우리 자신이 둔탁하기에 스스로 어렵게 느낀다. 풀카넬리는 연금술을 다음과 같이 표현했다. '여자들의 일이며 아이들의 놀이다.' 여자들의 일이라는 것은 그다지 큰 힘이 들지 않는다는 의미이고, 아이들의 놀이라는 말은 계산할 것도 복잡할 것도 없이 그저 순수하고 단순하며 순박하다는 의미다. 그러니까 빛이 나타날 수 있도록 우리 자신을 내어주면 그만인데, 이게 말은 쉬울지 몰라도 직접 행하기는 참 어렵다.

"나도 그 여정을 거쳤지만 뭐 별거 없던데?" 누군가 내게 이렇게 말한다면, 나는 그를 믿지 않을 것이다. 무엇이든 쉬운 척척박사라면 또 모르겠지만 그런 사람은 극히 드물다. 그는 거짓말쟁이거나, 완전히 헛발을 짚고는 그 일을 해냈다고 스스로 믿고 있는 것이다. 나는 이 여정을 스승도 없이 혼자 힘겹게 밟아왔다. 그래서 제자들을 지도하는 자리에 있게 된 지금, 막막하지만 꼭 거쳐야 하는 이 과정을 기꺼이 그들과 함께해주고 싶다. 하지만 이것은 연금술 입문의 일부이기 때문에 쉽게 건너뛰도록 도와줄 수는 없다. 그저 그들을 주의 깊게 지켜봐줄 수 있을 뿐이다. 실험실에서 작업하다 보면, 열어야 하는 통에 너무 몰두해서 숨이 막힐 때가 있다. 그럴 때 스승은 통을 조금 덜 날카롭게 만들어주기도 하고, 제자를 밖으로 끌고 나와 같이 산책하거나 얘기를 나누기도 하고, 암호 해독을 도와주기도 한다. 해독한다(decrypter)는 단어를 문자 그대로 읽으면 동굴(crypte)을 나온다는 의미가 된다.

나는 혼자였고, 어디에도 탈출구가 없다며 의기소침해지기도 했다. 그러나 이것은 내 삶과 떼놓을 수 없는 작업이었다. 결국 생겨먹은 대로 진척되는 것이다. 나중에는 다른 아뎁트들을 만나 일종의 우애를 나누고 여러 가르침도 접하게 되었지만, 어디까지나 나중의 일이고 당시의 나는 마냥 혼자 어둠 속에서 나아가고 있을 뿐이었다.

어떤 작업의 막바지에 이르게 될 때, 우리는 우리 자신이 거기에 도달했음을 알게 된다. 왜인지는 모르지만 그냥 알아차려지고 느껴진다. 일종의 깨달음이라고나 할까. '신의 선물'(donum dei)이라는 말이 있다. 나는 신을 믿는다고 할 수 없지만, 뭔가가 나를 강타했다는 걸 느꼈다. 헤르마프로디테^{hermaphrodiet}(그리스신화에서 헤르메스와 아프로디테의 아들로 반은 남자, 반은 여자인 헤르마프로디토스에서 유래한 단어로 자웅동체를 뜻한다. 역주)가 나타나면서 두 개의 본질이 하나로 될 때, 뭔가가 일어난다…. 거기에 대해 이러쿵저러쿵 말할 수는 없다. 이것은 아뎁트들만 경험할 수 있는 아주 사적인 느낌이다. 따라서 이것을 체험한 사람들이 곧 아뎁트이다. 아뎁트들이 이것과 관련된 이야기를 할 때, 바로 옆에 있는 사람조차 무슨 말인지 전혀 알아듣지 못한다. 아뎁트들끼리만 공유하는 우리 식의 비밀이니까.

아뎁트들이 연금술에 대한 언급을 아예 입에 담지도 않던 시절이 있었다. 자칫하면 장작불 위에서 불태워질지도 모르니까 말이다. 농담이 아니라 아직도 그런 장작불이 존재한다. 우리 사회는 여전히 누군가를 마녀 취급하며 화형대에 올릴 방법을 갖고 있다. 그래서 아뎁트들은 연금술을 언급할 때 여전히 조심스럽다.

그래서 사람들이 우리를 차라리 좀 미친 사람으로 취급하는 편이 오히려 우리에겐 나을지도 모른다. 그러면 이렇게 중얼거리며 슬쩍 문을 열어둘 수도 있을 테니 말이다. — '맞아, 맞아, 이따위 것들은 다 미친 짓이지. 그러니 당신도 믿지 말라고.'

현자의 돌

어느 날, 저녁이 지나 마침내 아침(여기서 '아침'이란 지난밤이 성공적
이었다는 뜻이다)이 밝고 아기가 나타났다. 그 아기를 발견하기 위해
우리는 성경 속 동방박사들이 그랬던 것처럼 별을 따라 동굴까지
찾아간다. 금속의 찌꺼기를 깨면 그 안에 별 모양의 무늬가 있고,
그 별의 중심에 작게 패인 부분이 있는데 우리는 그것을 '요람'이
라고 부른다. 만일 적색 작업까지 잘 해냈고, 신의 은총까지 받아
빛이 내려왔다면, 빨간색의 고귀한 결정체, 즉 현자의 돌이 거기
에 있을 것이다. 크기가 쌀알만 한 그 돌은 햇빛에 더욱 빛난다.
그것을 찾으려고 한평생을 헤맸던 것이다.

일단 그렇게 씨앗을 얻고 나면, 그때부터 원하는 만큼 재생산
할 수 있다. 연금술사는 이 고귀한 돌을 거듭 만들어낼 수 있다.
자신의 플라스크에서 다이아몬드, 에메랄드, 자수정이 자라나게

할 수 있다. 도대체 어떻게? 자연이 하는 방식 그대로, 하지만 훨씬 더 빠르게. 이 빨간 돌의 결정체를 찾아 헤매는 이들이 워낙 많다 보니 이와 관련된 노하우가 없을 수는 없다. 여기서는 다 밝힐 수 없지만, 여러 방법을 통해 우리는 그것을 원하는 만큼 만들어내고 가질 수 있다. 하지만 양이 문제가 아니다. 이 단계에 이른 연금술사가 몰두하는 것은 그 돌의 질이다. '그 돌의 변성력이 충분한가 아닌가.' 이것이 바로 이 여정의 핵심이다.

돌이 어느 정도 만들어지면, 돌의 질을 확보하기 위해 내가 앞에서 언급한 바 있는 반복 작업으로 접어든다. 불로 정화하는 과정을 여러 차례 반복해서 변성력을 열 배씩 배가시키는 작업 말이다. 물론 이 절차는 여섯 번을 넘지 않는다. 작은 돌을 곱게 가루로 만들어서 아주 얇은 종이로 싼 다음에 납이 녹고 있는 용기 안에 넣으면 '푸시시' 하는 소리가 나고, 반짝거리면서 작은 화산을 만들다가 이내 잠잠해진다. 그리고 꺼내보면, 금이다!

금처럼 빛나고, 금처럼 울린다. 두드리면 납처럼 '팅' 하는 소리가 아니라 금처럼 '딩' 하는 묵직한 소리가 난다. 질산에도 견디고 (화학자들의 실험법이다), 보석상한테 가져가서 의뢰해도 100퍼센트, 24캐럿의 순금이라고 말한다.

정말 하잘것없는 납으로 금을 만들어낼 수 있게 되었다면, 이제 구리든 은이든 그 어떤 금속으로도 가능하다. 그럼에도 우리는 흔히 납으로 이 작업을 한다. 납이야말로 하잘것없는 금속으로 여겨지기 때문이다. 이런 명언도 있지 않은가. ― '어려운 일을 해내는 자에게 쉬운 일은 아무 문제도 되지 않는다.' 물론 연금술사가 꼭 납을 고집해야 하는 것은 아니다. 하지만 누구나 해낼 수 있는 일은 연금술이라고 할 수 없다. 가루를 용기에 뿌리며 '금 나와라, 뚝딱' 하는 식의 작업들 말이다. 그것은 예술이 아니다.

예를 들어 프라하에 가보면 연금술적 상징들이 도처에 있다. 프라하는 연금술로 가득한 도시다. 그도 그럴 것이 황제 루돌프 2세(1552~1612)는 연금술 마니아였다. 당시 절대 권력자들이 모두 그랬듯이 그에게도 자신만의 연금술사가 있었다. 이 연금술사는 궁의 정원에서 금의 변성력을 시연해 보였다. '금 나와라' 하면 금이 나오니 거의 요술 아닌가. 간단할 뿐 아니라, 비밀스러운 실험실도 필요 없었다. 하지만 혹여 그런 식으로 거기에 빛을 가둘 수 있다고 해도 진정한 빛이 나타나지는 않는다. 대부분의 연금술사들은 이런 쇼를 용납하지 않는다. 놀이공원의 광대가 아니니까. 이런 작업은 진짜 빛을 물질에 억지로 가두는 작업에 불과하다. 이런 식의 작업은 연금술사 고유의 탐구와는 완전히 상반된다.

단지 금을 생산해내는 것은 연금술사의 목표가 아니다. 그것은 오히려 목표와 상반되는 길이라고 할 수 있다. 연금술로써 금을 만들기 위해서는 빛을 물질 안에 가두어야 한다. 하지만 연금술사의 진정한 목적은 그 빛에 물질을 용해시키는 것이다. 그러니 완전히 다른 의미다.

당연히 나도 내가 만든 돌이 효력을 제대로 발휘하는지 시험해 봤다. 이 시험은 그 돌을 소화시키는 것이었다. 그냥 가볍게 웃어 넘길 일이 아니다. 궁전 사람들 모두를 초대하느냐 마느냐의 문제는 더더욱 아니다. 이미 말했지만, 그 돌을 갖고 있기만 하다면,

납을 금으로 바꾸기 위해서 꼭 연금술사가 되어야 할 필요는 없다. 하지만 그 돌과 하나가 되어 돌을 소화시키려면, 즉 완전히 정화된 상태가 되려면 연금술사가 되어야 한다. 아뎁트만이 해낼수 있는 일이기 때문이다. 완전히 정화되어 있지 않으면, 빛이 돌을 박살내버린다. 그래서 다시는 되돌아오지 못하는 사람들도 생겨난다….

금은 물렁한 금속이라 그 자체로는 별 쓸모가 없다. 그래서 보석으로 만들 때도 다른 금속을 섞어야만 한다. 금의 가치는 인간이 만들었다. 연금술사가 찾는 것은 이런 인위적인 가치를 능가한다. 연금술사가 찾는 것은 '전일체'다. 흔히 말하듯 영생이 아니다. 이와 관련해서는 또 다른 장에서 다루겠다. 연금술사들이 따르는 교훈은 내가 여러 번 반복했던 바로 이것이다. — '금을 만들려고만 하면, 절대 금을 발견할 수 없다. 만일 금을 만들 수 있게 되면, 금이 더 이상 필요 없게 된다.'

나 자신에게 던지는 진정한 질문이 바로 여기에 있다. — '이 돌을 취할 것인가, 말 것인가? 삼킬 것인가, 포기할 것인가? 내가 해낼 수 있을까? 이걸 시도해보지 않고는 도저히 못 배기겠는가?'

돌을 한 번 삼키고 나면 감옥의 밖으로 나갈 수 있게 되고, 두 번 삼키면 밖에 머물면서 감옥을 드나들 수 있게 된다고 한다. 그러면 세 번째는? 그때는 다시는 되돌아오지 않는다고 한다. 그런가 하면, 간혹 첫 시도에 그대로 사망해버리는 사람도 있다. 빛을 견딜 만큼 충분히 정화되지 않은, 즉 아직 준비가 되지 않은 까닭이다. 또는 돌을 바로 앞에 두고 자신이 이제 준비가 되었는지, 오늘은 그 돌을 삼킬 수 있겠는지, 오늘이 아니라면 내일은 가능할지, 오랫동안 그저 서성이기만 하다가 결국 시도하지 않는 이들도 있다. 정말 자기 자신이 깨끗해져야만 하고, 그렇지 않으면 사망할 수도 있으니까.

사실 삼키는 순간은 우리가 결정하는 것이 아니다. 때가 되었는지는 그냥 알게 된다. '아, 이제 때가 되었구나!' 왜냐고? 딱히 이유는 없다. 뭔가를 하는 최선의 방식은 이유 없이 하는 것이라고 나는 생각한다. 보통 체험으로 알게 된다. 나는 제자들에게도 이렇게 말한다. "우리가 여정을 선택하는 것이 아니다. 여정이 우리를 선택한다." 여행서와 지도만 있다고 여행을 떠나게 되는가? 문득 어느 날 뭔가가 딱 들어맞아서 '그래, 때가 됐어. 이제는 떠나야겠어'라고 마음먹게 되지 않는가? 왜 그럴까? 거기에는 객관적인 이유가 없다. 그냥 '때가 되었다'는 절대적인 느낌이 있을 뿐이다.

내 경우를 말하자면, 당시 나는 파리 중심에 중세부터 존재하던(그런 공간은 하루아침에 생겨나지 않는다) 움푹 파인 지하실에다 실험실을 차려놓고 있었다. 그때 나는 서른다섯 살이었고 두 아이의 아빠였다. 그리고 그 돌은 내가 그때까지 일생을 쏟아부은 탐구 작업의 결과였다.

내 어린 시절의 가장 오래된 기억은 겨우 걸음마를 시작했던 때다. 그때 나는 콩알만 했지만, 걸음마가 서툴러 계속 넘어지면서도 왜 다시 일어나야 하는지 잘 알고 있었다. 나는 불안정한 자세로 엄청난 모험을 하면서 걸음마를 하고 있었다. 내 앞쪽 저 멀리에 조그맣고 빨간 덩어리들이 보였기 때문이다. 녹색 나무들 사이에 빨갛게 드러난 야생 열매들. 그것이 무엇인지 다가가서 맛을 봐야만 했다. 그때가 한 살쯤 되었을까? 나를 걷게 만든 것은 바로 호기심이었다.

그리고 34년 후, 나는 손에 빨간 돌을 쥐고서 실험실에 앉아 있었다. 내가 오래전부터 제기해왔던 의문에 답을 얻을 수 있는 순간에 마침내 도달한 것이다. '나는 과연 내 삶에서 두 번째로 균형을 잃을 준비가 되어 있는가?'

몹시 긴장되었다. 마치 잠수할 때 몸이 바닥에 닿는 것처럼. 하지만 나는 잠수하는 것을 망설이지 않았다. 순식간에 돌을 삼켰다. 꿀꺽. 이젠 됐다. 삼켰다. 이미 삼켜버렸으니 어쩔 수 없다. 고작 쌀알만 한 돌일 뿐인데, 무슨 일이 있으려고?

내가 삼킨 돌은 변성력을 다섯 번 배가시킨 돌이었다. 훗날 이 이야기를 들은 아뎁트들은 이렇게 말했다. "정신이 어떻게 되셨던 거 아닙니까? 영원히 깨어나지 못했을 수도 있었습니다."(우리끼리는 존칭어를 쓴다.)

맞는 말이다.

하지만 나는 삼켰고, 내 목숨을 걸었다. 그런데 아무 일도 일어나지 않았다. 그런 상태로 5분, 10분, 그리고 15분이 흘러갔다. 15분은 세상이 무너지는 것을 바라보기에 충분한 시간이다. 진짜 보잘것없는 쌀 한 톨을 삼키기라도 한 듯, 아무 일도 일어나지 않았다. 그렇다면 이 모든 것이 정말 굉장한 속임수 아닌가. 목숨이 왔다 갔다 할 만큼 엄청난 속임수.

나는 소파에 앉아 있었는데 아무것도 느껴지지 않았다. 단지 약간 익숙한 어떤 기분 외에는. 그것이 어떤 기분인지 알려면 굳이 연금술사가 아니어도 된다. 그것은 바로 엄청난 분노감이다. 엄청난 씁쓸함, 아니 그보다 더 막심한 절망감. 엉망이 되어버린 결과 앞에서 느끼는 분통, 그 모두 싸잡아 불살라버리고 싶은 욕구. 이 모든 것이 단지 속임수였다니! 그것도 모르고 15년 동안을! 이렇게 허탕이나 치려고 15년간이나! 15년 동안 지하에서 쥐새끼처럼 밤을 새워가면서, 그 비밀에 도달하려고 내 창자를 뒤틀고 그것도 모자라 땅굴까지 파가면서 그토록 집요하게 매달렸는데…. 그런데 결국 아무것도 아니라니. 가족을 희생해가면서까지 지속한 15년간의 이중생활. 허탕을 쳐도 칠전팔기로 노력하고, 물질과 싸우고, 사회의 편견과 놀림을 감내하고…. 고독, 집념, 그러고도 불끈 걸머쥐었던 고집, 희생, 탐구, 희망 등등.

축하의 불꽃놀이라도 해야 마땅할 이 순간이 엄청나고도 보잘것없는 실패의 순간으로 바뀌었다. 무엇보다도 이제 희망이 없다는 사실이 가장 견디기 어려웠다. 종이카드로 세운 성이 후루룩 무너지고, 믿음의 세상이 휙 날아가버리는 것을 바라보며 나는 비탄의 한숨을 내쉬었다. '그래, 그들이 옳았어. 이 모든 것은 한갓 바람일 뿐이었어. 그걸로 금을 만들 수 있었으니 어쩌면 큰 부자가 될 수도 있었는데!'

그 순간, 내 안에는 아주 절실하고도 사적인 욕심까지 꿈틀거렸다. 나는 단순히 금을 만드는 방법 따위는 애초부터 관심 밖이었다. 만일 부자가 되고 싶었으면, 진짜 사회에서, 그러니까 평범한 사회에서 그리했을 것이고 충분히 그럴 수도 있었다. 그럼에도 나는 내가 중요하게 여겼던 진정한 탐구를 위해 진짜 사회를 내팽개치고 땅 밑으로 들어오지 않았던가. 그곳은 비록 땅 밑이지만 하늘과 더 가까울 것이라고 여기면서 말이다. 그런 짓을 왜 했단 말인가? 스스로 신이라도 될 줄 아는 순진한 바보 멍청이가 되어 지금처럼 소파 위에 주저앉아 있으려고!

나는 내 실험실 벽면에다 이렇게 써놓았다. '불가능했지만, 그는 해냈다.' 이 정도로 내가 어리석었던가. 그 문구가 보이는 순간 얼마나 씁쓸했던지…. 뭐? 정화됐다고? 정화 같은 소리 하고 자빠졌네! 정화라니? 부끄러운 줄 알아야지! 나를 꽉 채운 무수한 감정이 도처에서 토해지듯 쏟아지고 있었다. '이제껏 쓸데없는 길을 걸어왔다니.' 누군가의 탓을 하고 싶었지만 딱히 떠오르는 이가 없었다. 나는 실망의 피를 철철 흘리고 있었다. '아버지, 왜 저를 버리셨나이까?' 뭐 그런 식으로 말이다….

'자, 이제 고해성사가 끝났으니 소파에서 일어나야지…' 하던 바로 그때, 모든 것이 시작되었다. 일어서려는 순간에 고꾸라지고 말았다. 쿵! '아! 올 것이 왔구나. 이제 죽는구나.'

나는 단지 바닥에 쓰러진 것이 아니라 바닥 밑, 땅 밑으로 더 깊이 떨어지고 있었다. 떨어지고, 떨어지고, 떨어지고, 떨어지고… 암흑 속으로 깊숙이 추락했다. 그야말로 깜깜하면서도 푹신한 암흑 속으로. 육체적인 감각이 사라졌다. 아주 광활한 공간에 자리하고 있었지만 아무것도 느껴지지 않았다. 굳이 표현하자면, 밀도 없는 상태로 융단 위를 떠다니는 느낌이랄까. 영원의 영역에서 계속 부풀고 있었다. 까마득한 저세상의 영역으로까지, 부풀고 또 부풀어 터져버릴 때까지. 분명히 폭발했는데 소리 없이 빛나면서 내 시각의 앞쪽뿐 아니라 뒤쪽으로까지 흩어져갔다. 하얗고 커다란 화살 모양의 빛이었는데 눈을 부시게 하지는 않았다.

이것은 언어를 초월하는 경험이라 말로 표현하기가 힘들지만, 25년 전의 일임에도 여전히 내 기억 속에 강렬하게 남아 있다.

소리 없는 폭발이 일어난 후, 완전한 평화 속에 잠겼다. 나는 우주의 사방팔방 끝까지 가 있었고, 모든 것 안에 있는 동시에 그 모든 것이 나였다. 기대 같은 것도 없고, '내가 존재한다'는 느낌조차 확실하지 않았다. 그런데도 분명히 나는 존재했다. 그것도 아주 강렬하게, 나를 한정 짓는 테두리나 정체성 같은 것 없이 넓디넓게 용해된 채로.

그렇게 영원의 시간이 흐르고 있었다. 그만큼 길었다는 말이 아니라, 정확히 뭔지는 모르겠지만, 시간이 아예 존재하지 않는 듯했다.

그런 다음, 도처에서 작은 불빛들이 나타나 서로 결합하기 시작했다. 한 번 폭발했다가 다시 모여드는 일종의 바늘 뭉치 같았다. 좀 전에 묘사한 폭발의 장면이 이제 거꾸로 되돌려지는 듯했다. 아까 퍼져나갔던 모든 조각들이 다시 내게로 향했는데, 아주 고통스러웠다.

아까 부풀면서 느꼈던 무중력 상태와 '내 몸'이라는 테두리가 사라진 평안함과는 정반대로, 서서히 밀도가 증가하면서 도처에서 내 몸을 구성하기 위해 뭔가가 — 바늘 같은 것들이 — 막 밀려들었다. 내 몸이 수천 개의 뾰족한 바늘에 꽂히면서 다시 만들어지는 것 같았다.

육체의 밀도가 더해갈수록 고통도 증가했다. 온 데가 아팠다. 정말 말뜻 그대로 아프지 않은 데가 없었다. 그런데 그 '온 데'가 정확히 어디까지인지는 도무지 알 수가 없었다. 그러다가 서서히 한정되는 느낌이 들었다. 영원의 영역 그 자체였던 내 몸이, 이제 그 영원 속에서 고통과 더불어 서서히 한계를 가진 형체가 되고 있었다.

그다음 뭔가가 열리는 느낌이 와닿았다…. 정확히 무엇인지는 모르겠다. 나한테서 아주 멀리 있는 뭔가가 열렸다. 여기서 멀다는 말은 내가 엄청나게 커졌기 때문에 그렇게 느껴진 것일 뿐, 나는 그것이 내 일부임을 알았다. 내 몸의 일부일까? 손일까? 그래서 나는 '움직여!'라고 명령을 내려보았다. 명령하고 있는 상태를 유지하는 데 엄청난 에너지가 필요했다. 모든 힘을 동원한 이 명령으로 나는 겨우 내 손가락 끝을 움직일 수 있었다.

간단히 말해 내 몸이 재구성되고 있었고, 그 느낌은 엄청나게 불쾌했다. 마치 내 힘으로는 어찌할 수 없을 만큼 흠뻑 젖고, 딱 들러붙고, 무거우면서도 상태가 엉망이라 감당하기 힘든 옷을 입어야 하는 상황과 비슷하다고나 할까. 게다가 움직이는 것, 그것도 아주 조금 움직이는 것조차 엄청난 노력이 필요했다.

문득 내가 숨을 쉬지 않고 있음을 깨달았다. 숨 쉬는 법을 다시 배워야 하는 느낌이었다. 오래되고 낡은 진공청소기 속의 먼지 가득한 봉투가 된 듯한 상태에서, 그 꽉 찬 먼지 사이로 숨을 들이마셔야 하는 처지였다. 마치 나의 폐가 두꺼운 박스로 되어 있는 듯했고, 숨을 통과시키기 위해서는 어떻게든 그 박스를 구겨서 다시 폐가 몰랑몰랑해지게 만들어야 했다.

아무튼 숨을 쉬어야만 했는데, 그러는 중에 또 다른 다급한 욕구가 생겼다. '물이 필요해!' 갑자기 견딜 수 없는 갈증이 몰려왔다. 도저히 참을 수가 없었다. 정확히 어떻게 묘사해야 할지 모르겠는데, 여하튼 내 주위를 조금씩 파악해가고 있는 중이었고, 동시에 물을 마셔야 한다는 강박관념에 시달렸다. 여전히 바닥에 누운 상태였다가 겨우 앉을 수 있게 된 나는 다급하게 물 한 잔을 입술에 갖다 댔다. 그런데 악몽은 계속되었다. 목이 말라비틀어질 지경인데도, 이상하게 물이 몸속으로 들어가려 하지 않았다. 물이 내 소화기로 스며 들어가는 것이 아니라, 마치 뜨거운 모래의 표면을 그냥 흘러가는 듯했다. 물을 머금을 수조차 없어서 입에 넣은 만큼 그대로 다시 내뱉어야 했다. 너무 바싹 구워져 표면이 갈라질 대로 갈라진 탓에 수분을 흡수할 수 없게 되어버린 디저트 케이크가 된 느낌이었다.

그래도 갈증으로 타들어가고 있었으므로 물 마시기를 다시 시도해보았다. 하지만 모래 같은 내 육체의 바다를 조금 적실 정도밖에는 안 되었다. 겨우 한 모금을 삼키자, 그 물방울이 내 몸 안을 어떻게 지나가는지가 정확히 느껴졌다(이전에는 한 번도 경험하지 못한 느낌이었다). 단순한 물 한 방울, 그것도 그토록 갈구한 은총의 물이 내 몸속을 통과해가는 것을 모든 내부기관들이 경계하고 있었다.

내 주위를 바라보니, 탁자 하나와 의자 하나가 어렴풋이 보였지만 그게 정확히 무엇인지는 알아채기가 힘들었다. 모든 것이 일종의 안개 속에 뿌옇게 자리하고 있었다. 관찰자인 나를 중심으로 우주가 고통스럽게, 조금씩 재구성되는 느낌이었다. 실험실을 비롯한 내 주위의 세상이 다시 서서히 나타나고 있었는데, 예전과는 다르게 보였다. 이전엔 본 적이 없는, 더 심오하고 밝고 고차원적인 세상이었다. 초월적인 뭔가가 나를 통과한 것 같았다.

나는 겨우 몸을 일으켜 세워, 걷기조차 힘들어하며 실험실의 문을 열었다. 그런데 내 앞에 펼쳐진 것들이 내가 이전에 알고 있던 것들과 완전히 다르게 보였다. 너무 놀라 괴성을 지르며 문을 닫았다. 덜컥 겁도 났지만, 다시 문을 열어 이 세상을 똑바로 바라봐야 했다. 마치 모든 것이 거추장스러우면서도 강렬한 색채로 덧칠된 만화영화 같았다. 나는 고함까지 지를 뻔했다. '제발! 이 소음을 좀 멈춰줘!' 사실은 소음이라기보다 이전과 다른 색깔과 기하학적 모양으로 내 눈앞에 펼쳐진 장면이 견디기 힘들었기 때문이다.

온갖 색과 모양으로 도저히 분간하기 어려운 것들이 무질서하게 빛을 내고 있었다. 고양이 한 마리가 지나갔는데, 고양이 형체가 아니라 움직이는 나선 모양이었다. 모든 것이 고유한 모양과 색깔, 진동을 가지고 물질화돼버린 듯했다. 그러고는 며칠이 지나면서 초점을 맞추듯 희미하게 퍼져 있던 것들이 점차 겹쳐졌다. 나는 모든 것이 제각기 보유하고 있는 에너지, 품고 있는 음률, 그러니까 울림 같은 것으로 자신의 고유한 모양새를 갖추고 있음을 알게 되었다.

그런 다음 내가 이전에 알았던 모양새와 같이 선명한 모습이, 즉 고양이가 내게 익숙한 고양이 모습으로 다시 보이기 시작했다. 하지만 뭔가가 더 보태져 있었다. 명도와 질감이 이전과는 달랐고, 모든 것이 도톰하고 반짝거리는 뭔가로 짜깁기된 상태로 그 내부에서 가느다란 섬유질이 사방팔방으로 흐르고 있는 듯 보였다.

심지어 아무것도 없는 곳에서도 마치 짜여진 실 같은 모양새가 보였다. 빛나지만 눈이 부시지는 않은 어떤 밀도 속에서, 모든 것이 파동뿐 아니라 묘사하기 힘든 색깔을 만들어내면서 서로 연결되어 있었다. 네온 빛처럼 아주 밝고 다채로운 색깔이었지만 눈을 부시게 하지는 않았다. 내가 제정신이 아니라고 느껴졌다.

뭔가가 그 형체들 사이를 오가고 있었는데, 그것은 서로를 잇는 선線인 동시에 형체(formes)와 힘(forces) 사이를 끊임없이 휘감고 흐르는 무엇이었다. 마치 바탕에 양탄자 같은 거대한 직조물이 깔려 있고, 그 위에서 온갖 사물들이 끊임없이 움직이면서 모든 종류의 정보가 영구히 순환되고 있는 것 같았다.

차츰 현재의 세상에 집중하면서 다시 이전처럼 보게 되었지만, 적응하기가 쉽지 않았다. 상상해보라. 아무것도 없는 듯한 바닥에 발을 디뎌야 한다면 어떻겠는가! 온갖 방향으로 줄이 그어진 투명한 유리판 위를 걷는 기분. 모든 것이 투명해 보여서 도로와 보도를 분간하기도 어려웠다. 높낮이나 모양도 혼동되어 매번 주의를 기울여야 했다. 극도로 풍성하면서도 혼란스러워진, 그러니까 이전과는 전혀 다른 코드의 세상이었다. 이런 경험 덕분에 이제

나는 이 세상을 전과는 완전히 다르게 보게 되었다. 즉 이 세상을 정보들이 영원히 순환되는 거대하고도 복잡한 직조물로 본다.

그리고 또 며칠 지나면서, 마치 투명한 액체가 냉각되며 단단하고 불투명한 금속이 되듯이, 주위의 현실도 내게 익숙한 모양으로 드러났고 바닥도 더 이상 투명하지 않게 되어 비로소 안도감이 느껴졌다. 영원히 울리는 메아리 속에서 길을 잃은 듯한 느낌 없이, 다시 탄탄한 땅 위를 걸을 수 있게 된 것이다.

이제 내 눈은 보통 사람들처럼 볼 수 있지만, 더 예리하고 특별한 감각이 보태졌다. 지금도 내가 원하기만 하면, 의도적으로 눈을 약간 찡그려서, 더 다채롭고 역동적이고 기하학적인 세상을 볼 수 있다. 이런 경험을 처음 했을 때는 내가 돈 것이 아닌가 싶었지만, 지금은 현실을 보는 일종의 필터처럼 사용할 수 있게 되었다. 다시 말해 평소에는 일종의 검은 베일로 덮여 있는 세상을 보고, 내가 원할 때는 그 베일을 들춰서 시적詩的인 세상을 보는 식이다.

여하튼 그렇게 이 세상으로 되돌아왔을 때, 내가 실험실 안에 무려 3주 동안이나 머물렀다는 사실을 알게 되었다. 식음을 전폐하고 환영에 빠진 무의식 상태로 말이다. 당시에는 아무에게도 내 경험을 이야기하지 않았는데, 뒤에 로버트 플러드Robert Fludd(1574~1637. 영국의 연금술사)의 책에서 돌을 삼킨 경험의 유사성을 접할 수 있었다.

뭐라 설명할 수 없는 이 경험을 군이 한 마디로 표현하라면, 나는 '거듭남(renaissance)'이라는 단어를 선택하려다.

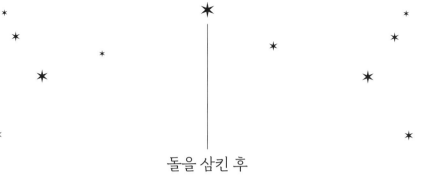

돌을 삼킨 후

내 삶은 두 부분으로 나뉜다. 돌을 삼키기 이전과 그 이후. 빛을 받아들임으로써 나는 뿌리째 뒤흔들렸다. 이것은 내가 '변했다'기보다는 '가벼워졌다'는 느낌에 가깝다. 나는 그대로지만, 껍질을 벗었다. 더불어 세상을 달리 보게 되었다. 그냥 보는 게 아니라 '감지하는 것'(percevoir), 곧 '더 잘 보기 위해 꿰뚫는'(percer pour mieux voir) 식 말이다.

세상에 대한 인식이 바뀌었다. 한편으론 감지력이 한층 증가했는데, 이전보다 깊어지고 섬세해졌다. 다른 한편으로는 이 세상이 얼마나 아름다운지 깨닫게 되었다. 즉 경이로움을 갖게 된 것이다. 이 세상이 더 잘 이해되고 더 선명해졌다. 세상이 참으로 굉장한 곳이라는 사실을 알게 되었다. 그날 이후로 나는 계속해서 경이로움을 맛보며 살고 있다. 바로 그래서 이 책도 나오게 된 것이다.

돌을 삼키고 난 직후의 상태로 돌아가서, 당시 내가 내적으로 경험했던 거의 혁명적인 변화들을 좀더 자세히 이야기해보겠다.

이 경험 후 새로 생긴 첫 번째 변화는, 이전과는 다르게 죽음에 대한 두려움이 사라졌다는 것이다. 따라서 삶도 바뀌었다! 그날 이후 나는 사후세계의 존재를 확신하게 되었다. 임사체험(Near Death Experience: 임상적으로는 사망 판정을 받았다가 다시 깨어난 사람늘이 짧은 인식 불명의 시간 동안 스스로 보고 겪었다고 주장하는 내용들)을 해본 사람들과 마찬가지다. 육신은 영혼이 한동안 빌려 타는 일종의 교통수단일 뿐이며, 우리 영혼은 이번 생 이전에도 존재했고 이 육신의 사망 이후에도 계속 존재한다고 확신하게 되었다.

뒤에서 다시 언급하겠지만, 내가 이런 원리를 믿게 된 것은 한편으로는 지적 논리에 의거해서지만 다른 한편으로는 믿음, 즉 소위 '깊은 곳에서 우러난 내적 신념' 때문이기도 하다. 직접 체험하고 나서 강렬하게 꽂히는 느낌! 이 확신은 그날 이후부터 날마다 내게 평화를 선사해주고 있다. 이번 생은 수많은 생들 중 하나일 뿐, 일어나야 할 일은 일어나는 것이고 이 생이 끝난다고 해서 진짜 끝은 아니다.

죽음은 오히려 그다음 무슨 일이 일어날지 알게 해주는(앎=함께 태어나다) 둘도 없는 기회다. 우리의 의식은 죽음과 더불어 교통수단을 바꿔 타는 것이다. 비록 이전의 교통수단에 대한 기록이 모두 취소되기는 하겠지만.

돌을 삼킨 후의 또 다른 변화는 '젊어졌다는 느낌'이다. 그렇다고 만화 〈아스테릭스〉에서 묘약을 마신 오벨릭스처럼 20대의 젊음을 되찾았다는 뜻은 아니다. 하지만 그와 비슷한 뭔가가 일어났다. 근육이 훨씬 유연해졌고 지구력도 늘어났다. 걸을 때나 등산할 때 오랫동안 걸어도 피곤하지 않은데, 이건 여럿이 함께 움직일 때 더 확연히 와닿는다. 유연성으로 말할 것 같으면, 나는 개선된 유연성을 발휘해서 히브리어 문자를 춤으로 만들어내기까지 했는데 이와 관련해서는 뒤에서 다시 언급하겠다. 요컨대 돌은 내 예술적 감각까지도 증가시켜주었다.

이처럼 젊어진 듯한, 아니 노화가 지연된 듯한 느낌은 탄탄해진 면역체계와도 관련이 있다. 아무도 나를 당해낼 수 없다고까지는 못해도, 돌을 삼킨 이후로 나는 아파본 적이 없다. 신진대사가 이전과 다르게 이루어지고 있다는 게 느껴진다. 소화해낼 수 없는 것을 삼키기라도 하면 내 몸이 곧바로 그것을 뱉어낸다. 식사량으로 말할 것 같으면, 한계 없이 원하는 만큼 실컷 먹을 수도 있다. 그날 이후, 즉 25년 전부터 내 몸무게는 1그램도 늘지 않았다. 마치 몸무게가 그대로 멈춰버린 듯하다. 이제 예순이 넘었는데도 책을 읽을 때 안경이 필요 없다. 시각도, 청각도 퇴화하지 않았다. 젊었을 때와 비교해서 몸이 더 피곤하지도 않다. 무엇인가 정지되어버린 듯하다. 수년 동안 못 본 사람을 만나면 이런 얘기를 듣는다. "어라? 늙지도 않으시네요!" 사실 나도 늙고는 있다. 하지만 내 노화는 다른 사람들보다 훨씬 더디게 진행되고 있다.

내가 내 몸을 인식하는 방식도 바뀌었다. 나는 '내 몸'이라는 표현 대신에 '이 몸'이라는 표현을 쓴다. 몸이라는 것이 마치 튜브와 유동체, 섬세한 기관들로 구성된 기계로 느껴지기 때문이다. 예전

같으면 내과수술이나 시체부검 같은 것을 지켜볼 수가 없었는데, 이제는 그런 일들이 별 게 아니고 당연한 듯 여겨진다. 그러나 내 몸에 상대적으로 무심해졌다고 해서 몸을 존중하지 않게 된 것은 아니다. 오히려 내 몸이 어떻게 작동하는지를 바라보면서 칭찬까지 하게 된다. '음. 이렇게 잘 작동되고 있으니, 그놈 참 대견한데' 하고 내가 나를 외부에서 바라보며 기특해한다. 진정한 분리지만, 나는 이 몸이 참 좋고 너무나 친근하기까지 하다. 아주 대단한 교통수단 아닌가. 그래서 나는 차를 돌보듯 몸을 돌보지만, 언젠가는 이 차를 바꾸어야 한다는 걸 안다. 그래도 괜찮다. 여느 물건과 마찬가지로 그것에 연연하지 않으니 말이다. 즉 나는 이 몸을 '나'라고 여기지 않는다.

생리학적으로도 내 감각은 예민해졌다. 뭔가 기하학적인 씨실이 이 세상을 덮고 있는 듯한 이중적인 관점에 대해 앞에서 언급한 바 있는데, 그런 시각이 여전히 남아 있다. 나는 원하면 그런 식으로 세상을 바라볼 수 있다. 한번은 탁자 위에 자국이 있어서 지우려고 안간힘을 썼지만 도저히 지워지지 않았는데, 알고 보니 이 세상의 현실에 존재하는 자국이 아니었다.

시각도 선명해졌다. 다른 사람들에게는 보이지 않는 것들이 내 눈에는 상세하게 박히는 식이다. 어느 날 아들하고 길을 가다가 저쪽 200미터 전방에 수정水晶이 있다고 아들에게 말하자, 그것을 보지 못한 아들은 "아빠, 어떻게 된 거 아니에요?"라며 나를 놀렸다. 그런데 가까이 가보니 정말 거기에 수정이 있었다. 그런가 하면 짙푸른 풀밭에서 네 잎 클로버를 찾아내기도 한다. 수천 개의 클로버들 사이에 드물게 있는 네 잎 클로버가 내게는 보인다. 마치 모든 것이 제각기 자신의 고유한 테두리를 드러내며 내 주의를 잡아끄는 것 같다. 그렇다. '세상에 대한 특별한 주의' — 이것이 바로 내 상태를 가장 잘 요약하는 표현이다. 여운 비슷한 이미지를 보게 되는 때도 있다. 무언가를 바라볼 때 그 뒤편으로 길게 이어지는 잔상 같은 이미지.

마찬가지로, 내 귀도 이전에는 들리지 않던 화음을 듣는다. 그러니까 이전에는 그냥 '딩' 하고 지나가버렸을 소리가 이제는 '딩, 딩, 딩, 딩, 뎅, 둥' 하는 식으로 마치 메아리가 치듯 들린다. 현실 전체가 보이는 것 이상의 더 깊은 수준에서 잔향을 울려대는 것 같다. 귀를 기울여보면 핀 하나가 떨어지는 소리 혹은 시끌벅적한 곳 저편의 대화까지 들려온다. 그렇다고 내 청각이 늘 이런 식으로 작동하는 것은 아니고, 내가 원할 때면 그렇게 작동시킬 수 있다는 뜻이다.

요컨대 시각적으로나 청각적으로나 나의 변별력(discernement)이 증가했다고 말할 수 있겠다. 외관상으로는 구별해내기 어려운 것들 사이에서 더 중요한 대상에 집중할(cerner) 수 있게 된 것이다.

후각도 바뀌었다. 예민해졌다기보다는 오히려 둔해졌다고 해야 할까? 그 대신 전혀 그런 냄새가 날 리가 없는 곳에서 어떤 냄새를 맡게 되는 경우가 있다. 예를 들어 금속에서 꽃에서나 날 법한 향기를 맡는다. 시각과 마찬가지로, 나는 드러난 현실과는 뭔가 다른 느낌을 후각으로도 전해 받는다.

촉각과 미각의 경우, 그 둘은 서로 합작해서 내게 미묘한 느낌을 전해주기도 한다. 내 손에 든 것을 '맛'으로서 느끼는 식이다. 특히 금속들의 경우가 그렇다. 이런 느낌에 기반하여 나는 '금속 비율표'란 것을 만들었다. 이와 관련해서도 뒤에서 다시 언급하겠다.

그런가 하면, 여기서 몇 마디로 요약하기는 어려운 몇 가지 자질이 계발되기도 했다. 이것은 돌을 삼킴으로써 얻어진 것이기도 하고, 평소의 내 작업에 동반되는 정신적 수련에 의해 획득된 것이기도 하다. 이 부분도 뒤에서 다시 언급하겠다. 단지 여기서 말할 수 있는 것은, 내가 다른 세계의 문을 열어 정령들(élémentaux) 같은 중재자들과 소통을 할 수 있게 되었다는 점이다. 아직은 당신이 '비범한 현실'에 속하는 현상들을 접할 준비가 안 되어 있을 수 있으니 이와 관련한 이야기들은 뒤로 미루기로 하자. 우리의 여정은 아직 많이 남았으니까.

내가 겪은 변화들 중에서도 가장 중요한 변화는 소위 '대도서관으로의 진입'이다. 나는 내가 보유한 지식을 훨씬 능가하는 수준의 앎에 접속할 수 있게 되었다. 과학, 문화, 그 외 내게 생소한 분야들은 물론이고 인간의 영혼에 대해서나 내가 한 번도 보지 못한 사람들에 대해서까지 말이다.

인도철학에서 말하는 아카식 레코드, 정신분석학에서 말하는 집단무의식, 영매들이 말하는 빛의 안내자, 종교에서 말하는 신의 선물(donum dei) 등도 비슷한 의미가 아닐까 싶다. 이것들은 내가 일상적으로 사용하는 표현이 아니지만 분명 내가 한 경험과 공통점이 있다(모든 입문 과정은 상통하니까). 하지만 여기서는 나와 무관한 분야에 얽매이지 않고 오직 내 경험에만 의거해서 이야기하겠다.

군이 위의 표현들을 언급한 이유는, 그와 연관된 질문을 내게 던지는 사람들이 있기 때문이다. 마찬가지로 내가 하는 말도 여러분 각자가 가지고 있는 믿음에 기반해서 헤아려 듣기 바란다. 우리는 제각기 자신의 눈으로 세상을 보기 마련이고, 나 또한 내가 경험한 사실들에 의지할 뿐이다.

요약하면, 나는 나를 초월하는 어떤 존재의 매개자가 된 느낌이다. 나를 능가하는 앎이 나를 통과하고, 나는 사람들을 명료하게 밝혀주기 위해 그걸 사용하는 전령사가 된 느낌. 사람들은 내게 묻는다. "이 여정을 걷는 게 무슨 소용이 있나요?" 그러면 나는 이렇게 대답한다. "여정이 당신에게 쓸모 있는 게 아니라, 당신이 여정에게 쓸모 있는 거지요." 좀 겸손하게 표현하자면 내가 수도꼭지가 된 기분이 든다. 그러니까 누군가가 내게 뭔가를 물으면 나는 내 수도꼭지를 열어서 흘러나오는 대로 내보내는데, 그중에는 나도 전혀 몰랐던 정보들이 많다.

강연을 할 때는 이 느낌이 더 확연해진다. 나는 딱히 준비하는 것 없이 마음만 가다듬는다. 강연의 서두 몇 대목만 조율하고 나면 나머지는 저절로 흘러간다. 아이디어와 단어들이 점점 더 빠른 속도로 흘러나오고, 또 흘러나오고, 때로는 방향을 틀기도 하지만 결국은 요지로 되돌아온다. 나는 그 회오리의 통제자가 아니라 도구일 뿐이다.

마치 내가 하는 말과 행동을 저 뒤에서 물끄러미 바라보며 듣고 있는 목격자가 된 느낌이다. 그러니 방금 한 말을 다시 해달라는 요청을 받게 되면 그러기가 어렵다. 준비된 말이 아니라 그냥 떠올랐다가 사라진 말이기 때문이다. 내 강연의 녹음본을 나중에 들어보면서 '음, 나쁘지 않은데'라며 새삼 메모까지 할 때도 있다. 분명 내가 한 말인데도. 건방을 떠는 것이 아니라 정말 나 자신도 그만큼 놀라곤 한다.

언어와 관련된 특별한 주의력도 계발되었는데, 그것은 단어 — 특히 이름 — 의 철자를 하나하나 분해해서 숨은 의미를 파악하는 능력이다. 우리는 모두 이름을 가지고 있다. 하지만 내가 보기에는, 반대로 우리의 이름이 우리를 소유한다고도 말할 수 있다. 이름의 철자 안에는 뭔가가 있다. 우리의 무의식에 영향을 끼치는 운율이나 프로그램 같은 것. (이와 관련해서는 나중에 따로 책을 쓸 작정이다. 그냥 방금 그런 생각이 들었다). 나는 강연 중에 새의 언어를 설명하면서 직접 시범을 보이곤 한다. 강연장에 온 사람들의 이름을 차례대로 묻고, 그 이름을 풀이해서 당사자의 성격이나 삶의 궤적을 이야기해준다.

내 앞에 있는 사람의 이름을 들으면, 나도 모르는 뭔가가 — 어떤 것을 말해줘야겠다는 느낌이나 확신 같은 것이 — 생겨난다. 생각에 앞서 단어들부터 떠오르고 정보가 쏟아진다. 그의 사생활까지 언급하게 될까 봐 일부러 속도를 줄여야 할 때도 있다. 대개의 경우 그는 내가 전혀 알지도 못하는 사람인데 말이다!

'대도서관으로의 진입이 가능해졌다'는 것은 단지 백과사전류의 지식만을 가리키지 않는다. 그것에 더해서, 아주 특별한 문을 열어 그 사람의 내면까지 들어가보는 것과 같다! 이런 상황이다보니 강연 참석자들은 자기 이름을 큰소리로 외쳐대곤 하는데,

나는 그 모든 이름에 답해줄 수 없을 뿐만 아니라 그럴 마음도 없다. 재주를 부리는 서커스 곡예사가 아니니까. 그런데도 일단 '그것'이 꿈틀거리면 안 내놓고는 못 배긴다.

'나는 감지한다'(je percois)는 말을 풀이하면 '내가 그 자신을 뚫는다'(je perce soi)는 뜻이 된다. 어떤 이는 다섯 살 때 가출한 적이 있고, 어떤 이는 왼발을 다쳤고, 어떤 이는 아버지와 맘이 상했고…. 그런 내용들이 느껴진다. 상대방에게 이런 질문도 하게 된다. "혹시 이런 직업에 종사하지 않나요?" 그러면 그들은 맞다고 답한다. 외모로 어림짐작하거나 스무고개 식 질문이 아니라, 구체적인 이미지가 내게 떠오른다. 실제로 넓은 무대 위에서 눈부신 조명을 잔뜩 받고 있는 와중이라 어두운 관객석에 앉아 있는 사람들의 얼굴조차 분간하기 어렵다. 나는 500여 명의 관객이 모인 곳에서 새의 언어에 관해 얘기하고 있다가 갑자기 한 사람을 가리키며 이렇게 말하기도 한다. "저기, 거기 계신 분! 본인의 이야기 아닌가요? 이런 종류의 문제를 겪지 않으셨나요?" 그러면 그 사람은 깜짝 놀라 사실이라며 맞장구를 친다. 일부러 그러려고 한 것도 아닌데 그냥 그런 상황이 벌어진다.

라디오 방송을 하다가 청취자가 내가 알지도 못하는 외국어 이름을 분석해보라고 할 때도 있는데, 나는 철자 하나하나를 풀어서 그 뜻을 알아맞힌다.

내가 철자를 풀어서 이름의 의미를 알아맞히는 것은 사실이지만, 그것은 어디까지나 일종의 방편일 뿐이다. 그 사람의 성격이나 분위기 같은 내적 정보는 나조차도 설명할 수 없는 곳으로부터 온다.

나는 어린 시절 내내 사물이 어떻게 만들어졌는지를 이해하려고 그걸 조립하면서 시간을 보냈고, 대학 시절에는 그걸 증명해보려고 애썼다. 그런데 이제는 나 자신조차 설명할 수 없는 방식들 속으로 미끄러졌다고나 할까. 하지만 야릇하게도 이 상태가 좋다. 이 상태의 정당성을 나 자신에게나 남에게 설명할 필요를 못 느낀다. 듣고 싶은 사람은 들으면 되고, 얻을 게 있으면 얻어가면 된다. 물론 모두 깜짝 놀라는 게 사실이다.

강연할 때는 물론이고 친구들과 식사를 하다가도 그런 특별한 현상이 나타난다. 뭔가가 내게로 내려오는 듯한 느낌이 들면서 약간의 압박감과 함께 어깨 쪽에서 머리로 살짝 소름이 돋으며 몸이 떨리는데, 마치 내 손가락이 어떤 콘센트에 꽂혀 전류가 흘러들어오는 듯한 느낌이다. 그와 동시에 흥분 상태에 빠진다. 그게 나를 통과하면서 말이 시작되고, 나오는 말들은 점점 더 빨라진다. 내가 하는 말들이 맞다는 절대적인 확신은 있지만, 엄밀하게 말해 그 말들을 '내'가 하는 것은 결코 아니다. 말의 힘이 점점 더 가중되고 있다는 게 느껴지고, 듣는 사람들의 머리 위에 물 한 바가지를 끼얹은 듯한 무더기의 감정을 전달하고 있다는 것도 느껴진다. 모든 것이 멈춰버린 듯한 절대적인 침묵이 흐르고, 나는 내가 어디로 가는지도 모르는 채 사방팔방에서 이런저런 소재의 이야기를 뽑아낸다. 내 말에 내가 의도적으로 논리를 보태는 것이 아니라 내 말 스스로 고유의 논리를 만드는데, 그것은 명쾌하고도 유용하다.

간혹 강연 시간이 초과되더라도, 시간이 멈춰버린 듯 아무도 움직이지 않는다. 언젠가 서민 지역의 한 고등학교에 초빙된 적이 있었다. 학생들이 지루해할지도 모른다고 학교 측에서 미리 귀띔해주었다. "아, 그래요?" 하지만 학생들의 집중도는 높았고, 어찌나 조용했던지 파리라도 날았다면 그 소리가 들릴 판이었다. 그러던 중 갑자기 귀가 찢어지는 듯한 소리가 들렸는데 한 사람도 꿈쩍하지 않았다. 학생들은 내가 하는 말에 집중했고, 나도 얘기를 풀어가며 신나게 질주했다. 나중에 교장 선생님이 말하길, 그 귀청 따가운 소리는 수업을 마치는 종소리였는데 그걸 듣고도 학생들이 잠잠히 있는 모습은 자신의 교직 생활에서 처음이라고 했다. 당시 학생들과 나는 그 종소리보다 더 강렬하게 우리를 사로잡는 어떤 상황에 몰입해 있었는데 참 흐뭇한 광경이었다.

한번은 밤을 새우면서 일곱 시간 동안이나 라디오 생방송을 한 적이 있다. 당연히 피곤할 법한 일이지만, 나는 피곤을 느끼지 않고 내게 던지는 질문들에 빠져들었다. 나 자신은 그저 '수도꼭지'가 되어 아무런 힘도 쓰지 않고 내게 온 메시지를 전달했을 뿐이다. 그로써 혹여 '갇힌 이들'이 빠져나오게 된다면 다행 아니겠는가!

나는 질문을 받아 답변할 수 있으면 해준다. 하지만 일일이 응할 수 없을 만큼 요청이 많은 실정이다. 내가 할 수 있는 만큼만 하다 보니 강연 및 도움 요청을 허다하게 거절해야만 한다. 내가 보여주는 쇼는 사람들이 원하니까 맞춰주는 것일 뿐 나의 의도가 아니다. 만일 내게 그냥 스스로 원하는 일만 하라고 한다면, 나는 아무것도 하지 않은 채 자연 속을 거닐면서 나날을 보낼 것이다. 하지만 혼자 숲속에서 산책이나 등산을 하고 있을 때조차 내게는 무슨 일이 생긴다. 그 길에서 난데없이 누군가를 스치게 되고, 그가 내게 뭔가를 묻는 식으로. 항상 그렇다.

나는 뭔가를 지켜보는 역할을 맡은 일종의 경비원이다. 그래서 내게 주어진 임무를 감당해내지만, 내가 의도적으로 개입하지는 않는다. 대신 주어진 임무에는 나 자신을 완전히 내맡긴다.

내가 부여받은 또 다른 종류의 앎이 있다. 내가 사전지식이 없는 분야의 전문가들이 내 견해를 물을 때 나타나는 현상이다. 박물관의 전시 기획자, 사업가, 과학자, 특정 분야의 장인, 기타 등등…. 나는 문외한이라서 그들에게 해줄 말이 없어야 마땅한데 상황은 그렇지 않다. 마치 그들과 얘기하는 중에 그들이 알고 있는 것이 내게 전해지기라도 하는 듯, 나는 맥락을 짚어내고 심지어 그들에게 유용하고 적절한 의견까지 보태곤 한다.

예를 들어 이전에 한 번도 본 적이 없는 그림 앞에 서 있노라면, 그 그림이 내게 어떤 얘기를 들려주고, 나는 그것을 전달하는 식이다. 화가가 언제 이것을 그렸고, 그때 어떤 생각을 했고, 어떤 상태에 있었으며, 왜 이 부분은 이렇게 그렸는지 등등… 나는 전혀 모르는 영역에 대한 어떤 정보와 느낌을 받게 된다. 그런데 묘하게도 그 대부분이 맞아떨어진다! 그 자리에 해당 분야의 전문가가 있다면 아마 이렇게 물을 것이다. "대체 그걸 어떻게 아셨나요?" 이런 식의 '앎'은 백과사전적인 지식이 아니다. 뭐랄까, 한순간 그 그림을 그린 사람이 직접 되어보는 것과 비슷하다고 할까?

베르사유 궁전을 방문했을 때의 일이다. 나는 그곳 책임자의 초대를 받았는데, 그는 최근에 입수했다면서 아주 특이한 무지갯빛의 장식장을 가리키며 말했다. "이 장식장이 무엇으로 만들어 졌는지는 저만 알지 아무도 모른답니다." 그가 그 말을 하는 순간, 누군가가 나비의 날개를 그 장식장에 붙이고 있는 광경이 보였다. 나는 이렇게 말했다. "나비 날개 아닌가요?" 그것은 정말로 나비 날개였다! 그는 깜짝 놀라며 내게 어떻게 알았는지를 다그쳐 물었다. 가장 정확한 대답은 이런 식일 것이다. "직접 봤으니까요." 하지만 사람들은 이런 식의 답변을 쉽게 받아들이지 못한다. 그냥 내가 어림짐작으로 맞췄을 것이라고 믿고 싶어한다. 과연 어림짐작이었을까? 정확히는 모르겠지만, 내가 볼 때 그것은 논리적 추론과는 무관하다. 순식간에 열렸다가 닫혀버리는, '팍' 하고 와닿는 어떤 확신이라고 표현하는 수밖에 다른 도리가 없다.

아이들과 함께 대영박물관에 갔을 때의 일이다. 우리는 상형문자로 뒤덮인 어느 석관 앞에 있었다. 물론 나는 그 상형문자를 해독할 줄 몰랐다. 그래서 이야기를 지어냈다. 아이들을 즐겁게 해주기 위해서 이야기를 꾸미는 아빠 역할을 한 것이다. 그런데 한 남자가 내 등을 두드리며 질문했다. 박물관에서 일하는 사람이었는데 불어까지 할 줄 알았다. "그걸 어떻게 아셨나요?" 나는 웃으며 그냥 지어냈다고 대답했다. 그는 거기에 적힌 상형문자의 내용이 내가 말한 그대로라고 했다.

어떤 장소나 물건에 얽힌 사연을 알아맞히는 이 능력 덕분에 내가 여행객들을 이끌고 특별한 성지들을 방문할 때면 그 여행이

한결 풍성해진다. 이와 관련해서는 나중에 여행과 관련된 장에서 다시 이야기하겠다. 어떤 고인돌에 얽힌 사연을 알고 싶으면 나는 그냥 거기에 손을 얹으면 된다.

《제자(le disciple)》라는 책을 집필할 때도 그랬다. 나는 영문도 모르는 채 다양한 소재들을 곁들이며 20여 쪽을 쓰고 나서야 어떤 요소가 왜 거기에 필요했는지 파악하게 되는 경험을 했다. 작중 인물들이 농담할 때 나도 큰소리로 웃음을 터트리기도 해서 나 자신도 놀랐다. 글을 쓰면 그 속의 인물들과 동일한 체험을 하게 되어, 나는 글쓰기를 아주 좋아한다. 그들이 겪는 것을 나도 겪고, 그들이 느끼는 것을 나도 느낀다. 그런데 내가 쓴 시나리오 안에 이런저런 인물들이 등장하는 이유는, 내가 그들을 '보았기' 때문이다. 심지어 그 인물들을 향해 나도 모르게 "조심해! 거기 뭔가가 있어! 바로 네 옆에!" 하면서 나오는 말을 자제하지 못한다. 마치 아이처럼 완전히 그 속으로 빠져든다.

소설이나 시나리오의 작가들은 어떤 대목에서 어떤 정보를 얼마큼, 얼마나 놀라운 방식으로 드러낼지를 조율하는 데서 즐거움을 느낀다. 그것이 바로 작가가 벌이는 게임이다. 하지만 이런 일이 실제 생활에서 일어난다면 조심스러워질 수밖에 없다. 나는 내 주위 사람들과 관련해서 어떤 것을 보거나, 알거나, 느끼는 통에 오히려 입을 다물려고 안간힘을 써야 한다. 가끔 경고해줄 때도 있지만 보통은 침묵한다. 겪어야 하는 일은 어쩔 도리 없이 겪게 되기 때문이다. 각자 자신의 길이 있는 것이니 나는 거기에 간섭하지 않는다.

다행스럽게도 나 자신이나 우리 가족과 관련해서는 아무것도 보이지 않고, 나도 보고 싶은 마음이 없어서 내 앞에 펼쳐진 안개를 걷어내려 하지 않는다. 점쟁이가 되는 것은 내 운명이 아니다. 행여 우리 아이들이 내가 원하지 않는 길을 간다 한들, 그 길이 특별히 위험하지 않은 이상은 그대로 둘 것이다. 나는 일어나는 일들에 개입하지 않으려고 최대한 노력한다. 흔히 말하듯 정해진 여정이 있을진대 내가 무슨 자격으로 거기에 초를 치겠는가?

나는 내게 일어나는 이런 현상들을 설명하려 들지 않는다. 그냥 내 입에서 나오는 정보들을 전달하는 역할을 할 뿐이다. 직감일까? 영감일까? 영감(inspiration)은 in spiritus, 즉 정신의 숨결이 강령하는 것이다. 연금술이 하나의 예술이라면, 연금술사는 영감을 받는 예술가다. 그런데 영감을 받는 예술가 모두가 종교를 갖고 있지는 않다.

대체 이런 정보들은 어디에서 오는 것일까? 신(神)적인 것일까? 아니면 이 우주 자체가 어떤 의식을 갖고 있는 것일까? 광범위한 질문이 아닐 수 없다. 연금술사들 중에도 종교인이 많이 있지만 내 경우는 아니다. 하긴 그런 나도 조금 바뀌긴 했다. 오래전에 나는 '신은 없다'고 단정했다. 그런데 이제는 '모르겠다'고 하는 편이 더 적절해 보인다.

나는 어떤 가능성도 배제하지 않는다. 하나의 목적을 공유하는 전 지구적인 의식이 존재하는 것일 수도 있고, 내가 어떤 기대에 응하려 할 때마다 그에 맞는 특정한 흐름이 발현되는 것인지도 모르겠다. 왜냐하면 내가 '열려라, 참깨!' 하고 버튼을 누르듯이 그런 상태에 도달하는 것이 아니기 때문이다. 나 역시 수신자에 불과하다. 나는 그것의 원천도 아니고 수혜자도 아닌, 중개자다.

가톨릭 신문 〈라 크루아La Croix〉에서 나에 관한 기사를 실으며 "그는 신을 찾았다"고 쓴 적이 있다. 그것은 기자의 말이지 내가 한 말이 아니다. 오히려 나는 그 기사를 보고 깜짝 놀랐다. 그런가 하면 언젠가 내가 코란에 대해 해설한 것과 관련해서 아주 엄중한 이슬람 교계에서 나를 언급하기도 했다. 하지만 나는 가톨릭 신자도 무슬림도 아니다. 연금술은 보편적인 것이다. 내가 연금술을 좋아하는 이유가 바로 여기에 있다. 연금술은 당신이 남자든 여자든, 어디서 태어났든, 피부색이 어떻든, 종교가 무엇이든, 어느 정당을 지지하든 상관하지 않는다. 연금술은 그 모든 차이를 넘어서는 여정이다. 연금술은 태초의 신화로부터 현재의 인류까지 그 모두를 포함하는, 아니 그 이상을 포함하는 보편적인 원리를 모색한다.

바로 그러한 여정이기 때문에, 나 역시 나의 역할을 기꺼이 받아들였다.

동지들에게
인정되다

대업을 이룬 연금술사를 아뎁트라고 부른다. 그러면 '도대체 누가 그렇게 불러준다는 말인가?'라고 되물을 수도 있겠다. 이제껏 파악한 바로는, 연금술사들은 실험실에 틀어박혀 고독하게 작업하고 다른 이들과 별로 교류가 없는 것 같으니 말이다. 맞는 말이다. 그런데 기적이 시작되는 것은 이제부터다. 연금술사는 그의 동지들에 의해 인정되면서 그렇게 불리게 된다.

내가 인정받게 된 것은 몽생미셸Mont-Saint-Michel에 머물 때였다. 밖이 캄캄한 가운데, 나는 북쪽 탑 위에서 바다를 바라보고 있었다. 기분이 좋고, 평온한 상태였다. 몇 달 전에 현자의 돌을 만들어냈으니 평생의 작업이 드디어 결실을 맺은 터였다.

그때 문득 한 남자가 내 곁으로 다가와 내 어깨 위에 손을 얹었다. 어둑한 밤이라 놀라긴 했지만, 그가 나를 해칠 의도가 없음이 느껴졌다. 그가 먼저 말했다.

"여기 참 좋죠?"

"네, 좋네요."

"이게 바로 우리의 세상이라니!"

"그러게요. 아름답군요."

"저기 저 바다 가장자리 쪽에 빛이 보이나요?"

"네…. 참 아름답군요."

"아세요? 저 빛이 보인다는 것은 당신이 돌을 실현해냈기 때문이라는 사실을?"

그때 나는 소스라치게 놀랐다. 소위 깨달았다는 사람들은 도처에 있고, 길을 가다가도 어디선가 나를 봤다며 아는 척하는 사람들도 많다. 어떤 이는 다가와 야단법석까지 떨어댄다. 하지만 이번에는 좀 달랐다. 뭔가 강렬했다. 비슷한 상황을 다른 데서 겪었다면 나는 대답조차 하지 않았을 것이다. 그런데 이번에는 나도 모르게 "네"라고 말했다. "네" 대신 "그런 걸 왜 묻죠? 누구시죠?"라는 식으로 반응했을 수도 있다. 게다가 돌을 실현했다고 방방곡곡에 떠들고 다니는 것도 아니니. 그런데도 그때 나는 그냥 신뢰감에 휩싸였다. 그 남자는 나를 보며 말했다. "저도 안답니다." 어떻게 그것을 아느냐고 나는 되묻지 않았다. 그의 말투로 보건대 의심의 여지가 없었다.

그때를 떠올리는 것만으로 소름이 돋는다. 대략 내 나이쯤 된 남자였다. 조금 흐릿한 내 기억과 당시의 내 상상력까지 더해져 어딘지 십자군을 닮은 듯도 했다. 정면에서 본 것도 아니다. 밝은 캄캄했고 그는 어둠 속에 있었다. 건장하고 수염을 길렀는데, 당시 내가 가지고 있던 아뎁트의 이미지하고는 달랐다. 나는 아뎁트라면 왠지 더 눈에 띄는 뭔가가 있을 것이라 생각했었다. 그런데 직접 만나본 아뎁트들은 전혀 달랐다. 그들은 이 세상의 일상 속에서 살아가면서 오직 스스로 원해서 그런 활동을 하고 있다.

그가 내게 말했다. "환영합니다. 이게 제가 맡은 임무입니다. 자, 좀 걸읍시다…." 아뎁트들끼리는 서로 존칭을 한다. 나는 현재까지 몇 명의 아뎁트를 더 알게 되었다. 우리는 꽤 가까우며 몇 년 전부터 서로 왕래도 하고 있다. 그럼에도 늘 존칭을 하며 서로를 존중한다. 거리를 두기 위해서가 아니라 대등한 관계를 지키기 위해서다. 그것이 오히려 편하다. 우리끼리는 뭔가를 요구하거나 요구받을 필요가 없다. 그 외에는 사실상 내 인간관계의 99퍼센트가, 심지어 친구들까지도 나한테 뭔가를 요구한다. "참, 근데 그거 있잖아…."

그런데 이 관계는 다르다. 형제 한 명을 만났다고 할까? 그는 내가 집에 잘 왔음을, 보금자리로 되돌아왔음을 느끼게 해준다. 그리고 이제 짐을 풀고 아무것도 안 해도 좋으니 그냥 앉아서 쉬라는 느낌을 전해준다.

그렇다. 뭔가 다르다.

그렇게 우리는 서로 얘기를 나눴다. 그동안 한 일들에 대한 얘기가 아니었다. 왜냐하면 나는 그에게 아무것도 해명할 필요가 없었으니까. "그런 것을 어떻게 해냈습니까?"라거나 "당신도 그때 그것이 힘들었습니까?" 등과 같은 말을 할 필요가 없었다. 나는 그에 대해 아무것도 모르지만, 알 필요도 없었다. 우리는 그냥 그렇게 만났을 뿐이다.

　바로 그날, 나는 연금술사로서의 이름을 받았다. 그렇다. 우리는 본명 말고도 연금술사로 이름이 하나씩 있고, 그 이름은 아뎁트 동지들에 의해 붙여진다. 내가 알고 있는 이탈리아 아뎁트는 부오나 베르데Buona Verde, 즉 '좋은 초록'이라는 뜻의 참 좋은 이름을 갖고 있다. 내게 주어진 이름은 오리 파베르Ori Faber다. 본명인 뷔렌스테나스는 '돌 깎는 이'라는 뜻인데, 이제는 '빛을 만드는 이'라는 이름을 갖게 되었다. 어떤 이들은 자신의 성을 그대로 간직하면서 그것을 새의 언어로 풀이해서 사용하기도 한다. 예를 들어 니콜라 플라멜이 그렇다. 플라멜Flamel은 신(El: 히브리어로 신을 뜻한다)의 불꽃(flamme)이란 의미다. 으젠 깡슬리에Eugène Canseliet(quand sel y est: '소금이 거기 있을 때')도 그렇고, 깡슬리에의 스승 풀까넬리Fulcanelli 역시 로마의 불의 신(Vulcain)과 발음이 비슷하다. 참고로 풀까넬리는 본명이 아니라 가명이다.

　이후 나는 아뎁트들의 총회에 참석할 기회가 있었다. 이런 총회는 아주 드물게 열리는데, 어떤 특정 장소와 특정 시기를 기리기 위해서 서로 약속해서 만나게 되는 식이다. 예식이나 수장 같은 것은 전혀 없고 그냥 정중한 형제애가 느껴지는 분위기다.

　한 세기를 통틀어 대략 열 명 정도의 아뎁트가 존재한다고 한다. 나는 유럽에서만 일곱 명을 알고 있다. 프랑스에서는 나를 포함해서 세 명인데, 몽생미셸에서 만난 그 사람하고 여자 한 명이 더 있다. 아일랜드에 여자 한 명, 이탈리아에 남자 한 명이 있다.

그 외에도 두 명을 더 알았는데, 그들은 이제 이 세상 사람이 아니다. 이탈리아의 부오나 베르데, 프랑스의 라 크루아오뜨La Croix-Haute의 앙리가 그 둘이다. 앙리도 나를 금방 알아봤다. 나를 어떻게 알아봤는지에 대해서는 여기서 밝히지 않겠다. 하지만 나도 이제는 그들과 똑같은 방식으로 다른 아뎁트를 알아보게 될 것이다. 그 자신이 아뎁트라면 다른 아뎁트를 알아보는 것은 그야말로 누워서 떡 먹기다. 입장을 바꿔서, 당신이 몸담고 있는 직업을 한번 생각해보라. 당신과 같은 분야에 종사하고 있는 사람을 알아보기까지 시간이 얼마나 걸릴까? 그러기 위해 어떤 질문들을 해야 할까? 돌 깎는 사람은 돌 깎는 사람을 금방 알아본다. 등판, 손, 움직이는 자세… 그런 양상들이 직업을 드러내므로 별다른 말이 필요 없다.

유럽 외에 다른 지역에서 비밀스럽게 활동하는 아뎁트들이 없다고는 할 수 없다. 아뎁트들끼리 서로 알아보기는 하지만, 그렇다고 일부러 눈길을 끌며 돌아다니지는 않으니까. 세상은 넓다. 그럼에도 아뎁트는 아뎁트를 알아본다. 수많은 사람들 사이에서도 순간적으로. 그렇다. 뭔가가 느껴진다. 전파 같은 무언가가….

많은 연금술사들이 아뎁트라고 자처하지만, 그들 중 극소수만 진짜 아뎁트이다. 물론 그들이 식물성 돌을 실현해냈을 수도 있지만, 이 특별한 능력은 광물성 돌에만 주어지며 그것만이 대업으로 간주된다. 옛날에는 산티아고의 길에서 연금술사들이 서로 만났을 때 조개껍데기를 잔으로 삼아 건배를 했다. 이 예식이 아직도 행해질 때가 있다. 아뎁트의 잔에 담긴 포도주는 무지갯빛을 띠는데, 그 빛은 아무에게나 보이지 않는다. 상대방의 잔이 무지갯빛을 띠지 않는다면, 그가 자신을 아뎁트라고 자처해도 우리는 그게 사실이 아님을 안다. 뭐 그렇더라도 따지고 들진 않겠지만 말이다. 하지만 일단 두 사람의 잔이 모두 무지갯빛을 띤다면, 우리는 서로 등을 두드리며 이런저런 안부를 묻는다. 이런 상황을 '공작새의 깃털 사이를 통과하기'라고 표현한다. 그때는 뭐라 설명할 수 없는 분위기가 흐르는데, 바로 그것이 예술의 아름다움이다. 모든 것을 일일이 설명하려 들면 오히려 빛이 바래고 만다.

어쩌면 당신은 더 알고 싶어서 안달이 날지도 모르겠다. 두 연금술사가 똑같은 불과 용기로 금속을 녹이는데 한 사람은 해내고 다른 사람은 못해낸다고 하지 않았는가! 왜 그럴까? 거기에 기술적이고 체계적인 어떤 이유가 있는 것이 아니다. 그 결과는 실험자 자신에게 달려 있다. 이와 관련해서는 지금껏 충분히 설명했다고 생각한다. 연금술사, 즉 진짜 연금술사는 다른 이들이 감지하지 못하는 것들을 감지한다.

예를 들어 에스키모들에겐 눈(雪)을 표현하는 단어가 뉘앙스에 따라 여러 가지 존재한다고 한다. 떨어지는 눈은 카니크^{qanik}, 방금 떨어진 신선한 눈은 콰니타크^{quanittaq}, 눈 폭풍 후 굳어지는 눈은 스티틸루카크^{stitilluqaaq}, 푹 꺼지는 눈은 모자크^{maujacq}, 이글루를 만드는 눈은 일루사크^{illusaq}, 녹여서 물로 사용하는 눈은 아니우^{aniu} 등등. 하지만 우리에게는 그냥 다 눈이다. 도처에 쌓여 얼어붙는, 다 비슷비슷하게 보이는 하얀 눈. 그러나 에스키모들에게 눈이란 아주 세밀하게 구분해서 봐야 하는 또 다른 세상인 셈이다.

연금술사도 마찬가지다. 연금술사는 일상적인 시각으로는 볼 수 없는 것들을 보는 변별력을 갖게 된다. 그는 자신의 감각을 정밀하게 갈고닦는다. 자신의 의식과 관념으로부터 불순물을 걸어낸다. 다른 말로는, 머리가 아닌 마음으로 보는 법을 익힌다고도 할 수 있다. 불가능한 것들을 보게 되지만, 불가능을 가능케 하려는 갈구가 연금술사를 이 길로 이끄는 것은 아니다. 연금술사는 그런 것을 구하지 않는다. 다만 그런 일들이 나타날 때 그것을 또 다른 현실, 즉 예사롭지 않은 현실로서 순순히 받아들일 뿐이다.

이것은 전혀 딴 세상 이야기가 아니다. 그런 현실이 분명히 존재한다. 유리화된 금속을 예로 들어보자. 그것은 유리처럼 투명하지만 금속처럼 울린다. 그것을 유리공에게 보여주면 그들은 이렇게 반응한다. "이건 불가능해요!" 나는 금속제련업에 종사하는 사람들과 일한 적이 있는데, 우리는 아주 특별한 칼날을 만들어냈다. 날은 투명한데 스테인리스처럼 단단한 검을 상상해보라! 나는 에꼴 데 민$^{École des mines}$(프랑스의 유수한 광물공학대학. 역주)에 그것을 보여줬는데, 공학도들은 칼을 손에 들고 탄성을 내면서도 "이럴 수는 없다"고 말했다.

그래서 나는 더더욱 사람들을 설득하려 들지 않는다. 설득시킨다(convaincre)는 단어는 더불어 이긴다(vaincre avec)는 의미다. 굳이 그들을 이길 필요가 있겠는가? 내가 무슨 전투를 하고 있는 것도 아니고, 그들을 항복시켜야 할 이유가 있는 것도 아닌데. '항복시킨다'는 단어(capituler)의 어원은 '머리를 자르다'라는 뜻이다. 나는 그 대신에 그들의 '가슴에 다가간다.' 게다가 내가 하는 대부분의 작업들은 과학적인 논증이나 딱 감지되는 물증들로 드러나는 것이 아니다.

빛을 얻은 연금술사는 굳이 아뎁트로 인정받고 싶다는 필요를 못 느낀다. 그런 과정이 그 동지들에 의해서 이루어진다고 해도 말이다. 만일 그의 에고가 여전히 주위의 사람들이나 대중에게 알려지고 싶다는 욕구를 가지고 있다면, 그는 아직 완전히 교정되지 않은 것이다. 물론 자존심이 여전히 남아 있을 수 있다. 악마도 주위에서 눈짓을 한다. 남들에게 자랑하고 싶을 수 있고, 마음만 먹으면 충분히 그럴 수도 있다. 하지만 다 소용없는 짓이다.

우리는 아뎁트의 자격으로 특정 행사에 은총을 내리는 일을 맡기도 한다. 나도 결혼식이나 세례식 같은 공식적인 축하행사에 참여한 적이 있다. 물론 그때도 나는 그저 내 방식대로 했다. 진정한 힘을 향해 지금 이 순간을 축복해달라고 요청하는 식으로 말이다.

이런 이야기가 의아하게 들리는가? 옛날에 왕들이 대관식을 할 때 성유聖油(Saint Chrême: 왕을 성화시킬 때 사용된, 자연 기름과 향수를 섞은 것. 역주)를 썼다는 사실을 잊었는가? 올리브 기름과 향수뿐 아니라 신비로운 기름 몇 방울까지 신에 의해 왕이 성화되었음을 나타내는 데 쓰였다. 또 '신의 선물'(donum dei)이다. 프랑스혁명 당시의 혁명가들도 그 의미를 간과하지 않았다. 1793년에 그들은 종교계에서 여러 세기에 걸쳐 전해오다가 당시 렝스Reims 대성당에 안치해두었던 '성스러운 병'(Sainte Ampoule: 성유를 담은 작은 유리병)을 보란 듯이 부숴버렸다. 이제 다시는 성유로 신성해진 왕이 나와서는 안 된다는 의지였다. 어쨌든 그 기름은 원래 살로몬의 돌에서 유래한 것인데, 말하자면 그것 역시 현자의 돌이다. 성경에서는 '영적 정신이 강림한 돌'이라고 묘사하고 있다. 다시 말해 그 기름으로 왕은 신의 빛을 받게 되어 교정되고 빛난다는 의미였다(물론 왕들이 그것을 삼키지는 않았다).

어떤 성당들은 아뎁트가 이런 신성한 돌을 실현해낼 수 있는 능력을 신에게서 받았다고 보아 아뎁트를 인정하고, 세례할 수 있게 허락하기도 한다. 나는 다양한 전통을 보유하고 있는 중세식 수도승들 앞에도 가본 적이 있다. 이처럼 돌을 실현하고 나면, 어디에서도 보고 듣지 못했던 것을 겪게 된다.

한편 다른 분야의 인정을 받는 일도 생긴다. 연금술과는 무관하지만, 각 분야에서 그들 나름의 방식으로 업적을 이뤄낸 사람들에 의해서다. 한 예로, 내가 일본에서 겪은 일이다. 어느 검공劍工이 그의 작업실에서 나를 포함한 여러 사람 앞에서 검을 만들고 있다가 작업을 멈추고는 내게 그가 하던 것을 이어서 해보라고 시켰고, 나는 그렇게 했다. 그러자 검공은 우리 둘 이외의 모든 사람을 밖으로 내보냈다. 나는 일어를 할 줄 모르고 그도 불어나 영어를 할 줄 몰랐다. 그럼에도 우리는 그 순간 특별한 동지애를 느낄 수 있었다. 만일 내가 그 작업을 해내지 못했다면, 나도 다른 사람들과 마찬가지로 한마디 말도 못하고 그 자리에서 쫓겨났을 것이다.

아프리카에서는 대단한 주술사들로부터 인정을 받기도 했다. 그들은 나와 그들 간에 뭔가 공통점이 있다는 사실을 금방 알아차렸다. 한평생 요가만 하고 사는 힌두교 스와미들하고도 그랬다. 각자 자기식의 표현을 쓰지만 결국은 다 같은 것이다. 한편 미국에서는 클리브 백스터Cleve Backster란 사람을 만날 기회가 있었는데, 그는 거짓말 탐지기를 발명했을 뿐 아니라 온갖 식물의 생리에 대해 연구를 해온, 그 분야의 일인자이기도 하다. 우리는 만났을 때 마치 오래된 친구처럼 부둥켜안았다.

연금술은 이처럼 보편적이다. 그렇기에 이처럼 다양한 분야가 서로 통할 수 있다. 언젠가 내가 연금술에 대한 언급을 멈추게 된다면, 그것은 오직 '철학'이라는 단어를 사용하기 위해서일 것이다. 철학(philosophie)을 풀이하면 '지혜에 대한 사랑'이라는 뜻이 된다.

세계 창조

내가 연금술을 시작한 이유는 그런 게 존재할 리 없다는 것을 증명하기 위해서였다. 그런데 예상치 못한 여러 가지 일들을 겪게 되었다. 내게는 두 가지 선택이 있었다. '어이쿠, 이거 위험한데? 건드리지 말고 그냥 이 안전한 세상에 남아 있어야겠어!' 또는 '여기에 발을 딛고 내 삶이 바뀔 때까지 어디 한번 가보자!'

나는 연금술에 발을 들여놓고 다시는 빼지 않았다. 그리고 내 삶은 바뀌어버렸다.

연금술은 지극히 까다로운 길이다. 연금술은 당신의 이성理性, 가족, 일까지도 불편하게 만들 수 있다. 잠깐 빠져서 할 수 있는 인형 놀이나 장난감 기차 놀이, 색칠 놀이하고는 다르다. 하나의 철학이자 숨 쉬는 방식이며, 존재하는 방식이다. 더 나아가 세상을 바라보는 새로운 시각이기도 하다. 내가 여기서 함께 나누고

자 하는 것이 바로 이 점이다. 자, 태초로부터 시작하기로 하자. 바로 세상의 창조 말이다. 이제부터 수많은 별들이 반짝이는 세상으로 여행을 떠날 테니 준비하기 바란다.

내가 돌을 삼켰을 때의 느낌은 이미 앞에서 언급한 바 있다. 그 후에 비슷한 묘사를 17세기 초 영국인 연금술사이자 철학자였던 로버트 플러드의 책자에서 발견한 바 있다고도 썼다. 플러드는 저서 《형이상학의 역사》(Histoire Metaphysique)와 《대우주와 소우주의 물리학과 기술학》(Physique et Technique du Macrocosme et du Microcosme)에서 그가 죽고 나서도 한참 뒤에야 천문학자들이 발견하게 될 우주의 체계와 아주 유사한 모양새의 삽화들을 그려 넣었는데 거기 블랙홀도 보인다. 블랙홀의 개념은 18세기 말에 가서야 아이작 뉴턴에 의해 처음 언급되는데 말이다. 플러드는 뭔가를 깨달아 영감이라도 받은 듯이 그런 것들을 남겼다. 내 경험에 따르더라도, 내가 돌을 삼킨 후 의식을 잃고 경험했던 광경들은 오늘날 천문학에서 묘사하는 우주창조 가설과 아주 흡사하다. 점 하나가 폭발하고, 이어서 팽창하고….

팽창이란 '무엇인가' 밀어내는 것이다. 이 보이지 않는 무엇을 물리학자들은 '암흑에너지'라고 부른다. 반면 연금술사는 '진짜 빛'이라고 부른다. 블랙홀은 물질을 빛으로 만드는 일종의 기계일지도 모른다. 블랙홀의 한가운데에서 물질이 극도로 압축되어서 그것이 더 이상 특정한 물질이 아니라 근원의 빛으로 바뀌는 식으로 말이다.

기초물리학에서 내가 배운 바에 따르면, 우주는 구형이고 하나가 아니라 137억 광년에 자리한 또 다른 구형과 닿아 있다. 이 두 개의 구형은 서로 접해 있기에 공통적인 면이 있다(서로 붙어 있는 두 개의 비눗방울을 연상해보라). 또한 은하계들은 갈수록 더 빠른 속도로 서로 멀어져간다고 한다. 중력 이론에 의거하면 멀어질수록 우주의 중력도 약해지므로 서로 멀어지는 속도가 느려져야 할 텐데도 말이다(그러니 '뭔가'에 의해서 밀려난다는 것이다). 세계 창조의 개념화와 관련해서 나는 늘 이런 영감을 받아왔다. '커다란 전일체全─體로부터 분리되어 생겨난 하나의 기포.' 이제는 영감이라기보다 당연하게 받아들이게 된 일종의 신념이라고 해야겠다.

모든 것의 근원은 창조 이전의 무엇이다. 그것은 영원이라고 불리는 현재의 순간 속에서, 모든 것인 동시에 아무것도 아닌 무엇이다. 우리 우주는 이 창조 이전의 무엇 '안에서' 탄생했다. 어떤 이유에서인가 태초의 움직임이 나타났다. 어떤 특이점, 작은 요동, 또는 고요 속의 외침. 이 요동이 진동을 만들어냈고, 그 진동이 스스로를 하나의 구형체로 한정지었다. 이렇게 우주는 태어났다. '하나의 시작이 있었고, 하나의 끝이 있었다.' 이것은 또한 시간의 탄생이기도 했다.

바로 그 순간, 이 원의 안과 밖의 차이가 생겨났다. 구형의 내부는 태초의 무엇으로부터 분리되었기 때문에 더 이상 전일체라고 불릴 수가 없다. 연금술사는 이 내부를 물질 혹은 암흑이라고 부르고, 외부를 '빛'이라고 부른다. 이 암흑이 늘 증가하고 있다는 사실을 명심하라. 원형 내부에 있는 것은 흐트러지고 나눠진다. 반면 빛은 외부에서 유일한 전일체로서 존재한다. 이것은 대양과 그 대양을 이루는 물방울의 관계와 유사하다. 물방울들은 제각각 이지만 물 그 자체는 늘 하나다.

우주는 단 한 가지 목적을 지향한다. ― 잃어버린 전일체로 다시 회귀하는 것. 그러기 위해서는 기포의 껍질을 만든 요동을 없애야 한다. 사실 이 껍질은 물속에 생긴 공기 방울만큼이나 실체가 없다. 오직 압력의 차이가 이 모호한 경계를 만들어냈을 뿐이다.

태초의 움직임을 더 잘 이해하기 위해서, 불이 들어온 전구를 어둠 속에서 빙빙 돌리는 모습을 상상해보라. 그 움직임이 일정하다면, 우리의 눈은 하나의 광원이 아니라 동그란 원을 보게 된다. 하지만 그 동그란 원은 실재하지 않는다. 그것은 움직이는 작은 불빛이 만들어낸 이미지일 뿐이다. 더 빨리 돌릴수록 그 원은 더 확연해 보인다. 텔레비전의 화면도 이런 방식으로 작동한다.

우리의 우주도 이렇듯 빛을 내는 점 하나가 엄청나게 빠르게 움직이면서 만들어낸 일종의 환영이라고 볼 수 있다. 실제로 우리를 둘러싼 모든 물질은 원자로 구성되어 있는데, 원자는 그 내부가 거의 텅 비어 있지만 아주 빠른 요동으로 인해 마치 빽빽한 밀도와 경도를 가진 것 같은 환영을 불러일으킨다. 물리학이 밝혀냈듯이, 모든 물질은 보기에는 단단해 보이지만 99퍼센트가 비어 있는 상태다.

만일 하나의 광원이 더 이상 움직이지 않는다면, 둥그런 빛의 고리는 사라질 것이다. 마찬가지로 이 세상이 태초의 부동 상태를 되찾는다면, 세상은 더 이상 존재하지 않게 될 것이다. 그러니 세상은 오히려 이런 요동으로써 버티고 있는 셈이다. 하지만 그와 동시에, 모순되게도, 세상은 평안을 되찾길 원한다.

연금술사는 우주를 일종의 가림막이자 하나의 믿음체계라고 간주한다. 밀도 높게 보이는 물질들은 본질적으로는 한 점의 요동일 뿐이다. 그것이 움직이면서 선을 만들고, 그 선들을 얽어 더욱 빽빽한 형상으로 만들어 밀도가 높아 보이게 하는데, 알고 보면 그 전부가 빛의 매듭이다. 연금술사들은 그 매듭을 풀어서 태초의 빛을 되찾고 근원으로 되돌아가려 한다. 따라서 가장 근간에 물리학자들에 의해서 발전하고 있는 초끈이론에 수긍한다. (간단히 말해 초끈이론이란, 소립자들은 끈으로 구성되고 이 끈들은 영구적으로 진동하는 상태이며, 끈의 진동에 따라 다양한 종류의 물질이 생성된다는 이론이다.)

결국 창조란, 그것이 물리학적이든 형이상학적이든 간에, 부동(l'immobile)의 요동(agitation)인 것이다.

앞에서 금속을 녹이는 용기와 관련해서 언급한 바 있듯이, 용기(creuset)라는 말에는 네 방향이 교차하는 교차점(croisée), 즉 부동의 중앙점이라는 의미가 담겨 있다. 연금술사는 물질을 만들어낸 태초의 조각을 찾고 있기에, 만물의 공통점을 찾고 있는 셈이다. 이 공통점(le point commun)을 새의 언어로 풀어보면 le point comme-un, 즉 하나(un)를 나타내는 점이란 뜻인데, 이 점은 태초의 전일체로 향하는 동시에 엄청난 속도로 이 세상을 그려내고 있다. 연금술사는 바로 이 점을 찾아나선다. 그는 부동의 상태와 전일체로의 회귀를 모색하기 때문이다.

여기서 사랑을 모색하는 것도 이와 다르지 않다는 사실을 덧붙이고 싶다. 타인에게서 이 점點을 찾는다는 것은 열정적인 사랑으로써 용해되어 하나가 되어버린 두 사람이 완전한 부동으로 서로 마주 대하는 상태를 뜻한다. 사랑의 충격은 모든 것을 멎게 한다. 예술의 충격도 마찬가지다. 둘 다 전일체로의 회귀를 엿보게 한다. 사랑에 빠진 두 사람은 시간을 초월해서 영원의 순간을 맛본다.

자, 다시 문자 그대로의 출발점(태초의 한 점)으로 되돌아가자. 그 점은 자기 자신을 한정짓는 어떤 기포를 만들어냈다. 연금술사의 시각에서 더 정확히 말하자면, 우리를 외부의 빛으로부터 분리시키는 것은 단지 기포 하나가 아니다. 우리는 러시아 인형처럼 일곱 개의 기포로 겹겹이 싸여 있다. 그리고 빛은 각각의 겹을 통과할 때마다 다른 색깔을 띤다. 그 일곱 겹의 색깔은 무지개의 일곱 색깔에 해당한다. 고대 이집트의 신화에서도 이런 묘사를 볼 수 있다. 여신 이시스Isis 주위를 무지갯빛 일곱 개의 베일이 둘러싸고 있고, 진실에 도달하기 위해서는 이 베일들을 하나씩 벗겨야 한다.

연금술사는 인간과 우주의 연결고리에 대한 비유로서, 양파처럼 겹겹이 싸인 유리잔 안에 켜져 있는 촛불을 예로 든다. 한가운데 있는 촛불은 인간의 근원적 정신이다. 그리고 그 촛불을 일곱 가지 빛깔의 유리잔이 둘러싸고 있는데, 그것이 곧 인간의 육체다. 이 유리잔들은 원래 투명했지만, 우리가 영혼 또는 감정이라고 부르는 것들에 의해서 더러워졌다. 우주와 마찬가지로 인간도 자신의 이런 요동을 없애려고 한다. 즉 감정을 비워내려고 한다. 유리를 깨끗이 닦아둔다면 빛은 저항 없이 통과할 것이며, 그런 저항에 기반해서 존재해오던 육신은 저절로 사라질 것이다.

물론 우리가 죽을 때에도 육신은 소멸한다. 하지만 그런 죽음은 결코 끝이 아니다. 죽음과 더불어 육신이 사라졌다 해도, 그 영혼이 자신의 여정을 끝마친 게 아니라는 사실을 연금술사는 알고 있다. 얼룩을 다 지워내고 요동을 완전히 없애기 위해서는 수많은 삶의 여정이 필요하다.

새의 언어로 볼 때, '하나(un)'라는 단어의 철자 순서를 뒤바꾸면 '벗다(nu)'라는 의미가 된다. 잃어버렸던 전일체(태초의 '하나')로 다시 가기 위해서는 '벗어야' 한다. 즉 베일을 걷고 유리의 얼룩을 닦으면서 할 수 있는 한 홀홀 벗어버리는, 소위 순례자의 '내려놓기' 작업을 해야 한다. 사실상 아담과 이브를 향한 비판도 바로 여기서 비롯된다. 그들은 자신이 발가벗은 것을 알고는 부끄러워했다. 대개는 이렇게 기록되어 있다. '그들은 천국에서 쫓겨나서 피부라는 옷을 입었다.' 히브리어가 포함하는 다의성多意性 때문에 다른 번역도 가능하다. '그들은 눈을 멀게 하는 옷을 입었다.' 다시 말해 피부라는 옷이 그들의 눈을 가려버렸다는 뜻이다. 그래서 그들은 자신의 바깥이 아니라 안을 바라볼 수밖에 없게 되었다.

천국을 잃었다는 것은 태초의 맨몸을 잃고 눈이 멀었다는 뜻이기도 하지만, '이제 너 자신을 바라보라'는 명령이기도 하다. 반대로 천국을 되찾기 위해서는 눈 뜨는 법을 다시 익혀야 한다. 천국은 늘 거기에 있지만 우리가 눈이 멀어서 못 보는 것이니 말이다. 천국에서 추방된 인간은 자신을 눈멀게 하는 피부를 벗어던지는 법을 배우는 순례다. 모든 입문의 여정은 이렇듯 홀홀 벗어던져 소박해지게 만드는 방편이다. 중세 때의 순례자는 벌거벗은 채 성당 앞에 있는 모습으로 표현되곤 했다. 순례의 마지막 단계인 성지에 들어가 신을 마주하기 위해서, 인간의 태초 모습 그대로인 맨몸이 되는 것이다.

알고 보면 아담이라는 이름도 의미심장하다. 히브리어로 아담(אדם)을 풀면, א는 빛의 가는 선을 뜻하고 דם는 피를 뜻한다. 피는 그리스어로 hemo이며, 새의 언어로는 감정을 뜻하는 에모시옹émotion과 연결된다. 바로 그 때문에 감정이 자리하는 곳을 심장으로 여기는 것이다. 즉 이렇게 해석할 수 있다. ─ '너의 피를 버려라, 그러면 빛을 찾게 될 것이다.' 성경에는 이런 표현도 있다. '이제 네 코의 땀으로 일을 하게 될 것이다.' 이 번역에서 코는 콧등으로 바뀌기도 하는데, 그 이유는 더 그럴싸하게 들리기 때문이다. 여하튼 코는 숨(souffle), 즉 자신의 황(soufre)에 해당하는 감정을 내쉬는 기관이다. 따라서 이 문구는 이렇게 해석해볼 수 있다. ─ '너의 황을 제거하는 것, 그것이 너의 일이다.' 또는 이런 해석도 가능하다. '고통 없이 숨을 내쉬는 법을 익히면, 너의 황으로부터 자유로워질 것이다.'

앞서도 언급했지만, 창조란 창조 이전의 무엇으로부터 나타난 하나의 기포라고 나는 직감해왔다. 다만 내게 좀 새롭고도 최근에 와닿은 개념이 있다면, 그것은 의식(conscience)이다.

지금 내가 갖고 있는 느낌 혹은 신념에 따르자면, 이 태초의 '갇힌' 상태가 최초의 의식을 만들어낸 것 같다. 왜냐하면 외부로부터 단절되고 나서 '왜?'라는 의문을 품게 되었을 테니까. 그리고 그 태초의 질문에 답하기 위해서 더 많은 질문들이 생겨났고,

그런 과정이 계속해서 자생하게 되었을 것이다. 이렇게 생겨난 생각들이 바로 우리 자신이다.

뭔가를 이해해보려고, 이 감옥에서 벗어나려고 바동대는 신적(神的)인 시도, 그것이 곧 우리의 정체다. 우리 각자는 두 가지 가능성이 있다. 이 감옥에서 '죽거나(녹거나)', 아니면 '출구를 찾거나'. 우리 중 충분한 수의 사람들이 이 벽을 뚫어 빛이 들어오게 한다면, 우리는 이제 몽상가-수감자-신을 그 갇힌 곳에서 나오게 할 수 있다. 그런 식으로 깨어나면서 우리를, 모두를, 모든 생각들을 구원하게 되는 것이다.

나는 이렇게 신의 존재를 엿봄으로써, 이전에는 부정했던 신을 향해서 첫발을 내딛게 되었다. 하지만 내게 비친 신은 갇힐 이유를 스스로 만들어내고 있는 우울한 모습이다. 우리는 그를 위로해줄 수도 있고, 암울한 생각들로써 그를 더 가둘 수도 있다. 혹은 우리 자신이 그를 해방시키는 수단이 될 수도 있다.

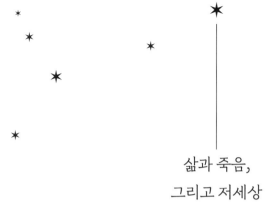

삶과 죽음,
그리고 저세상

이 세상에 오면 나타나고, 이 세상을 떠나면 사라진다. 그런데 그게 전부일까? 그렇다면 우리는 대체 '언제' 존재하는 것일까?

내 강연을 들은 사람이라면 내가 자주 언급하는 '물질로의 진입'에 대해 이미 알고 있을 것이다. 나는 '태어나다(naître)'와 '존재하지 않다'(n'être pas) 사이의 유사성에 주의를 요하면서 이 말을 꺼내곤 한다. 태어나면 우리는 더 이상 존재하지 않게 된다. 태어난다는 것(naître)은 곧 존재하지 않는 것(non être)이다. 태어남이란 개별적인 삶을 살기 위해서 충만한 상태를 저버리는 것, 광활한 전일체인 우주로부터 단절되는 것이다. 그래서 연금술사에게 삶과 죽음은 단지 지나가는 길일 뿐이다. 우리가 다시 진정한 존재(l'être)가 되기 위해서 수없이 반복해야 하는 여행 말이다.

이런 관점은 카발라에서 영향을 받았고, 카발라는 수메리아인들의 관점에서 영향을 받았다. 혹시 세피로트^Sephirot 나무에 대해 들어본 적이 있는가? 이것은 꽤 복잡하면서도 불완전해서 나는 양파 껍질과 유사한 기포의 비유를 선호하지만, 여하튼 한번 살펴보기로 하자.

세피로트 나무는 히브리어 이름을 가진 열 개의 원을 포함하고, 이 원들은 스물두 개의 선으로 연결돼 있다. 이 원들은 인간과 순수한 앎 사이에 자리하는 수많은 베일, 즉 우리가 탐색하고 넘어서야 하는 의식의 영역을 가리킨다. '생명의 나무'라고도 불리는 이것은 소우주(인간) 차원뿐 아니라 대우주(우주)의 차원에까지 이르는 창조의 절차를 보여주고 있다. 원은 1에서 10까지 헤아리고, 1은 맨 위에 자리한다. 2는 바로 아래 오른쪽, 3은 왼쪽, 4는 2보다 아래의 오른쪽 하는 식으로 맨 밑의 10까지 이어진다. 우주를 창조해내는 신의 불꽃을 나타내는 번개가 그 원들을 이으며 길을 만든다.

연금술사에게 이 열 개의 원(혹은 열 개의 세상)은 물질과 정신 사이의 열 단계에 해당한다. 인간이 진입할 수 있는 원은 그중 일곱 개다. 첫 번째 원은 전일체, 곧 전지전능을 나타내므로 창조의 영역이 아니

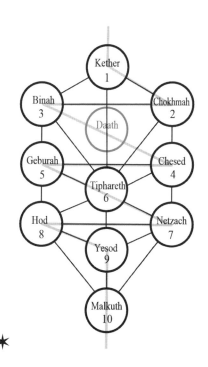

출처 https://commons.wikimedia.org/wiki/File:Tree_of_life_wk_02.svg

다. 두 번째는 '분리'라는 생각에 해당한다. 그리고 세 번째는 시간과 공간, 물질의 태동이다.

그다음부터 마지막 열 번째 세상까지 일곱 개의 원이 쭉 이어서 나타난다. 이 열 번째가 우리가 살고 있는 세상인데 그것은 지구뿐만 아니라 물질적 우주 전체를 가리킨다.

요약하면 1, 2의 세상은 인간이 도달할 수 없다. 우리는 열 번째 세상에 살고 있으니 탐험해야 할 일곱 개의 세상, 넘어야 하는 일곱 개의 단계가 있는 셈이다. 이 유명한 7이라는 숫자는 신화와 다양한 입문 예식, 심지어 자연계 속에서도 종종 발견된다.

카발라에 의하면, 우리는 과거의 악마이자 미래의 천사다. 여기서 악마(démon)란 디아볼diabole의 의미로서 '분리하는' 것이고, 천사는 심볼symbole의 의미로서 '모이게 하는' 것이다. 다시 말해서 에너지와 물질 사이에는 일곱 개의 단계가 있고, 우리는 그 단계들을 거쳐서 지금 우리가 살고 있는 세상에까지 내려왔다. 전일체로 되돌아가기 위해서는 다시 일곱 개의 단계를 올라가야, 즉 일곱 개의 세상을 통과해야 한다. 그 각각의 세상은 우리를 우주의 한 측면과 연결되게 한다. 즉 우리는 온전한 조화를 이뤄낼수록 다시 전일체에 가까워지는 것이다. 나무의 위쪽으로 올라가기 위해서 일곱 개의 계단을 오른다는 표현, 외부로 나가기 위해서 양파처럼 겹겹이 싸인 일곱 껍질을 벗긴다는 표현은 결국 같은 의미다. 이 부분은 뒤의 '다른 세상들' 장에서 더 상세히 설명하겠다.

이처럼 애초에는 하나였던 의식이 잘게 쪼개졌다. 이 관점은 아래의 세상일수록 더욱 불온전한 존재들이 있음을 암시한다. 악마(diable)의 어원인 디아볼diabole은 '분리시키는 것, 떼어놓는 것'이라는 뜻으로 예전에 쓰인 단어였다. 반면 심볼symbole은 '모이게 하는 것, 두 개의 요소를 모으는 것'이라는 뜻으로 현재까지도 흔히 쓰이고 있다. 심볼이라는 단어는 그리스어 sumbolon에서 왔는데, 이것은 헤어지는 두 사람이 다시 만날 때 서로를 확인하기 위해서 하나의 표식을 둘로 쪼개어 간직하는 것을 뜻한다. 디아볼은 그런 만남을 방해하는 것을 뜻한다.

이 점을 명심해두기 바란다. 일반적으로 연금술은 윤리성을 배제한다. 윤리는 문화에 따라 상대적일 수 있기 때문이다. 연금술은 선악의 관점을 강요하지 않는다. 즉 모이게 하는 것은 선하고 분리시키는 것은 악하다는 관점은, 당신이 여기서 굳이 선악을 가리고자 한다는 전제하에서만 쓸모가 있다.

자, 인간의 여정을 한번 살펴보자. 인간은 본래 온전한 존재였으나 서로 나뉘고 하강하면서 황(émotions: 감정들)으로 가득 차버렸다. 말하자면 우리는 악마들(démons)이다. 내려오면 내려올수록 우리는 더욱 분리된다. 그리고 더 작은 존재들로 쪼개질수록 그만큼 더 많은 육체가 생겨나는 것은 당연하다. 이런 운명을 우리 스스로 불평한다 해도, 우리는 이미 절반의 여정은 완수했다. 가장 밑바닥에까지 내려와 있으니 말이다. 이 말은 곧 우리가 더 이상 분리될 수 없다는 뜻이다. 남은 여정은 다시 올라가는 길뿐이다. 즉 우리는 가장 낮은 곳에 있지만 가장 높이 올라갈 수 있는 이중적인 존재다. 우리는 천사 또는 악마가 아니라 반은 천사고 반은 악마인 상태이다.

다시 올라가려면 우리에게 남아 있는 황을 없애야 한다. 이 세상의 악마들 — 악마(démon)의 철자 순서를 바꾸면 세상(monde)이 된다 — 에게, 그 끔찍한 것들 — 끔찍하다(terrifiant)는 단어에서도 땅(terre)에 결속된다는 의미가 읽힌다 — 에게 굴복하지 않으려면 말이다. 이런 작업들이 단 한 번의 삶으로 가능할까? 거의 불가능하다. 어쩌면 수천 번의 삶이 필요할지 모른다.

그렇다면 감히 자문해보건대, 죽는 순간에는 정확히 무슨 일이 일어나는 것일까? 다시는 육신으로 되돌아오지 못한다는 점만 빼면, 죽음은 꿈꾸는 것과 다르지 않다. 이 상태에서 육신은 마치 대장이 없는 군대처럼 명령을 받지 못하므로 흩어지고 사라지게 된다. 꿈을 꾸는 사람들과 마찬가지로, 방금 사망한 사람의 영혼 또한 열 번째의 세상과 아홉 번째 세상 사이의 중간 어디선가 길을 잃는다. 그는 교통수단은 잃어버렸지만 여전히 며칠간은 감정을 느낀다. 그렇다 보니 어리둥절하고 어쩔 줄 모르는 상태일 것이다. 말을 해보지만 아무도 듣지 않는다. 가족들이 나타내는 감정을 무력하게, 침묵으로 지켜봐야만 한다.

서양의 문화에서도 사람이 죽어 육신의 껍데기가 차가워졌다고 해서 그것을 단순한 부패물로 간주하지 않고 여전히 의식이 있는 듯 존중하며 돌보던 시절이 있었다. 그래서 장례식을 치르기 전에 망자가 가족 및 친지와 마지막 인사를 나눌 수 있도록 시신을 집에서 모셨다. 이런 예법은 망자를 안심시키고, 그가 익숙한 것들(집, 옷, 물건, 가족)에 둘러싸여 감정을 추슬러 평온을 찾을 수 있게 돕기 위함이었다. 왜 그러느냐고? 망자가 남아 있는 감정들의 무게에 짓눌려 못 떠날 수도 있기 때문이다. 사제들이 죽어가는 이의 곁을 지키는 이유는 그가 죽었을 때 이런 메시지를 전달해주기 위해서다. "당신은 이제 죽었습니다. 아무것도 두려워하지 마세요. 이제 다 끝났습니다." 한편 친지들의 입장에서도 그것은 망자와 마지막으로 얘기할 수 있는 기회이자 어쩌면 망자와 얽힌 일들(contentieux)로부터 — contentieux을 새의 언어로 풀면 '하늘의 장부'(les comptes en cieux)이니 레퀴엠을 연상시키지 않는가 — 자유로워질 수 있는 기회다.

이렇듯 그리스도교에서는 영혼이 몸에서 분리되는 시간을 배려한 삼일장 전통을 존중해왔다. 입관을 지연하는 절차를 통해, 자신의 시신이 묻힐 때 망자가 격한 감정에 휘말리지 않도록 한 것이다. 반면 유대교나 이슬람교의 전통은 시신을 재빨리 묻음으로써 망자에게 가장 두려운 광경을 마주하게 하여 오히려 그것을 극복하게 하려는 의도를 담고 있다. 이처럼 어떤 죽음이든 두려움과 감정들이 교차하지만 모든 전통이 같은 방식으로 대응하지는 않는다. 힌두교에서는 시신을 장례식용 장작인 하얀 향나무(白檀)로 불태운다. 그 나무의 향이 다른 세상으로 가는 문을 열어준다고 믿기 때문이다. (모든 전통에서 그와 같은 의도로 특정한 향수나 향을 이용한다.)

사람들이 시신을 어떻게 취급했든 간에, 죽은 지 사흘이 지난 영혼은 아홉 번째 세상으로 가는 대기실을 헤매다가 마침내 문을 발견하게 된다. 그는 자발적으로 그 문을 넘어서는데, 행여 열 번째 세상에 지나치게 연연하고 있어서 감정이 북받친다면 이곳을 못 떠날 수도 있다. 할머니가 돌아가시기 직전에 "걱정하지 마,

나는 늘 너희와 함께 있을 거야"라고 다정하게 말씀하셨다면, 그
것은 사실 적절한 처신이라고 볼 수 없다. 늘 우리 곁에 있으려면
길을 잃은 영혼이 되어야만 하기 때문이다. 자신의 할머니가 그
렇게 되기를 바라는 사람은 없을 것이다. 망자는 자신의 여정을
위해 떠나가야 한다. 남은 사람들을 돌보겠다는 이유로, 더 이상
자신이 속하지 않은 세상 속에서 길을 잃고 헤매서는 안 된다.

　이런 비정상적인 경우는 접어두고, 제 갈 길을 간 영혼을 따라
가보자. 이 문은 우리의 주파수를 바꾼다. 그래서 이제 우리는 다
른 주파수 대역에 자리하게 되며, 좀더 오묘한 세상으로 들어갈
수 있게 된다.

　여기서 주파수의 의미를 이해하려면 라디오를 떠올리면 된다.
라디오를 틀면 갑자기 음악이 나온다. 라디오를 틀기 전에 그 음
악은 어디에 있었을까? 물론 늘 거기에 있었다. 보이지 않는 공기
의 진동 속에 말이다. 음악을 내보내는 것은 안테나가 아니다. 안
테나는 그 음악이 흐르는 방송의 주파수를 수신할 뿐이다. 라디
오의 다이얼을 또 돌리면 다른 주파수로 옮겨가서 다른 음악이
들릴 것이다. 그 음악 또한 그때까지 수신되지 않고 있었을 뿐 늘,
도처에, 동시에 거기에 있었다. 연금술적으로 표현하자면 다른 세
상 또한 이와 유사한 방식, 즉 다른 주파수로서 존재한다. 다만 물
질의 밀도가 우리와 달라서 우리가 진입하지 못하는 것이다. 이
것이 바로 다른 세상들의 정체다.

　죽은 영혼은 갑자기 이런 주파수에 진입할 수 있게 된다. 그래
서 문을 넘는다. 이것은 임사체험을 한 사람들의 묘사와도 유사

하다. ― 뭔가 희미해지다가 곧이어 사진기의 초점이 맞추어지듯이 터널을 지나는 느낌이 든다. 뭔가 울리는 소리가 들리다가 마침내 눈이 부시지 않은 빛줄기가 보인다.

그렇게 '심판'이라고 불리는 것에 도달한다. 심판이라고 해서 천사가 종이와 연필을 들고 입구에서 기다리고 있지는 않다. 그보다는 방금 떠나온 삶을 스스로 다시 경험해보는 것에 가깝다. 우리는 자신이 타인에게 준 고통과 다른 이가 내게 준 고통까지 포함한 그 모든 상호작용을 재경험한다. 내가 밟았던 개미의 고통, 내가 문을 열어 자유롭게 해준 날파리의 기쁨까지도 생생히 느끼게 된다. (이쯤에서 당신은 그동안 죽였거나 살린 개미의 숫자를 헤아리고 있을지도 모르겠다).

연금술에서는 이런 고통을 '황'이라고 부른다고 이미 언급한 바 있다. 내가 남에게 준 황이 이제는 내게로 온다. 내가 덜어준 황이 있다면 그 또한 고려될 것이다. 어쨌거나 이것은 윤리적인 심판이 아니다. 우리는 누군가에게는 최선, 누군가에게는 최악이었을 수 있다. 우리의 의도와는 무관하게 말이다. 때로는 상대방을 도와주고 사랑하려 했는데도 오히려 수많은 황을 주는 결과를 낳기도 한다. 누군가를 싫어했는데 그것이 오히려 그에게는 좋은 일이 되었을 수도 있다. 종교와 달리, 연금술은 나쁜 사람은 벌하고 착한 사람은 보상받는다는 식의 도덕적 판단으로 감정의 무게를 셈하지 않는다.

우리의 여정 전체를 열기구 여행이라고 친다면, 이 마지막 심판은 열기구를 탄 우리 앞에 우뚝 솟은 산에 비유할 수 있다. 산을 넘기 위해서는 영혼이 충분히 가벼워져야 한다. 만일 우리 영혼이 감정들 때문에 너무 무거워져 있다면, 우리는 짊어진 모래주머니를 내려놓고 더 가벼워지기 위해 다시 한번 태어나야 한다. 이 모래주머니를 다 없애려면 얼마나 많은 삶을 경험해야 할까? 필요한 만큼, 필요하다면 만 번이라도 그래야 한다.

이 모래주머니가 우리의 황이다. 다음 세상으로 건너갈 수 없으니 우리는 계속 이 질 나쁜 고깃덩어리 상태로 되돌아온다(환생한다). 우리가 조금이라도 더 황을 없앨 가능성이 많은 다음 생의 장소를 선택해서 말이다. 우리는 새로운 육체에 도착하면 왜 거기에 왔는지를 잊는다. 천만다행이다! 그렇지 않고 우리가 거쳐온 전생들을 다 기억한다면 얼마나 골치가 아프겠는가. 이전에 알거나 사랑했던 사람들, 익숙한 장소들을 다시 찾으려 할 테니 그래서야 새로운 삶을 제대로 살 수 없을 것이다.

카발라에는 한 천사에 관한 흥미로운 전설이 있다. 그 천사가 요람에 몸을 기울여 모든 것을 기억하는 아기의 입에 손가락을 갖다 대고 '쉿' 하면, 그 순간 아기는 모든 기억이 지워져서 다시 백지상태가 된다고 한다. 인간의 코와 윗입술 사이, 즉 인중의 홈은 바로 그 천사의 손가락 자국이라고 한다.

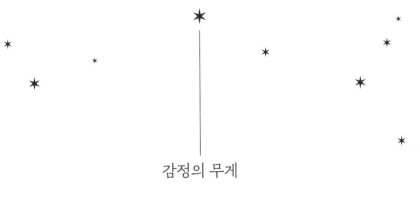

감정의 무게

내가 인간이나 우주에 대해 이야기할 때, 혹은 나 개인의 여정이나 일반적인 여정을 언급할 때, 지겹도록 반복되었을 단어가 하나 있다. 우주의 기원에 관한 설명보다는 일상에서 훨씬 자주 사용하는 흔한 단어, 그것은 바로 '감정'이다. 연금술은 감정을 요동과 결부시킨다. 다시 한번 상기해보면, 우주는 우주의 요동을 없애려고 하고, 인간의 영혼은 자신의 감정을 없애려고 안간힘을 쓴다.

심리학의 영향을 받은 우리 사회는 감정을 세분화하는 경향이 있다(분노, 기쁨, 슬픔, 공포, 환희, 자부심, 쓸쓸함, 조급함, 연민, 후회, 쾌락, 성가심 등). 그러면서 특정 감정의 이유를 찾으려 한다. 다소 확실해 보이는 근래의 이유, 꽤 오래되어 기억해내기 어려운 이유(어린 시절로까지 거슬러 올라가는 경우), 조상들의 기억 속에 숨어 있는 이유(심리계보학 쪽 견해), 그런가 하면 전생까지 거론해가며 까마득하게 감춰져 있는 이유(윤회를 믿는 쪽 견해)까지. 또한 우리는 좋은 감정과 나쁜 감정을 구분하기도 한다. 그래서 '좋은 감정'은 부추기지만, '나쁜 감정'은 비윤리적이라고 여기거나 자기계발 따위를 통해 없애버릴 방법을 익혀야 한다고 믿는다.

내가 체험하고 이해하고 가르치고 있는 연금술은 근본적으로 이런 관점과 다르다. 내가 보기에 모든 감정은 하나의 에너지일 뿐이다. 인간 세상의 여러 감정들은 좋은 것도 나쁜 것도 아니다. 문제는 그것을 파괴력으로 사용하느냐, 창조력으로 사용하느냐이다. 앞에서 나는 정원을 가꿈으로써 분노를 변성시킬 수 있다고 했다. 축구나 럭비 경기의 연장전을 상상해보라. 거기에는 선수 측에서든 관객 측에서든 상당한 에너지가 형성된다. 그 에너지는 서로 싸우거나, 함께 축제를 벌이거나, 아니면 그 둘을 다 하는 데 사용될 수 있다. 싸움에 쓰이면 부정적 에너지이고 축제에 쓰이면 긍정적 에너지라고 말할 수 있겠지만, 결국은 같은 에너지다. 그것은 어떻게든 다급하게 분출되어야 하는, 이리저리 뒤섞인 감정이다. 비근한 예로, 아주 열정적으로 사랑하던 커플이 갈라서면 그 사랑이 증오로 변하곤 한다. 반대로 증오가 사랑으로 변하는 경우도 있다. 극도로 폭력적인 다툼이 격렬한 성적性的 화해로 마무리되는 식이다. 그것들은 서로 상반되고 극화된 감정으로 나타나지만 단 하나의 목적을 가진 동일한 에너지다. 그 하나의 목적이란 바로 분출이다.

에너지를 쏟아내는 방법은 두 가지밖에 없다. 그게 무엇일까?

질문은 물리학적인데, 우리는 심리학에게 답변할 자리를 내주기 일쑤다. 물리학적으로 보면 너무 간단하기 때문이다. 에너지가 표출되는 방식은 '열' 아니면 '움직임'뿐이다. 즉 끓거나 움직이거나 이다.

끓기: 분노, 수치, 심려, 두려움, 다급함 등으로 벌게진다. 체온이 올라가고, 말투가 격앙되고, 몸도 (분노나 열정으로) 부르르 떨린다. 피부에 트러블(éruption cuntanée: 피부의 분출. 역주)이 생기기도 한다 (éruption이라는 단어는 참 적절하다. 이것은 사실상 작은 화산이니까 말이다. 익히 알다시피 감정적인 에너지가 넘치는 청소년들에게는 여드름이 흔하지 않은가). 그때 면전에 찬물이라도 끼얹는다면 묘하게도 분노가 가라앉는다. 정작 분노의 동기는 없어지지 않았는데 말이다. 이 경우는 부글거리는 온도만 살짝 식힌 셈이다. 다음의 표현들을 잘 살펴보라. ― '못 참아서 부글거리다. 욕구나 격분으로 타들어가다. 울화가 치밀어 오르다. 벌겋게 되며 삐치다. 욕망으로 들끓다. 상대방을 박살 내기 전에 내가 먼저 열불이 터지다. 쇠처럼 벌겋게 달아오르다…'

움직이기: 방에서 물건을 집어던지거나(개수대의 그릇 또는 부주의하게도 당신의 손을 찧어버린 망치 등), 언짢게 한 상대에게 주먹을 날리거나, 그냥 그 자리에서 일어나 문을 밀치고 나가거나, 샌드백에다가 또는 허공에라도 주먹을 휘두르며 화를 풀고 싶은 욕구를 느낀다. 또는 그저 한숨을 크게 내쉬는 것으로 감정(안도, 지겨움, 갈망 등)을 생리학적으로 발산하거나, 더 나아가 울부짖으면서 말(공포, 분노, 환희 등)을 쏟아내기도 한다. 격한 감정이 웃음이나 눈물로 분출되는 경우는 허다하다. 감동적인 공연을 보고 나서 주체하지

못하고 쳐대는 박수갈채도 마찬가지다. 이와 관련해서는 어떤 표현들이 있을까? — '마음이 급해서 발을 동동거리다. 공포로 전율하다. 기뻐서 팔짝 뛰다. 분노로 갈팡질팡하다. 걷잡을 수 없이 울음을 터뜨리다. 주먹으로 치다. 근육이 떨리다. 요동하다.' 이것은 결론적으로 무엇인가에 감정이 건드려지고(ému) 어떻게든 움직여진(mu) 상태다. 문자 그대로 보면, 움직임 속에 놓이는 것이다(움직인다는 뜻의 mouvoir는 감동을 준다는 뜻의 émouvoir와 어원이 같다).

내 생각에, 감정의 원인을 찾는 것은 무의미할 뿐 아니라 쓸모도 없다. 이것이 연금술이 심리학과 두 번째로 다른 점이다. 무엇보다 중요한 점은 그것을 어떻게 분출하느냐이다. 감정의 이유를 찾아내는 것은 그 감정을 분출하는 데 도움이 안 된다. 감정은 일종의 에너지 체계이기 때문이다. 이유를 찾는 것은 지적인 일이지만, 감정의 분출은 생리학적 현상이다(앞서 봤듯이 열적이고 동적이다).

여기서도 청소년들의 예가 적절하겠다. 청소년들은 분명하게 파악하기 어려운, 오락가락하는 감정으로 꽉 차 있어서 별것 아닌 상대방의 행동(단순한 눈짓이나 손짓)에 의해서도 그 감정이 분출된다. 청소년들은 상대가 왜 그런 행동을 하는지를 헤아려보면서 합리적으로 상황을 파악하기보다는 열적이고 동적인 분출로써 — 다투거나, 시합을 하거나, 폴짝폴짝 뛰거나, 울거나 하는 등의 방식으로 — 거기에 대응한다. 이런 에너지 분출이 어떤 때는 초상현상超常現象, 심령현상心靈現象으로서 나타나기도 하는데, 자신의 황을 어떻게 발산해야 할지 모르는 청소년들에게서 흔히 보이는 에너지 발산 현상이다. 심지어는 잠을 자는 동안 이런 에너지가 괴이한 소리, 특히 문소리 등으로 분출되기도 한다.

　정신분석학이 사람들을 도울 수 있다는 견해에 대해, 나는 그럴 수 있다고는 생각하지만 전적으로 동의하지는 않는다. 단지 눈으로 파악되는 이유는 그리 중요하지 않기 때문이다. 근본적인 이유는 우리 모두가 없애버려야 하는 모래주머니(감정)를 잔뜩 안고 이 세상에 왔다는 데 있다. 나는 심리계보학의 관점도 인정하지 않는다. 내가 보기에, 그런 것은 이유와 결과를 만들어가며 뇌 속의 매듭만 늘여서 결국 골치만 아프게 한다. '우리 할아버지가 스무 살 때 다리를 다쳤기 때문에, 나도 스무 살에 다리를 다친 거야…' 마찬가지로 전생과 연관된 감정의 유산이라는 의견에도 동의하기 어렵다. 내 생각에 육체의 유전적 본질과 영혼의 본질은 다르다. 육체는 단순한 교통수단일 뿐이고, 영혼은 유전적인 성격을 가지는 육체를 하나의 교통수단으로서 빌릴 뿐이다. 게다가 이런 것들을 모두 믿는다면 도대체 어떻게 거기서 빠져나올 수가 있겠는가! 일단 과거로 돌아가는 것 자체가 현재를 등한시하는 태도인데, 그 수많은 과거사와 전생들까지 거슬러 올라가면서 언제 이 현재의 삶을 살 수 있는지 되묻고 싶다.

　심리학에서 나를 거슬리게 하는 세 번째 사항은 자기개선을 표방하며 실천해야 한다고 외치는 '자기계발'이다. 우리는 감정을 분출하도록 노력할 수 있지만, 감정을 다스린다고 해서 그것으로부터 해방되지는 않는다. 피리를 불면 소리가 난다. 만일 피리의 구멍을 하나둘씩 막고 다시 불면 소리가 달라진다. 그럼에도 어쨌든 소리는 난다. 이 날숨이 바로 황과 같다. 여기서 각 구멍은

각 감정이 취하는 모양새다. 만일 공포의 구멍을 막으면 황은 분노의 구멍으로 나올 것이다. 좌우간 우리의 날숨은 여전히 거기 있어서 어디로든 나오려 할 것이다.

어떤 힘든 감정에서 효과적으로 해방되려면 소파에 앉아서 그 이유가 무엇인지를 머리로 헤아리는 것보다 밖에 나가서 뛰는 편이 훨씬 낫다고 나는 생각한다. 그나마 소파에 앉아서 그 감정을 표현한다면 그것 또한 하나의 분출 방법이 될 수도 있겠다. 하지만 감정의 근원을 찾아보는 것은 또 다른 문제다. 감정의 이유를 헤아려보는 것이 재미있으면 그렇게 하라. 그러나 내가 보기에, 그런 식으로는 감정을 분출할 수 없다. 더 효과적인 방식은 따로 있는데, 그와 관련해서는 뒤에서 다시 언급하겠다.

그리스도교의 윤리와 정신분석학에 크게 영향을 받은 서구사회에서는 내가 가진 이런 식의 관점이 의아하고 다소 충격적으로 보일 수도 있겠다. 하지만 동아시아에서는 이런 관점이 훨씬 쉽게 받아들여진다. 그들은 감정을 보는 관점이 우리와 다르며, 우리가 하듯 감정을 떠들썩하게 논하지도 않는다. 예를 들어 사무라이들이 사팔뜨기로 표현돼 있는 일본의 판화에 주목해본 적이 있는가? 문화코드가 다른 우리의 시각으로는 좀 야릇하면서도 괴상해 보인다. 그런데 사실은 정반대다. 그것은 여러 가지 무술의 공통된 기술로서, 우리 뇌의 세 번째 부분인 원초적인 뇌를 작동시켜 위험시에 모든 감정을 단절하고 생존에만 집중하도록 즉각적인 반사 반응을 가동시킨 모습이다. 뇌의 이 부분에 즉각적으로 진입하기 위해서는 시선을 공중에 두고 눈알을 바깥쪽으로 굴리면 된다. 그런 기법을 익히 알고 있는 사무라이들은 그렇게 가장 동물적인 뇌에 접속해서 공포, 분노, 성급함, 동정심, 그 외 어떤 감정도 느끼지 않은 채 냉정하게 그 순간에 취할 수 있는 최선의 동작에만 집중했던 것이다. 이런 상태를 묘사하고 있는 것이 바로 판화 속의 사팔뜨기 사무라이 모습이다.

당신도 일상에서 어떤 감정에 막혀 있다('막히다'라는 표현 자체의 의미에 주의하라)고 느낄 때 해볼 수 있는 좋은 방법이다. 예를 들어 너무 슬퍼서 감정을 주체할 수 없는 경우, 만일 아주 감성적인 사람이라면 벌써 눈에 눈물이 가득할 텐데, 어떻게라도 좀 저지해보려고 두 눈이 허공을 향하게 하려 할지 모른다. 시선이 뇌에 끼치는 영향에 대해서 전혀 아는 바가 없는데도 그냥 본능적으로 그런 태도를 취하는 것이다.

조금 다른 예로, 피터 팬 이야기 속의 요정 팅커벨을 한번 살펴보자. 사람들에게 금가루를 뿌려서 날 수 있게 하는 것이 그녀의 능력이다. 그런데 불행하게도 그녀는 사랑에 빠지면서 질투심을 느끼게 된다. 질투심이라는 감정을 가짐으로써 생겨난 결과는? 그렇다. 그녀는 자신의 능력을 잃는다. 이 상황을 번역해보면, 지상에서 감정의 껍질에 휩싸였기에 정신이 제 기능을 발휘하지 못해 땅바닥에 머무는 처지가 된 것이다.

우리는 모두 요정 팅커벨이나 마찬가지다. 우리는 감정을 갈구한다! 왜 그럴까? 의미가 있어 보이니까, 우리를 자극하니까, 뭔가가 일어났으면 하니까, 우리를 생기 있게 만드니까…. 아무튼 그렇다고 생각한다. 아무도 심심한 삶을 살고 싶어하지 않는다.

서구적인 잣대는 수많은 감정을 일으키는 영화와 소설들을 호평한다. 하지만 기쁨조차도 한낱 감정일 뿐이다. 기쁨은 결코 행복과 같지 않다. 유혹, 열정, 욕망도 감정일 뿐 사랑은 아니다.

물론 감정이 곧 우리의 삶인 것은 맞다! 감정은 우주가 자신의 에너지를 분출하기 위해 발견한 방식이다! 따라서 우리는 우주의 브레이크 패드이다. 삶은 굉장하기는 하지만, 일종의 질 나쁜 제품 혹은 쓰레기다. 바꿔 말하면, 감정은 우주가 궁극의 부동으로 되돌아가기 위해 자신의 요동을 없애고자 만들어낸 것이다. 그러니 우리에게 주어진 이 에너지를 잘 사용할 수 있도록, 우리가 할 수 있는 역할을 잘 해내보자. 우리의 시선을 평화에 고정시킨 채.

우리가 사회적인 동물인 이유가 바로 여기에 있다. 우리는 부차적인 존재를 찾는 놀이를 하고 있다. 감정을 분출하기 위해 우리가 일반적으로 쓰는 최적의 방법은, 타인에게 옮기는 것이다. 우리는 어떤 감정의 먹이가 되었을 때, 자신도 의식하지 못하는 사이에, 그 문제를 스스로 해결하기보다는 주위 사람들에게 떠넘기는 편이 가장 간편하다고 생각해버린다. 모든 인간관계의 본질이 이런 식이다. 사랑만 빼고 말이다. 사랑은 감정이 아니다.

어떤 감정이 생겼을 때 그 당사자가 가장 흔히 보이는 반응은 그것을 유발한 사람(혹은 물체)이나 그냥 옆을 지나는 사람에게 그것을 전가하는 것이다. 면전에서 문을 쾅 닫거나 발길질을 한다. 겁이 날 때는 고함을 지르기도 한다. 불만으로 들끓어 동료들에게 자신의 얘기를 쏟아놓기도 한다. 내가 힘드니 너도 힘들어보라는 식이다. 너무 기쁠 때도 똑같은 방식으로 나의 기분을 상대방에게 시끌벅적하게 표출한다. 오늘 회사에서 과장이 나를 기분 나쁘게 했다며 배우자에게 화를 내기도 한다.

　그중에서도 가장 흔한 예는, 친구가 전화를 해서는 기분 나쁜 일이 있었다며 자기 문제를 한 시간 동안이나 내 귀에 대고 퍼붓는 경우다. 통화의 마지막에 친구는 이렇게 말한다. "너랑 얘기하고 났더니 기분이 훨씬 나아졌어." 그러고는 전화를 끊는다. 그런데 이제는 당신이 그 친구의 쓰레기를 안게 되었고 황으로 가득 차버렸다. 그때 당신의 남편이나 아내, 아니면 반려견이 당신 앞을 지나간다. '에구, 재수 없어라!' 당신은 잔뜩 떠안은 에너지를 그 운 없는 상대에게 쏟는다. 애초에 당신의 것도 아니었던 분노를 이제는 또 다른 상대에게로 분출하고 그 상대는 그대로 당한다. 여기서 끝이 아니다. 당신에게 부당하게 당한 그는 또 다른 이에게 그것을 쏟아낸다. 이것을 '뜨거운 감자' 원리라고 이름 붙일 수도 있겠다.

　이 원리는 부모와 자식 사이에서 특히 잘 드러난다. 만일 당신이 아이에게 듣기 싫은 얘기를 하면, 아이는 씩씩대며(숨쉬기는 황을 분출하는 좋은 방법이다) 당신을 쩨려본다. 물론 아이의 이런 불량한 태도에 가만히 있을 당신이 아니다 보니 열적으로 벌겋게 달아오르거나, 동적으로 아이의 뺨을 한 대 때린다(이것이 에너지를 분출하는 기계적인 태도이다 보니 당신은 잠시 후 후회하게 된다). 그러면 아이는 운다(숨이나 눈물로 감정을 분출시킨다). 당신은 사과하면서(아이의 감정이 승리했다) 아이를 감싸 안는다. 처음부터 안아주었으면 좋으련만, 그때는 그러기가 도저히 불가능해 보였다. 감정에 휩싸여 있어서 그럴 수가 없었던 것이다. 그런데 감정을 분출시키고 나니 부드러움을 표현할 수 있게 되었다. 그렇다고 내가 이런 태도를 옹호하는 것은 아니다. 단지 대단히 지혜로운 사람이 아닌 이상, 우리가 대개는 그런 식으로 행동한다는 말을 하고 있을 뿐이다. 다툼을 끝내는 가장 좋은 방법은 이렇듯 감정을 쏟아내고 나서 서로 껴안아주는 것이다.

청소년들은 마구 험한 소리를 해놓고는 이렇게 변명하곤 한다. "농담이었는데." 그렇지만 말은 벌써 뱉어졌다. 일단 아이는 자신의 감정을 분출했지만 이제 그것은 당신의 목구멍에서 간질거린다. 사춘기 아이(ados)라는 말을 새의 언어로 풀어보면 등짐(à dos)이 된다. 이것은 무겁고도 사나운, 곱절로 버거운 짐이다.

우리는 모든 관계를 이런 원리에 비추어 살펴보면, 우리 자신이 가까운 사람들에게 자신의 감정을 어떻게 분출하고 있는지 점검해볼 수 있다. 이런 현상은 엄마와 아이 사이에서 확연히 두드러진다. 만일 아이에게 건선乾癬이 보인다면, 아이에게 스트레스를 주고 있는 엄마의 문제부터 해결하는 방안을 찾는 게 우선이다. 엄마가 아이에게 자신의 스트레스를 전가하는 식의 관계를 형성하고 있을 수 있으니까. 아이들이 부모의 황으로 채워지는 경우는 아주 흔하다.

다른 예로, 딸에게 늘 불만인 한 엄마가 있다고 치자. 그녀는 자신의 황을 딸에게 배출해대고 딸은 엄마의 권위에 눌려 한마디도 못한다. 엄마는 불평하면서도 집안의 모든 일을 다 한다. 딸이 뭘 거들려고 하면 엄마는 이렇게 반응한다. "됐어. 놔둬. 내가 할 테니." 그렇게 딸이 발산할 수도 있었을 황까지 막으면서 자신의 불평을 더한다. 이제 황 주머니는 두 배로 부풀었다. 다 자란 딸은 자신이 짊어져온 황의 무게가 너무 무거워 엄마와의 관계를 끊으려고 한다. 그런데 엄마는 또 그것이 힘겨워서 이렇게 흐느끼며 말한다. "내가 너를 어떻게 길렀는데, 그토록 헌신하며 모든 걸 다 했는데!"(j'ai tout fait pour toi!) '모든 것을 다했다'를 새의 언어로 들어보면 '너를 숨 막히게 했다'(J'ettouffais pour toi)가 된다. 딸은 대답한다. "언제 내가 엄마한테 그렇게 해달라고 했어?" 딸이 독립하기를 고집하면, 이제 엄마는 딸이 죄책감까지 느끼게 만든다. 죄책감을 느끼게 하는 것, 이것이 감정을 전가하는 또 다른 방식이다. 꼭 해야 한다는 명목으로 상대방이 하기 싫은 것을 하게 만드는 것. 그렇게 관계를 다시 엮어간다. 아주 사려 깊은 어머니상을 표현하는 닭(poule) 같은 엄마가 있는가 하면, 이 경우는 문어(poulpe) 같은 엄마라고 해야 하겠다. 아이를 칭칭 감아 묶어두니 말이다.

이런 예는 수두룩하다. 우리의 일상이 이런 식이라고 보면 된다. 나는 10여 년 전부터 상담치료 일을 해오면서 인간의 수많은 걱정, 일상의 황을 봐왔다.

게다가 우리는 인간이기에, 동물에게는 없는 문제를 하나 가지고 있다. 바로 지나가버린 시간을 곱씹을 수 있다는 점이다. 내가 오늘 누군가에게 뭔가 언짢은 말을 하면, 그 사람은 매일 그것을 떠올리게 되고, 매일 감정적인 짐을 더해가면서 도저히 없앨 수 없는 황을 자신의 은밀한 정원에서 기르게 된다. 그리고 10년이 흐른 어느 날, 우연히 길에서 나를 발견하고는 내 목덜미를 잡으며 소리친다. "너, 나 기억해? 그때 네가 내게 무슨 말을 했는지 알아?" "아뇨. 전혀 기억 안 나는데요." 그렇듯 나는 그냥 잊어버린 말인데, 그 사람은 엄청난 에너지를 보태면서 감정의 눈 덩어리를 만들어놓았으니 그것을 어떻게든 분출시켜야 한다. 내게 고함을 지른다면 그래도 양호한 편이다. 감정을 격렬하게 분출시키기 위해, 멱살을 잡고 내 목을 조를 수도 있다. 대개 치정과 관련된 범죄들은 이런 에너지로부터 비롯된다. 열정 이상으로 우리를 괴롭히는 것은 없다(passion이라는 말 자체가 고통을 의미한다는 걸 잊지 말라). 잘못 조절된 사랑을 조심하라! 그것은 대체가 불가능할 정도의 파괴적 에너지로 가득 차 있다!

반면, 동물들은 인간에 비해 훨씬 단순하다. 내가 토끼에게 겁을 주면 토끼는 그대로 달아나버리지 일주일 후나 1년 후에 나를 원망하기 위해 내 앞에 다시 나타나지는 않는다. 나는 사람들에게 감정을 묻어두지 말라고 조언한다. 방치해뒀다가 그것이 새끼라도 치게 되면 큰일 나니까. 다른 사람과 충돌이 생기면 그 즉시 표현하라. 상대방이 그것을 반기면 다행이고, 혹여 안 반기면 유감이지만 적어도 에너지는 흐르게 할 수 있다. 감정은 흐르는 에너지에 불과하다. 일단 흐르는 에너지는 어떤 작용이든 할 수 있게 된다. 이를테면 가족 또는 연인 사이의 상호작용 같은 식으로. 부부라면 함께 삶을 꾸리고 있는 만큼 거기에 이런 에너지를 활용하면 된다. 흐르지 않고 멎은 채로 자꾸 짙어지기만 하는 감정은 아무 쓸모가 없다. 그런 감정은 결국 자기 자신을 공격하고 피를 탁하게 만든다.

어떤 감정을 가지는 것은 그것을 표출하는 한 문제가 되지 않는다. 그런데 종일 재해 소식만 늘어놓는 텔레비전을 소파에 앉아서 보고 있으면 아파 드러눕게 될지도 모른다. 우리가 그 끔찍한 사건과 사고들에 연민을 느끼는 동안 감정들이 만들어지고, 그 감정들은 그대로 우리 안에 남는다. 이런 관점으로 보면, 세상을 구한다고 만들어지는 비정부기구(NGO)에 참여하는 것은 항상 선의에서 출발한다기보다는 우리에게 쌓인 황을 세계 도처에서 거칠게 발산하기 위한 해결책이라고 할 수 있겠다.

수성을 묘사한 연금술의 그림 중에서 집 밖으로 배설물을 뿜어내는 장면을 본 적이 있는지 모르겠는데, 거기에서 연금술이 말하고자 하는 바는 분명하다. — '집안의 평화를 원한다면 감정들은 밖에다 두라. 만일 순수한 정신(수은)을 가지려면 너의 변(소금)을 분출하라.' 유사한 발음을 가진 변(selles)과 소금(sel), 두 단어는 흔히 같이 사용된다. 소금은 고정시키는 요소라는 점을 기억하라. 소금은 불을 고정시킨다. 눈물과 땀은 소금을 포함하고 있다. 그러니까 땀을 흘리거나 우는 것도 감정을 동적으로 외부에 분출하는 방법이다. 다시 일본 얘기를 하자면, 일본 화가들 중에는 아예 눈물을 모아서 그림을 그리는 이들이 있다. 눈물은 감정이 소금으로 고정된 요소이니 틀리지 않은 방식이다.

감정 분출의 또 다른 묘사는 투우에서 볼 수 있다. 나는 투우 자체에 대해서는 찬성도 반대도 하지 않는다. 단지 내가 거기서 발견한 것은, 투우가 미트라Mithra의 제식을 재현하면서 우리의 삶을 짧게 묘사하고 있다는 사실이다. 소는 우리 인간이고, 빨간 보자기는 우리가 늘 갈구하는 욕망이다. 소에게 꽂는 작살들은 삶에서 피를 흘리게 하는 것, 즉 삶의 다사다난한 감정들을 말과 행동으로써 분출시키는 것이다. 더 이상 견딜 수 없어서 그 격한 감정을 비우게 될 때, 우리는 바닥에 무릎을 꿇고 투우사와 대면하게 된다. 번쩍거리는 복장의 투우사, 그는 소의 일곱 번째 경추에 자신의 곧은 창을 꽂아서 소(우리)를 교정한다. 소의 죽음은 빛의 통과를 의미한다. 가톨릭 전통으로 보면 이것은 신비주의적이고 비종교적인 의식이지만, 몽생미셸을 포함한 가톨릭 사원 몇 군데에는 투우 장면이 묘사되어 있다. 우리 자신의 감정에 대항해서 싸우는 이런 투쟁은 (특정 신앙의 체계를 뛰어넘어) 모든 문화에서 공통적으로 묘사된다.

이쯤에서 당신은 우리 자신의 황, 또는 다른 사람이 우리에게 떠넘긴 황을 도대체 어떻게 처리해야 하느냐고 내게 물을지 모르겠다. 우리는 우리에게 자신의 쓰레기통을 엎어버리는 아내나 남편, 엄마나 아빠, 동료, 자식에게 어떻게 반응해야 할까?

첫 번째 해결책은 거절하는 것이다. '나는 네가 좋지만, 그건 싫어. 나하곤 아무 상관도 없는 얘기잖아. 나도 황은 이미 충분히 갖고 있어.' 이럴 경우 문제는 그 상대방이 자신의 황을 옮기지 못해서 계속 그것을 가지고 있어야 한다는 점이다. 당신과 함께 어떻게 좀 치워보려 했는데, 그것이 안 되다 보니 이제는 강요까지 할지 모른다. 그러면 그 황은 당신을 탓하는 원망의 색채를 띤다. '어쩜 그럴 수가 있어? 두고 봐!' 그래서 이제 당신은 험담이나 거

174

짓말의 대상이 된다. 왜냐하면 무슨 일이 있어도 당신은 그 황을 받았어야 하니까. 이제 당신은 그에게 친구가 아니라 '고통스러운 황'이 되어버린다.

다른 방법은 쓰레기의 납을 금으로 변성시키는 것이다. 만일 당신이 지혜로운 성인군자라면 타인의 감정을 받아들이는 게 문제는 아니다. 이것을 자비심이라고 부른다. 이런 사람들은 남 때문에 고통스러워하거나 그의 잘잘못을 판단하지 않는다. 대신 그 파괴적인 에너지를 건설적인 에너지로 변성시킨다. 마치 성인처럼 타인의 고통을 기꺼이 받아들인다. 힌두교의 스승은 제자들의 업보까지 대신 짊어진다고 한다. 이때 당신의 역할은 감정의 당사자에게 그런 감정들을 어떻게 해소할 수 있는지를 설명해주는 것이 아니다. 그냥 들어줌으로써 그를 가볍게 해준다. 하지만 우리는 성인군자가 아니다. 아니, 가끔은 그럴 수 있을지 몰라도 늘 그러기는 힘들다.

세 번째 방법은 자세히 언급하지 않겠다. 그것은 나 또한 남에게 떠넘기는 것인데, 앞에서 보았듯이 아주 골치 아픈 상황을 만들어낸다.

이제 남은 것은 감정을 어떻게 해소하느냐의 문제다. 그것이 우리 자신에게서 비롯되었든 남이 우리에게 전했든 간에, 열적으로 해소하거나(찬물 샤워라도 하라), 동적으로 해소하라(성질이 가라앉을 때까지 집 주위에 벽돌이라도 쌓으라. 농담이지만 스포츠의 미덕이 여기에 있다). 다른 동적 해소 방법으로는 숨쉬기가 있다. 숨쉬기는 황을 분출하는 또 하나의 방식이다. 이것을 명심하라. 폐는 가장 큰 면적을 가지고 외부 공기와 접하는 내부 기관이다. 폐포 모두를 펼치면 140 평방미터에 달한다. 숨을 깊이 들이쉬고 내쉬어보라. 이것은 감정이 격해진 사람에게 할 수 있는 조언이며, 요가의 기본이자 내가 만들어낸 훈련법의 기본이기도 하다. 이와 관련해서는 뒤에 '트람을 만들다' 장과 '지고한 여정' 장에서 다시 언급하겠다.

나는 연금술을 시작한 후로 내 감정을 점잖게 다스릴 수 있게 되었다. 덤덤하고 중용적으로 말이다. 이제 내게는 지나친 고통도 없고 지나친 기쁨도 없다. 불쾌하지도 유쾌하지도 않고, 아무것도 그다지 중요하지 않게 느껴진다. 감정의 두드러짐이 나날이 줄어들고 있는데, 그것이 전혀 아쉽지 않다. 즐거운 사건이나 세상에 대한 두려움으로도 감정이 벅차지 않다.

이런 평온은 세상에 대한 다소 중용적인 시각을 동반한다. 물론 이런 시각이 쉽게 이해받거나 받아들여지지는 않는다. 내가 만일 큰 재해에 무심해 보인다면, 사람들은 나를 냉혈한으로 취급할 것이다. 물론 나도 사람들에게 깊고도 온화한 연민을 느낀다. 단지 그것이 감정으로 표현되지 않을 뿐이다. 나의 이런 태도는 오해를 사기 쉽다. 우리는 감정의 사회 속에서 살아가기 때문이다. 온화하고도 영원한 지혜로 충만한 보편적인 사랑보다는 열정적인 사랑의 — 타들어가는 양념을 뿌려대고 파괴적인 불꽃을 부추기는 — 사회 속에서 말이다.

*

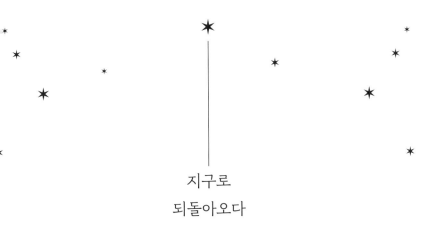

지구로
되돌아오다

    나는 당신을 지하의 내 실험실로 이끌었다가 저 높디높은 우주로 데려갔다. 자, 이제는 다시 지구로 되돌아오자. 사실 연금술은 그 모든 것을 포괄한다.

    실전적인 연금술사 시절에 나는 이중적인 삶을 사는 느낌이었다. 현자의 돌을 찾기 위해 실험실에서 고독하게 보내는 비밀스러운 밤의 생활과 직장 및 가족과 함께 보낸 낮의 사회생활. 이제 나는 밤낮 구분 없이 연금술로만 생활하고 있다. 이제 연금술은 내가 이 세상 속에서 어떻게 반응하고 어떻게 바라보는지와 직결되어 있어서, 나는 굳이 그것에 대해 이러쿵저러쿵 이야기할 필요조차 못 느끼게 되었다. 여하튼 이중적인 생활을 할 당시에도 나는 실험실에서 발견한 것과 사람들이 실생활에서 행할 수 있는 것을 하나로 엮어보려는 노력을 계속해왔다. 이 장에서는 바로 그 부분을 이야기해볼까 한다. 단지 나 자신만을 위해 연금술을 한다면 무슨 소용이 있겠는가. 당신은 연금술이 신비로워지려고 아무리 안간힘을 써도 그 결과물은 대단히 실용적이라는 사실을 파악하게 될 것이다.

한창 연구에 몰두하던 시절, 나는 물질의 저항력에 관심이 많았다. 금속제련 일을 하면서 내가 처음으로 발명한 것은 다공성多孔性의 금속이었다. 스테인리스처럼 단단하면서도 기름이 스며드는 금속이다. 그런 금속을 뭐에 쓰느냐고? 아주 실용적인 용도가 있다. 스스로 윤활유를 머금고 있기에 베어링 없이도 매끄럽게 돌아가는 회전체를 만드는 데 사용할 수 있다. 당시에는 혁신적인 아이디어였는데, 보호처리되지 않았던 탓에 어느 베어링 제조회사가 가져가버렸다. 겸허하게 생각해보면, 누구라도 그 아이디어를 활용할 수 있었으니 다행인 셈이다.

그다음의 발명품은 액체 상태를 거치지 않고 고체 상태에서 바로 가스 상태로 바뀌는 금속이었다. 쉽게 말해서 녹는 대신에 증발해버리는 금속이다. 요술을 부리는 것도 아니고, 기술 사회에서 그런 것을 왜 만드냐고 할지도 모르겠다. 혁신적인 밀폐 장치를 만들어내기 위해서였다. 이 발명품은 석유 굴착기에서 실제로 사용되고 있다. 석유 굴착기의 가장 큰 위험은 화재다. 석유를 통과시키는 호스는 인화성이 아주 강하기 때문에, 화재라도 나게 되면 즉시 밀폐시켜서 큰 피해가 없도록 해야 한다. 즉, 석유 굴착기에서 예사롭지 않은 열기가 감지되면 그 금속이 녹아 없어지면서 밀폐 장치가 작동하고 석유 공급이 차단되게 만든 것이다.

이 발명품은 물질에 대한 나의 연구들을 기술적으로 적용하는 작업과, 내가 연금술사로서 해온 탐구 — 특히 결정체가 열기를 모았다가 적당한 순간에 해방시키는 능력에 대한 — 를 종합한 완벽한 예다. 전기 충전기는 있지만 열 충전기는 없다. 바로 거기에 연금술이 개입한다. 불가능을 겨냥하는 예술, 금속 내부에 열을 천천히 퍼지게 해서 순간적으로 증기화되도록 하는 것. 뭔가 떠오르지 않는가? 화학적인 재료에다 비밀스러운 연금술적 씨를 심는 것? 보라, 연금술사도 맘만 먹으면 이런 식으로 동굴에서 나올 수 있다.

연금술은 식물적이기도 하다. 내가 택한 여정은 아니지만 나도 그 길을 거쳐왔다. 나중엔 가르치기도 했다. 내 제단에 쓸 향수를 직접 만들기 위해서였다. 향수가 없으면 다른 세상으로 가는 문을 열 수 없다. 그래서 나는 혼자서, 처음부터 끝까지 그 방법을 익혔다. 그러려면 가장 적절한 시간에 식물을 채집해야 한다. 정신이 식물 속에 깃들어 있는 시각인데 어떤 것은 새벽, 어떤 것은 점심, 또 뿌리는 해가 질 때…. 나는 옛날 마녀들이 사용했다던 사리풀이나 벨라돈나 같은 독성 식물을 가릴 수 있게 되었고, 파라셀스Paracelse(스위스의 의사, 철학자, 종교학자. 자연주의 철학으로 의학계에 크게 기여했으며 연금술사로도 간주된다. 1493~1541. 역주)가 쓴 《식물사전》(Traité des signatures)도 들여다보았다. 그 책은 식물의 속성과 인간의 신체 기관을 비교하여 그 모양새의 유사성을 잘 보여주고 있다. 예를 들어 정맥의 모양새를 하고 있는 안젤리카는 피의 흐름을 돕고, 폐의 모양을 한 브리오니아는 폐의 열기를 가라앉게 하며, 심장의 모양을 닮은 익모초는 심장의 경련을 잠재운다. 나는 그 효능들을 직접 실험해보았다.

스파기리spagyrie는 연금술적인 원리를 따르면서 식물을 기반으로 피부용품이나 화장품을 만드는 방법이다. 대부분의 연금술사들이 이런 치료법을 모색해왔다. 그중 가장 잘 알려진 이는 힐데가르트 폰 빙겐Hildegard von Bingen(1098~1179)인데, 수도원을 운영했을 뿐 아니라 역사 속에서 극히 보기 드문 가톨릭 성당의 여의사 중한 명으로 성화聖化된 인물이다. 그뿐만 아니라 작곡도 하고 문학 집필도 했으며 링구아 이그노타la lingua ignita라는 언어를 만들어내기도 했다. 그녀는 평생을 의사로 활동하면서 약학에 큰 영향을 끼쳤다.

나는 아프리카에 있는 아프리크 이니시아티브Afrique Initiative라는 회사에서 일할 기회가 있었다. 이곳은 대기업들이 아프리카 쪽에 프로젝트를 개발한다는 명목으로 생색을 내며 투자하는 돈으로 운영되었다. 나는 '현지인과의 중개자' 자격으로 그 회사에 채용되었다. 다르게 말하면 '주술사들과 대화하는 역할'이었다. 내가 그동안 발견한 것을 함께 나누며 나는 거기서 많은 것을 배웠다. 그들은 나를 '백인 주술사'라고 부르며 존중했고, 이제껏 다른 이에게는 알려주지 않은 아프리카 마법에 대해서도 알려주었다.

그들 덕분에 나는 스텔란디아 프루테스켄스sutherlandia fructescens라는 식물의 엄청난 효능을 알게 되었다. 항종양, 항산화, 항박테리아, 항염증, 항진통 등 이 식물이 가지는 효능은 마냥 놀랍기만 하다. 심지어 에이즈에 대한 저항력도 있는데, 나 역시 그 효능 덕분에 이 식물을 알게 되었다. 에이즈 감염 상황을 살펴보니, 어떤 마을은 그야말로 처참한 지경인 반면 어떤 마을은 잘 버티는 식이었다. 그 이유가 바로 이 식물 때문이었는데, 모든 사람이 그 식물의 효능을 알고 있지는 않았다. 미리 말해두는데, 그곳에서는 상부상조를 기대하기 어렵다…. 그것이 바로 아프리카가 내게 준 첫 번째 실망이다.

아프리카에서 이 식물의 효능을 알고 있는 사람들은 늘 섭취해온 식물이다. 그런데도 시장에는 전혀 나와 있지 않으며, 프랑스에서도 상황은 마찬가지다. 왜 그럴까? 놀라지 마시라. 그 이유는 바로 효능이 너무 좋기 때문이다. 쉽게 구할 수 있어서 비용도 들지 않는다. 다른 말로, 돈이 안 된다. 에이즈 항바이러스 치료(trithérapie)에 드는 한 달 비용이 약 3,500만 원이다. 그런데 이 식물을 치료제로 사용하게 되면 7만 원 정도만 든다. 그러니 누가 이 장사를 하겠다고 나서겠는가? 나는 사람들에게 이 식물의 효능을 알리려고 나름 애를 썼다. 생물학 실험실에도 연락해봤다. 그 당시 담당 생물학자와 나눈 대화를 나는 절대로 잊지 못할 것이다.

"이 병 때문에 얼마나 많은 환자들이 죽어가고 있는지 아세요?"
"이 병이 얼마나 많은 사람들을 먹여 살리는지 아세요?"
그런 상황에서 무슨 말을 더 할 수 있겠는가? 그 사람이 미쳤다고 여겨졌지만, 내가 이내 깨달은 것은 내 주위에 그런 미치광이들이 수두룩하다는 사실이었다.

아니면 비용이 안 들어 수지가 맞지 않는다고 산업계에선 아무도 관심을 가지지 않는 이 치료법을 일찌감치 개발하지 못한 내 탓을 해야 하는 건지. 상업화와 긴밀하게 엮이지 않고서는 그 어떤 치료제도 널리 퍼뜨릴 수가 없는 실정이 애석할 따름이었다. 그야말로 잔인하게 깨져버린 환상이었다.

이런 상황을 겪고 나서, 나는 아프리크 이니시아티브 회사와 본격적으로 손을 잡고 회사 내부에 치료제를 생산할 수 있는 시설을 직접 만들기로 결심했다. 그 식물을 프랑스가 아닌 아프리카에 유통시켜 아프리카인들을 돕자는 의지였다. 나는 우선 겸형 적혈구 빈혈증(drépanocytose)부터 치료법을 개발하자고 힘주어 말했다. 이 병은 아프리카에서, 특히 흑인들에게서 흔히 나타나는 유전병이다. 이 병원균은 말라리아에 저항하는 이점도 주지만, 적혈구가 낫 모양으로 굳어져 머리카락 부분까지 흐르지 못하므로 시간이 지나면 치명적이고 치료비도 많이 들게 한다. 그런데 기적의 식물인 스텔란디아 프루테스켄스가 이 병을 치료할 수 있다. 필요한 만큼 충분히 생산해서 사람들에게 나눠주면 될 테니 얼마나 갸륵한 생각인가. 그럼에도 이 갸륵한 생각이 인간 세상에서 어떻게 휘둘렸는지 한번 들어보라!

나는 저명한 의대 교수인 어느 아프리카인과 같이 이 프로젝트를 시작했다. 이후 우리는 친구가 되었는데, 그의 아내는 보건부 장관이었다. 이 친구는 의사인 동시에 유명한 주술사였으니 명함이 두 개인 셈이었다. 거기서는 전혀 문제 되지 않는 일이다. 아무튼 그는 내가 생산 시설을 만들도록 도왔고, 나는 아프리크 이니시아티브의 자금을 끌어왔다. 그다음 우리의 계획을 수상에게 설명했더니 수상은 이렇게 말했다. "좋아요. 그렇게 하시죠. 대신 그 돈의 절반은 제 것입니다." 나는 하도 기가 차서 되물었다. "아니, 이건 당신 자손들을 구하는 일이지 않습니까!" 하지만 그는 끄떡도 하지 않았다. 자금의 반이 자신의 주머니에 들어오는 조건이 아니면 아예 시작도 하지 말라고 했다.

여하튼 주어진 조건으로 시작했다. 자금이 충분하지 않다 보니 겨우 만들 수 있었던 양이 고작해야 1년에 100~200명 정도를 다룰 수 있는 분량이었다. 실상은 5천만 명 이상의 감염자가 있는데 말이다. 그런데도 아무도 우리를 성원하지 않았으며 오히려 나 몰라라 했다. 나는 기운이 빠졌다. 처음에 좋은 동기와 아이디어로 출발했고, 제품은 제대로 효력을 냈으며, 어떻게 진행되어야 할지도 확연했다. 그런데도 버틸 도리가 없었다. 도처에 부정부패가 만연해 있었고, 누군가의 병은 다른 누군가의 이득이 되고 있었으니 참 쓰라린 현실이 아닐 수 없었다.

그 외에 나는 아프리카에서 흔한 또 다른 문제, 하지만 이번엔 좀더 간단한 문제에 대한 대책도 모색했다. 그것은 아이들에게 나타나는 칼슘 부족 현상이다. 칼슘 부족이 아이들의 성장을 심각하게 저해하고 있었다. 그러면 유럽은 어떻게 도움의 손길을 내밀까? 아프리카로 가루우유를 보낸다. 참 기가 찬 대책이 아닐 수 없다. 우선 이 가루우유는 필요한 이들에게 절대로 도달하지 못한다. 우유를 운송하는 차량들은 다른 길로 빠지고, 그렇게 빠져나간 물건들이 시장에서 번연히 팔린다. 아이 한 명당 하루에 필요한 우윳값이 약 2,000원인데, 아프리카에서는 상상할 수도 없는 금액이다. 거의 한 달 양육비에 상응하니까 말이다.

　내가 내놓았던 대안들을 이렇게 소개하는 이유는 이것이야말로 진정한 연금술이기 때문이다! 나뿐만 아니라 앞선 연금술사들도 같은 일을 했다. 클레오파트라! 그녀는 공식적인 연금술사는 아니었지만 온갖 종류의 치료제를 발명했고 화장법에 관해서도 집필한 바 있다. 아프리카 어디에서 칼슘을 찾을 수 있을까? 바로 조개껍데기에서다. 물가에만 가면 구할 수 있으니 비용이 안 든다. 그러면 조개껍데기를 어떻게 용해해야 할까? 식초로 하면 된다. 식초는 아주 저렴할 뿐 아니라 여러 번 사용할 수도 있다. 조개껍데기를 용해하고 그 액체를 가열하면 아세트산 칼슘을 얻을 수 있다. 바로 그 상태로도 즉시 생물학적으로 사용이 가능하다. 클레오파트라는 이것을 화장하는 데 사용했는데 진주 구슬을 용해시켜서 썼다. 아프리카의 어린이들을 구하기 위해서 우리가 쉽게 구할 수 있는 것이 바로 지천에 널린 조개껍데기다. 그 비용은 거의 제로에 가깝다.

　우리는 그렇게 시도했다. 그런데 아프리카에서 생기는 문제는… 바로 아프리카이기 때문에 생긴다! 조직도 약속도 다 헛일이다. 계약서? 언제든 무시해버릴 수 있는 종잇장일 뿐이다. 업체와 약속을 하면 사흘쯤 지나 어떤 사람들이 와서는 계약서에 서명한다. 그러고 나서는 나중에 말을 바꾼다. "아뇨, 그런 거에 서명한 적 없는데요? 우리가 한 거 아녜요." 서양인의 사고방식으로는 정말 받아들이기 힘들다. 어안이 벙벙했지만 나는 내가 그 모든 일을 다 해낼 수는 없음을 깨달았다. 아프리카는 아프리카에 의해서만 구해질 수 있음을 뼈저리게 느꼈다. 그것은 그들만이 할 수 있는 일이다. 나의 역할은 대안을 만드는 것까지였고, 그 이후의 절차는 나의 능력 밖이었다.

내가 왜 이 세상에 있는지를 자문하면서 한평생을 보낼 수도 있다. 내가 인간 세상에 무엇을 기여하는지, 어떤 쓰임새가 있는지 말이다. 나는 내가 할 수 있는 일을 했다. 때론 망설이기도 하면서 의미 있는 일을 구상하고, 참여하고, 안내하고, 독려했다. 이런 식의 전수 작업에 대한 생각을 여전히 간직하고 있지만, 어떤 식으로 전수할지에 대해서는 시기에 따라 사뭇 다른 답변들이 주어지곤 했다. 나는 이 세상에서 나를 구해내기보다는 내가 이 세상을 구하려고 했다. 그런데 이제는 좀 다르게 처신하게 되었다. 다른 식으로 전수해야 한다는 것을 알게 되었기 때문이다.

이와 관련해서는 뒤에서 언급하겠다. 아무튼 나는 디즈니 만화의 자이로 기어루스Gyro Gearloose(닭의 모습을 한 발명가 캐릭터. 역주)처럼 여전히 융통성을 갖고서 내가 발견한 것들을 아프리카 친구들과 기꺼이 나누고 있다.

그다음의 발명품은 계단식 로켓(fusée à étages)의 발사 원리에 입각한 제독제였다. 대부분의 질병과 신체의 이상은 우리 몸에 쌓인 중금속에 의해 생긴다. 이 독소를 용해시키려면 식용으로 나와 있는 황을 섭취하면 된다. 황은 몸속에서 중금속을 흡착해서 황화물(sulfure)의 형태가 되었다가 배출된다. 가장 이상적인 치료법은 일련의 약을 일정한 간격을 두고서 종일 섭취하는 것이다. ─ 제독하기 직전의 몸 상태로 이끄는 약, 제독하는 약, 그 찌꺼기를 배출시키는 약…. 그래서 약사들은 이렇게 얘기한다. "녹색 알약 두 개, 두 시간 후에는 빨간 알약 두 개, 그리고 또 두 시간 후에는 이것, 이튿날은 다시 색깔을 바꿔서…." 하지만 이런 복용법을 그대로 따르기는 쉽지 않다.

그래서 내가 구상한 것이 바로 계단식 로켓 발사 원리였다. 아침에 면도하면서 떠오른 아이디어였다. 세면대에 물이 가득 차 있었는데 그 표면 위로 면도 크림 거품이 잔뜩 떠 있었다. 그때 물을 빠지게 하면 무슨 일이 일어날까? 거품이 세면대 주위에 남게 된다. 위와 장에 깔려 있는 독소를 어떻게 없앨 수 있을지 궁리하고 있던 나에게는 그야말로 흥미로운 광경이 아닐 수 없었다.

나는 실험을 하다가 제올라이트^{zéolithe} 점토가 미세한 구멍으로 구성되어 있음을 알게 되었다. 그 구멍으로는 물의 분자 외에는 아무것도 통과할 수 없다. 이런 구멍들은 새장(cage)이라고 불린다.

나는 제올라이트 점토와 보리지^{borago} 기름과 식용 황을 섞은 알약을 구상했다. 섭취 방법도 간단해서 따라야 할 주의사항이 거의 없다. 식사를 하고 나서 그냥 이 알약을 삼키고, 목이 마르면 물을 마시면 된다. 알약은 음식으로 가득한 위에 떨어져 용해되고, 점토는 위의 표면에 뜨는 가루가 된다. 그 가루 자체가 비어 있기 때문이다(음식이 포함하는 액체는 거기를 통과할 만큼 미세하지 못하다). 위가 비워지면 세면대의 면도 거품처럼 가루는 위의 표면에 붙게 된다. 그리고 물이 상승하는 현상(모세관 현상) 때문에 이 점토의 가루에 황을 포함한 기름이 섞여 몸에 흡수되면서 중금속을 흡착해 황화물을 형성한다. 이 황화물이 노란 액체나 변으로 배출된다.

그것이 첫 효과다.

이 점토는 구멍이 나 있어서 마치 스펀지처럼 흡착 기능을 가지므로 장 속에 끼어 있는 노폐물들을 쪼갠다. 우리 대장에는 이런 노폐물이 가득한데, 그야말로 두꺼운 아스팔트나 다름없다. 이 아스팔트 층을 떼는 효과가 두 번째다. 흡착 작용 때문에 우리는 갈증을 느끼게 된다. 그래서 내가 조언한 대로 물을 마시면, 물은 점토의 구멍을 채움으로써 떼어내는 작업을 완결시킨다. 그것이 변과 섞여 배출된다.

나는 이것을 계단식 로켓 발사 효과라고 부른다. 여러 가지 기능을 계속해서 해내기 때문이다. 첫째는 화학적인 제독, 둘째는 물리적인 제독이다. 게다가 섭취하기 간단할뿐더러 만들기도 쉽다. 거의 돈이 들지 않는 세 가지 요소만 있으면 된다. 그런데…? 그다음 이야기를 한번 상상해보라! 나는 프랑스에서 이 제품을 만들려고 했지만 제약회사 중 어느 한 곳도 설득시키지 못했다. 제품을 시장에 내놓기 위해 허가를 받는 데만 수백만 유로가 들기 때문이다. 게다가 생산 비용을 줄이려면 보리지 기름을 옥수수 기름으로 바꾸어야 한단다. 그편이 훨씬 싸지만, 그만큼 효능은 떨어진다. 애석하게도 늘 이런 식이다. ― 처음 발상은 좋았지만 그 후의 일들이 비도덕적이라 결국 결과물은 수다스러운 광고로 그럴싸하게 포장된, 별 효능이 없는 제품이 된다.

성분에 관심을 갖고서 시장에 나와 있는 제품들을 보고 있노라면 그때의 경험이 자주 떠오른다. 자연 속의 식물을 이용하는 것은 참 좋은 아이디어지만, 제품들이 포함하고 있는 극소의 함량을 보면 웃음만 나올 따름이다. 게다가 그 질은? 어떤 식으로 재배되고 어떤 식으로 수거했을까? 이후의 가공절차를 거치고도 여전히 그 식물이 효력을 가질까? 잘 따져볼 일이다.

예컨대 동종요법(homeopathy)은 좋은 방법이지만, 효과가 있으려면 원료를 물이나 알코올로 희석해야 한다. 하지만 공정의 효율성과 용이성을 위해 알사탕 따위에 섞는 것이 현실이다. 당연히 효능이 훨씬 떨어진다. 그런데도 그 잘난 산업적 규정이 그렇다고 한다. 효능이 떨어지든 말든 수익만 높이면 되는 것이다.

주위에 있는 알약, 비누, 화장품 등을 한번 눈여겨보라. 소듐 탈로우에이트sodium tallowate 같은 단어가 쓰여 있을 것이다. 탈로우에이트라니? 아무도 알지 못하는 이름일수록 그들에게는 더 유용하다. 그것은 반추동물을 녹여 만든 지방이다. 소의 시체에서 긁어모으면 된다. 돈도 안 든다. 시체의 쓰레기 중 쓰레기다. 사람들이 이것을 '화장품'이라는 이름으로 얼굴에 바른다. 아기용 비누는 또 어떤가! 낡은 모터를 청소할 때 쓰는 기름을 이용한다면 믿겠는가! 벨기에의 한 산업체가 이런 식으로 생산하여 수사를 받기도 했다. 그야말로 '정신'과는 거리가 멀다….

굳이 말하자면 나는 제약회사들에 크게 실망했다. 하지만 나름 노력은 해보았다. 그리고 이런 경험이 나를 또 다른 치료 영역으로 이끌었는데, 이번에는 성공할 수 있었다. 그 치료법을 나는 트람이라 부른다.

세상의 트람

　돌을 삼키고 나서 실험실 문을 열었을 때 내게 비친 세상의 모습을 앞에서 언급한 바 있다. ― 기하학적인 모양새로 암호화되어 있는 듯한 망網 위로 정보가 사방팔방 계속해서 흐르는 모습. 그 모습은 색깔과 빛이 더해졌을 뿐 내가 이미 가지고 있던 물리학적, 형이상학적인 관점과 같았다. 이 세상에 대해, 세상의 구조에 대해, 또한 내가 육신을 가진 존재로서 거기에 어떻게 참여하고 있는가에 대해, 내가 가지고 있던 관점이 육감을 통해서 실제 눈앞에 펼쳐진 것이다. 내가 그것을 어떤 식으로 내 치료법에 이용했는지를 언급하기에 앞서 이 '세상'에 대해 설명을 덧붙이고자 한다.

　우주 전체가 하나의 광활한 정보망이다. 우리의 육체도 마찬가지다. 계속해서 흐르는 정보들이 일관성을 나타내며 몸을 만들어낸다. 우리의 육체는 약 60조 개의 세포로 구성된 공간이며, 이 세포와 조직들은 자율적이다. 먹이를 한번 주어보라. 동족체 없이도 살아남을 수 있다. 그럼에도 이것들은 한 공간 속에서 특정한 규정을 따르고 있다. 우리가 매일 아침 깨어났을 때 어제와 거의 비슷한 얼굴을 하고 있도록 말이다. 이 퍼즐 조각은 죽기 전까지 깨지지 않는다.

그것만으로도 이미 굉장하지 않은가? 누구나 소수의 인원이 참가하는 모임을 주최한 경험이 있을 것이다. 그게 어디 쉽던가? 당연히 쉽지 않다. 그런데 60조 개나 되는 세포의 모임을 관리한다고 상상해보라. 매일 아침 어제와 같은 몸을 만들어내도록! 같은 외모뿐 아니라 같은 작용, 같은 신진대사, 같은 성질을 가지도록…. 이 얼마나 대단한 조화인가! 어느 오케스트라 지휘자가 이런 화음을 만들어낼 수 있겠는가? 어느 건축가가 이런 건물을 설계할 수 있겠는가? 내가 지휘자나 건축가를 들먹이는 것은 이것 또한 하나의 설계(plan)이기 때문이다. 더할 나위 없이 엄격하고도 효과적인 설계다.

어마어마하게 많은 세포들이 일관성을 유지하면서도 세밀하게 각자의 업무를 수행해내는 이유는 그것들이 하나의 설계를 따르기 때문이다. — 세상의 트람Trame(사전적으로는 씨실, 골조 등을 뜻한다. 역주), 몸의 트람…. 세포들은 48시간 만에 똑같은 모양으로 복제된 후, 전체의 설계를 따르며 제각기 활동한다. 모든 세포는 같은 설계에 따라 조직된다. 이를 두고 신비주의자들은 영혼이 강림해서 각 세포에 총체적인 설계가 복사되어 주입된다고 묘사하기도 한다. 복제 실험으로 우리가 알게 된 사실 중 하나는, 단 하나의 세포 속에 그 개체에 관한 정보 전체가 들어 있다는 점이다.

이제 우주의 보편적인 짜임새를 살펴보기로 하자. 우주는 일종의, 결정체들의 망체계처럼 구성되어 있다. 상자에다 수많은 구슬을 아무렇게나 붓고서 그 안에 손을 집어넣으면 상자 바닥에 닿을 수 있다. 이제 손을 빼고 그 상자를 흔들어보라. 흔들수록 구슬들이 제각기 적당한 자리를 차지하게 된다. 다시 말해 서로 간의 빈자리를 최대한 메우게 된다. 이제 다시 손을 상자 안에 넣어보라. 이번에는 손을 바닥에 닿게 할 수 없다. 구슬들이 결정체 망을 형성했기 때문이다. 다시 말해, 가장 밀도 높고 최대의 저항력을 가진 구조가 갖춰졌다. 이렇게 만들어진 3차원의 구조는 더 이상 움직이지 않는다. 구슬들은 나란히 정렬되었고, 그 전체 망에는 일관성이 더해져서 손은 그것을 뚫고 들어가지 못한다. 이 원리를 활용해서 집 짓는 사람들은 벽을 쌓을 때 콘크리트를 진동시켜 저항력을 증가시킨다.

물질 중에서 다른 예를 찾자면 석탄과 다이아몬드의 차이를 꼽을 수 있다. 하나는 검고, 다른 하나는 투명하다. 하나는 금방 가루가 되는 반면, 다른 하나는 가장 단단한 물질이다. 하나는 가치가 거의 없고, 다른 하나는 엄청난 가치가 있다. 이 두 물질은 어떤 연관이 있을까? 이 둘은 동일한 원소(탄소)로 구성되어 있다. 하지만 설계는 동일하지 않다. 석탄의 결정체는 홑겹의 망을 이룬다. 반면 다이아몬드의 망은 3차원적이다.

우리가 석탄을 만질 때 와닿는 기름진 느낌은 석탄과 우리 신체의 밀도 때문이다. 반면 다이아몬드는 지구상에 자연적으로 존재하는 가장 단단한 물질로서 3차원적으로 정렬되어 있다. 즉 최소의 구멍을 가지고 있다. 완전히 교정되어 있을 뿐 아니라 빛도 통과시킨다. 그래서 다이아몬드는 투명하다. 다이아몬드를 가루로 만들면 검은색 가루가 된다. 다시 말해 투명함은 물질 자체와 연관이 있을 뿐 아니라, 그 물질의 정렬 상태와도 연관이 있다.

이처럼 물질에 형태를 제공하는 것은 그 물질의 구성요소뿐만 아니라 그 물질의 설계를 명령하는 정보이기도 하다. 이런 표현도 있지 않은가? — 어떤 것에 모양(forme)을 제공한다는 것은 곧 그것에 정보를 제공하는(informer) 것이다.

예를 들어 순수한 물은 결정화의 정보를 내포하지 않는다. 비행기를 타면 조종사가 바깥 기온이 영하 50도라고 알린다. 그런데 비행기는 구름 사이를 잘도 지나고 있다. 그렇게 낮은 온도에서 어떻게 구름은 얼지 않을까? 그 이유는 구름이 순수한 물이기 때문이다. 너무도 순수해서 그런 정보조차 없는 상태다.

당신도 직접 실험해볼 수 있다. 순수한 물(예컨대 끓인 물)을 냉동실에 넣어둔다. 영하 18도 정도의 냉동고에서도 그 물은 얼지 않는다. 얼지 않은 물을 꺼내서 머리카락 한 올을 넣어보면 냉동고에서도 액체였던 물이 머리카락 한 올 때문에 순식간에 얼음으로 변한다. 머리카락이 닿는 순간, 더 이상 순수하지 않게 되어버렸기 때문이다. 머리카락에는 먼지나 광물질이 묻어 있다. 그리하여 물은 '결정체 구조를 이루라'는 명령을 받게 되었고, 그 명령에 즉각 응했다(설탕을 녹인 끈적거리는 액체에 막대기 하나를 넣어보면 이에 버금가는 현상을 볼 수 있다). 이것을 과냉각(super-cooling) 현상이라고 부른다. 이 단어를 인터넷에 쳐보면 다양한 경험을 소개하는 영상들을 볼 수 있다.

또 다른 예로, 물을 건너다가 얼어버린 말들의 일화가 있다. 이런 광경을 상상할 수 있겠는가? 어쩌면 어디선가 보았거나 들은 사람도 있을 것이다. 나폴레옹의 군대가 베레지나^{Bérézina} 강을 건너던 중에 이런 현상이 일어났다고 전해진다. 또한 1942년 레닌그라드 근처를 초토화시키던 전투를 피하려고 라도가^{Ladoga} 호수를 지나가던 야생말 떼에게도 이런 일이 일어났다고 한다. 이 두 경우 원리는 동일한데, 그게 바로 '과냉각 현상'이다. 당시 낮은 러시아의 기온에도 불구하고 물이 너무 순수해서 얼지 않고 있다가 말이 묻혀온 불순물 때문에 동물들이 피할 겨를도 없이 갑자기 얼어버린 것이다.

모든 물질은 제각기 고유한 설계를 따른다. 따라서 그 설계를 바꾸어버리면 물질도 바뀐다. 우리가 이해해야 할 더 오묘한 사항은, 이 설계가 다름 아닌 '에너지'와 연관된 정보라는 점이다.

스피커 위에 모래를 깔아놓고 스피커에서 소리가 나오게 하면, 그 소리의 진동은 모래를 특정한 모양으로 정렬시킨다. 소리를 바꾸면 그 모양도 바뀐다. 그러면 그 모양은 어디에서 나오는 걸까? 모래에서? 아니면 소리에서? 아니, 진동에서 나온다. 진동을 바꾸면 물질의 구조도 바뀐다.

모래는 쉽게 움직이기 때문에 이 현상을 볼 수 있는 좋은 예다. 하지만 다른 물질도 이와 같지 않을까? 탁자 위에 얹어놓은 휴대

전화는 벨이 울리면 진동한다. 그러면서 조금 움직이기도 한다. 누가 만지지도 않았는데 오직 진동만으로 위치가 바뀐다. 여기서 더 강한, 훨씬 더 강한 진동을 일으킨다면? 휴대전화뿐 아니라 뭔가 다른 것도 움직이게 할 수 있지 않을까?

완전히 귀가 어두운 사람이라도 특정 데시벨의 소리는 들을 수 있다. 귀가 안 들리는데 어떻게 들을 수 있을까? 바로 진동 때문이다. 소리가 아주 큰 콘서트장에서는 소리가 귀로 들릴 뿐만 아니라, 갈비뼈 쪽으로도 그 진동이 와닿아 귀가 어둡건 아니건 우리는 신체적으로 소리를 느끼게 된다. 카스타피오르Castafiore(만화 〈탕탕〉에서 귀 따갑게 노래 부르는 여자 캐릭터. 역주)의 예도 있다. 그냥 노래를 부르는 것만으로 유리가 깨진다. 그렇다면 이런 질문을 한번 해볼 수도 있겠다. ― 그 유리는 그냥 깨진 것일까, 아니면 노래 때문에 깨진 것일까? 만일 후자라면, 깨진 유리 파편을 향해 계속 노래를 부르면 계속 깨지면서 가루가 될까? 그러고도 또 계속 부르면 아예 새로운(더 잘게 쪼개진) 형태가 나타날까?

물질에 진동을 가해 요동을 일으킬 수 있다. '태초에 말씀이 있었다.' 그렇다. 진동은 모양에 앞선다. 이것은 음악이 나오는 스피커 위의 모래에만 해당하는 설명이 아니다. '말'도 진동이다. 그렇기 때문에 '말'에는 창조력이 있는 것이다. 보이건 보이지 않건, 원자는 도처에 있다. 만일 내가 특정 설계에 맞도록 원자를 바꾸는 진동을 야기하는 뭔가를 발음할 수 있다면, 나는 창조자가 될 수 있고 뭔가를 뚝딱 창조해낼 수 있다. 다만 그러려면 원자들을 모을 수 있는, 아주 큰 소리가 필요하다. 그 소리는 단지 크기만 해서는 안 되고, 설계가 흐트러지지 않도록 정돈되어 있어야 한다.

여기서 우리는 연금술사가 자신의 실험실에서 모색하고 있는 '합일'의 문제로 되돌아오게 된다. — 외부의 빛이 물질 안으로 들어올 수 있도록, 그리하여 그 빛이 물질을 정화시키는 작용을 할 수 있도록 빛과 실험자 자신을 하나로 만드는 작업 말이다. 합일은 물질의 엮인 실을 풀어서 그 모든 구조가 존재하게 한 태초의 물질로 되돌린다(납에서 금으로의 변성도 여기에 포함된다). 다시 말해 태초의 벽돌로 되돌아가는 작업이다. 이것이 바로 연금술사들이 말하는 INRI(Inge Natura Renovatur Integra), 즉 '불에 의해 자연은 본연의 상태를 회복한다'의 뜻이다.

정보에 대한 이런 관념에 유의하면서 다시 '소리'로 되돌아가자. 우리가 보기에, 소리는 어떻게든 물질에 작용하여 그 결과물을 낳는다. 앞에서 우리는 강도(소리가 매우 큰 콘서트)와 순도(카스타피오르의 매우 날카로운 노랫소리)의 측면에서 소리의 힘을 살펴본 바 있다. 그런데 조화로운 소리가 만들어내는 결과는 더욱 흥미롭다. 금속을 제련할 때, 금속의 균일성을 확인하기 위해 특수망치로 금속막대를 두드려본다. 그때 그 울림이 깨지지 않고 맑다면, 그 금속은 잘 제련된 것이다. 흔히 '깨진 소리'라는 표현을 쓰기도 한다. 철도 기차 바퀴의 축도 이런 식으로 점검한다. 대장장이들은 검을 만들 때 칼날을 세우는 중간중간 모루 위에서 그 검을 두드려본다. 그때 들리는 소리가 높으면 칼날을 교정한다. 그런 식으로 작업해서 칼날을 두드렸을 때 소리가 완벽해지면 소위 '마법의 검'이 완성된 것이다. 이런 전통을 보면 기사도의 세계 또한 연금술의 세계와 마찬가지로 이 원리를 잘 파악하고 있었던 듯하다. 그도 그럴 것이, 기사들이 찾던 성배는 현자의 돌과 결코 다르지 않다.

귀가 있는 사람이라면 누구든 불협화음이 자신의 몸에 와닿는 느낌을 한 번쯤 경험해보았을 것이다. 마냥 시끌벅적한 소리만으로도 피의 흐름에 악영향을 미쳐 현기증을 일으킬 수 있다. 이것만 봐도 소리에 정보가 흐른다는 사실이 명확하지 않은가. 반대로, 완벽히 조율된 종교예식 음악들 — 인도의 만트라부터 가톨릭 미사 음악에 이르기까지 — 은 단순한 미적 기능을 넘어서는 역할을 한다. 그것은 신도들을 단합시킬 뿐만 아니라, 그들이 공통의 리듬 속에서 우주와 조화를 이루도록 해준다.

우리는 소리의 '힘'에 의해서만 영향을 받는 것이 아니다. 소리의 '조화로움'도 우리의 정렬 상태를 바꾼다. 이렇듯 소리는 감지되기 힘든 정보가 감지되는 효과를 일으키는 하나의 예다. 우리는 우주 속에서 이런 식으로 정보를 수신한다. 우리의 오감은 세상의 에너지가 우리에게로 들어오는 창문들이다. 그런 이유로 나는 제자들을 자연으로 데려가 산책하고, 공기를 마시고, 바람 소리를 듣고, 세심하게 관찰해보도록 함으로써 우리의 땀구멍 하나하나가 미세한 변화와 다채로운 정보를 느끼도록 이끈다.

하지만 지금 여기서는 책이라는 공간과 언어라는 도구에 묶여 있다. 그러니 우리가 가진 도구만이라도 한껏 활용해보자. 우리는 언어가 이 감각과 저 감각을 하나로 엮는다는 사실을 안다. 시인의 표현을 한번 음미해보라. 색깔이 대담하고, 사랑은 향을 풍기며, 고통이 삼켜진다. 아기 피부와 같은 향긋함, 오보에 소리와 같은 부드러움, 가을날 바이올린 소리의 구슬픈 흐느낌…. 우리는 이런 시적 표현들에 익숙하다. 시라는 예술이 원래 그런 것이니까! 시는 우리에게 깊은 감동을 준다. 시가 우리의 가슴속에 스며드는 이유는 그것이 오감의 통로를 서로 융화시키기 때문이다.

우리가 느끼는 감각의 진실이 바로 여기에 있다. 좀더 보기로 하자. 따뜻함과 차가움의 느낌은 촉각이라고 한다. 그런데도 우리는 다음과 같은 표현을 쓴다. '따뜻한 색깔, 차가운 색깔, 따뜻한 소리, 따뜻한 사람, 냉담한 사람….' 이런 정보들은 정확히 무슨 느낌이라고 해야 할까?

상대의 말을 잘 들어보려고 할 때 우리는 왜 입을 옴짝거리게 될까? 비슷한 예로, 할머니가 뭔가를 잘 들어보려고 하면서 안경을 똑바로 끼는 모습을 본 적이 없는가? 냄새를 맡을 수 없게 되면 왜 입맛도 싹 가셔버리는 것일까? 포크로 알루미늄 통을 긁기만 했을 뿐인데 벌써 혀에서 금속 맛이 느껴지는 경우도 있다. 특정한 기억이 왠지 씁쓸한 맛을 느끼게 하는 경우는? 빨간색으로 칠해진 방은 어쩐지 정신이 사나워서 머물기가 불편한데, 파란색으로 칠해진 방에서는 마음이 진정되던 느낌. 단지 색깔일 뿐인데 왜 그럴까? 도대체 무엇이, 어떤 감각을 통해서 우리 몸에 스며들어 흥분이나 안정감을 전하는 것일까?

계속해보자. '머릿니'라는 말만 듣고도 머리가 가렵다. 누가, 무엇이 간지럽힌 것일까? 그 단어가? 우리는 어떤 음악을 들을 때 으스스해진다. 우리의 피부에 뭔가가 와닿고 털이 쭈뼛 선다. 실제로 추운 것도 아닌데 말이다. 왜 그런 느낌이 들까? 이런 정보는 도대체 어떻게 우리에게로 오는 것일까? 어떤 감각을 통해서? 언제부터 우리는 피부로 음악을 듣게 되었을까?

말을 타는 사람이 겁을 먹으면, 말도 그것을 느끼고서 거부하는 움직임을 보인다고 한다. 이 현상을 어떻게 설명할 수 있을까? 말은 등의 털로써 감지한 것일까? 우리는 두려움을 그냥 혼자서 품고 있다고만 생각했는데, 그 두려움이 어떤 식으로 말에게 전달됐을까? 우리에게 위로가 필요할 때, 키우는 개나 고양이가 그것을 느끼고 다가와서 안기는 모습은 또 어떤가? 이 동물들은 내 기분을 어떻게 알았을까?

이 정도의 동물적 직감까지는 아니더라도, 우리는 누군가를 대면할 때 이유 없는 친근감 또는 적대감을 느끼곤 한다. 왜 그럴까? 다시 반복하지만, 이런 정보들은 도대체 어떻게 전달되는 것일까? 적대감을 전하는 사람 옆을 지날 때는 심지어 숨을 죽이기도 한다. 마치 그 사람을 느끼지 않으려고 안간힘을 쓰듯이.

다시 언어로 되돌아오자. 우리는 다른 이의 말을 듣고 수긍할 때 다음과 같은 표현을 쓴다. "그래, 무슨 말인지 알아 **들었어**." "응, 그래 **보여**." "응, 뭔가 와 **닿아**." "나도 **느꼈어**." 스스로 내뱉는 말들을 잘 살펴보라. '들린다, 보인다, 만져진다, 느껴진다…' 이 중에서 선호하는 감각이 있는가? 아니 더 엄밀히 말해서, 이런 정보들이 우리에게 도달하는 입구가 다양하게 존재한다는 사실을 인식하고 있는가? 우리의 평상적인 논리에 익숙한 어떤 특정 감각을 통해서가 아니라, 매 순간 모든 부분을 통해서 말이다. 색깔과 문자를 연결한 시인 랭보나, 음률과 색깔을 조합한 많은 음악가들처럼(리스트, 림스키 코르사코프, 메시아엔, 페트루치아니 등) 여러 감각을 조합하는 데 타고난 예술가들을 떠올려보라.

이런 예들은 수두룩하다. 감각이란 것이 세상을 향해 열린 '인식의 창'이라는 사실을 보여주는 몇몇 예들을 두서없이 나열해보겠다. 이 세상은 온갖 스펙트럼으로 존재하지만 우리는 그중 일부밖에 감지하지 못한다. 예를 들어 우리는 빨간색과 초록색이라는 정보를 구별할 수 있지만 색맹은 이 두 색깔을 구별하지 못한다. 생쥐와 똑같이 만든 모형은 우리에게 진짜 생쥐와 거의 같아 보인다. 왜냐하면 우리는 그것을 시각으로써 파악하기 때문이다. 하지만 그것을 고양이에게 주면 꿈쩍도 하지 않는다. 왜일까? 진짜 생쥐는 냄새가 향기로운 반면, 가짜 생쥐는 아무 냄새도 나지 않기에 고양이에게는 한갓 신발이나 빗자루와 다를 것이 없기 때문이다.

무한한 정보가 도처에서 영원히 흐르고 있지만, 우리는 우리 자신의 감지력에 따라 극히 적은 정보만을 인식한다. 어둠 속에 있으면 아무것도 보이지 않는다. 하지만 고양이는 훤히 내다본다. 뱀은 열기를 감지하여 나뭇잎 틈에 숨은 생쥐를 찾을 수 있고, 박쥐는 레이더로 장애물을 피할 수 있다.

한낮에 개를 데리고도 같은 실험을 해볼 수 있다. 개가 당신을 보지 못하게 하고서, 넓은 마당을 지그재그로 아무렇게나 걸어 다녀보라. 그리고 개에게 당신의 자취를 따르게 하면, 코로 냄새를 맡으며 당신이 지나간 길을 그대로 뒤따르는 모습을 보게 될 것이다. 마치 그 길에 빛이 나는 선이라도 그어져 있는 듯 말이다. 우리에게는 그 선이 보이지 않지만, 개한테는 후각적인 정보가 마치 땅에 오렌지색 네온 페인트로 그려진 선처럼 확연히 와닿는다.

이런 정보들이 도처에, 항상 펼쳐져 있다. 그러니 우리가 그것을 다 감지하지 못한다는 사실을 인정하고 좀 겸허한 태도를 취하는 편이 좋지 않을까?

돌을 삼켰을 때, 나는 개가 볼 수 있는 이런 식의 네온 빛 흔적을 경험해보았다. 에너지가 모든 곳에서, 모든 방향으로, 쉼 없이 흐르고 있었다. 인간계, 동물계, 식물계, 광물계, 그 외의 세계에서도. 그것은 중첩된 상태로 상호작용하는 우주의 영구한 설계였다.

감각은 우리에게 문을 열어준다. 그런데 특정한 문을 열기 위해서는 좀더 예리한 감각 또는 주의 깊은 상태가 요구된다. 때로는 마음까지 비워야 한다. 이와 관련해서는 '비범한 현실에 오신 것을 환영합니다' 장에서 다시 다루겠다. 당신을 익숙하지 않은 현실로 이끄는 것은 만만치 않은 과제이므로, 당분간은 이 익숙한 현실 속에 좀더 남아 있기로 하자. 대신 모든 종류의 정보들이 서로 끈끈히 이어진 상태로 우리의 모든 감각을 통과해간다는 사실을 주의 깊게 받아들이기 바란다. 우리가 그것들을 느끼지 못한다고 해도, 그것들은 우리를 통과해간다. 혹자는 이것을 '직감'이라고 부를 것이다. — '뭔가 느낌이 이상해서 저기로 가긴 싫어.' '이런 관계를 이어오는 것이 아니었는데, 처음부터 그 사람은 나를 힘들게 할 거라고 느꼈는데.' **처음의 그 느낌**을 믿었어야 했는데.'

누군가를 만날 때, 우리 자신도 모르는 사이에 엄청난 '비언어적 정보들'이 한순간에 흘러들어온다. 그래서 그 사람이 친근한지 불편한지를 직감하게 된다. 가끔은 둘 사이에 '야릇한 연금술적 반응'이 일어나 첫눈에 반하는 일도 생긴다. 그 순간 우리를 통과해가는 정보들은 상대에게서만 온 것이 아니라 우주 전체로부터 온 것이다.

소위 멘탈리스트^{mentalist}(타인의 마음을 조종하거나 알아맞히는 데 탁월한 능력이 있는 사람들. 역주)가 벌이는 게임이 이와 유사하다. 그들은 우리도 모르게 쌓여 있는, 오래되고 다양한 정보에 접근한다. 예를 들어 당신이 운전하는 모습만 보고서 그 차의 주행거리를 알아맞힐 수 있다. 왜냐하면 당신 자신이 무의식중에 그에게 정보를 제공하기 때문이다. 주행거리는 당신의 눈길이 닿을 수 있는 수천 가지 정보들 가운데 하나일 뿐이지만, 그가 당신한테 아무 숫자나 대보라고 하면 당신의 의식에는 문득 그 숫자가 떠오른다. 이런 방식으로 멘탈리스트는 마치 마법이라도 부리듯이 계기판의 숫자를 알아낸다. 사실상 이것은 마법이 아니라 일종의 속임수다 (진짜 마법은 이 열 번째 세상, 즉 평범한 세상의 평범한 도구로써는 해낼 수가 없다. 대신 아홉 번째 세상의 평범치 않은 도구로써 가능하지만, 그것에 대해서 언급하기는 아직 이르다).

어쨌든 이처럼 문이 조금만 열려도 마법이 일어난다. 작은 새가 지저귀고, 마법처럼 영혼이 반응한다. 이것은 결코 하찮은 일이 아니다. 우리에게 위안이 필요할 때 우리의 반려견도 그것을 느낀다고 말한 바 있다. 당신도 마찬가지다. 누군가에 대한 연민을 느낄 때, 당신은 감지할 수 없는 어떤 통로를 통해서 그(그들)와 소통하고 있다. 그의 슬픔이 당신에게 와닿아 '도와주고 싶다'는 마음을 북돋는다. 실제로 암묵적인 정보의 교환이 일어난다. 멀리 있는 친지의 나쁜 소식들을 예감해본 적이 없는가? 먼 곳에 있는 자식의 위험을 미리 '느꼈던' 엄마, 친구가 죽는 광경을 '보는' 악몽을 꿨다가 다음 날 정말로 그 친구가 지난밤 교통사고로 사망했다는 소식을 전해 들은 사람, 몇천 킬로씩이나 떨어져 있어도 같은 감정을 동시에 '경험하는' 쌍둥이 이야기까지. 마치 정보들이 물리적 거리와는 무관하게 오가고 있는 듯하다. 평소의 일반적인 인지 영역하고는 뭔가 다른, 하지만 엄연히 존재하는 그 무엇으로….

그렇다면 그것은 대체 무엇이고 어떻게 작용하는 걸까? 에너지일까? '에너지'라면, 그것은 우리의 세상에 어느 정도의 실질적인 영향을 미칠 수 있을까? 말도 진동일까? 좀더 나아가서, 생각도 에너지일까? 여기서 나는 못을 더 박으려 한다. 단지 말로도 물질에 영향을 미칠 수 있을까? 단지 생각만으로도 세상에 영향을 미칠 수 있을까?

나의 대답은 '그렇다'이다. 한 치도 의심할 여지(그림자)가 없다. 연금술사가 그림자를 운운할 때는 정말로 자신이 잘 아는 내용에 대해 말하는 것이니 안심해도 좋다.

19세기에 샤르코Charcot(프랑스의 뇌의학자. 1825~1893. 역주)는 다음과 같은 실험을 대중 앞에서 해보았다. 일단 최면에 걸린 사람에게, 팔에 뜨거운 촛농을 부을 테니 화상을 입게 될 것이라고 말해둔다. 실제로는 그러지 않지만 말이다. 그리고 그를 깨우면 그의 팔에는 실제로 화상의 상처와 물집이 생겨나 있다. 샤르코는 같은 실험을 이후에도 여러 번, 심지어 최면을 걸지 않고도 시도해보았다. 어떤 이에게는 불에 달궈진 동전을 팔뚝에 올리겠다고 말해놓고 마지막 순간에 몰래 보통의 동전으로 바꾸었는데, 아니나 다를까 그도 화상을 입었다. 실제로는 화상을 입을 일이 없었음에도, 그의 뇌가 겁을 먹고는 '물집을 만들어라'라는 정보를 전달했다. 정신의 힘이 육체에 작용한 것이다! 그 물집은 흐르고 있던 긴장과 충격의 결과, 즉 정보가 만들어낸 결과였다!

앞에서 나는 클리브 백스터를 만난 적이 있다고 말했다. CIA에서 일하다 은퇴한 그는 자신이 만든 거짓말 탐지기를 식물에 연결해보았다. 어느 날 통화를 하기 위해 손에 들고 있던 탐지기의 전극을 선인장 위에 그냥 두었는데, 나중에 그 기계에서 반응이 일어났음을 발견하고 몹시 놀랐다고 한다. 여러 차례의 실험 끝에, 그는 식물들이 공중에 가득한 감정에 반응한다는 결론을 내렸다. 전극이 연결된 식물의 잎사귀 하나를 태우겠다고 생각한 바로 그 순간에 탐지기의 바늘이 마구 움직이기도 했다. 마치 겁에 질린 사람에게서 나오는 것과 같은 반응이었다. 여러 달, 아니 여러 해에 걸친 실험을 통해 백스터는 실험자가 품은 의도의 좋고 나쁨에 따라 식물이 반응한다는 사실을 거듭 확인했다.

백스터의 이 실험은 주류 과학계로부터 인정받기는커녕 오히려 놀림감이 되었다. 그럼에도 그는 실망하지 않고 꾸준히 다양한 실험을 해보며 여생을 보냈다. 나도 그를 만났을 때 실험을 함께 해보았다. 선인장에 전극을 연결해두고서, 실제로 태우는 게 아니라 그냥 라이터를 꺼냈을 뿐인데도 탐지기의 바늘이 치솟는 모습을 직접 확인했다. 마치 선인장이 곧 겪게 될 파괴적인 일을 예견이라도 하는 듯했다. 바로 이런 이유로 식물을 사랑하는 사람들은 식물과 얘기를 나누는 것이 좋다고 말한다. 식물을 다룰 줄 아는 사람을 두고 '초록색 손을 가졌다'고 표현하는데, 아마도 더 깊게는 이런 뜻일 것이다. — '식물이 원하는 바를 짐작할 수 있는, 즉 식물과 정보를 나눌 줄 아는 사람.' 다시 말해 식물은 우리가 자신을 해칠지 도움이 될지, 그 의도를 미리 알 수 있다.

'의도가 중요하다'고 흔히들 말한다. 당연한 말이다. 의도가 곧 정보다. 앞에서도 '사랑을 담아' 만든 요리가 최고의 맛을 낸다고 설명한 바 있다. 사람도 '좋은 느낌'을 전하는 사람, '나쁜 느낌'을 주는 사람이 있다. 어떤 장소에서는 좋은 느낌이 들고, 어떤 장소에서는 나쁜 느낌이 든다. 그 모두가 에너지다. 비록 에너지가 어떻게 흘러가는지를 우리는 잘 알지 못하지만 말이다.

설명할 수 없는 뭔가가 존재한다는 사실을 받아들이는 것, 이해할 수 없더라도 있는 그대로의 현실을 받아들이는 것, 그것만으로도 연금술의 여정에서 보면 큰 걸음을 내디딘 셈이다. 단 한 발자국을 떼는 것도 쉬운 일이 아니다. 과학적 사고에 익숙한 사람이라면 더욱 그렇다. 나는 이것을 '겸허함의 시험'으로 본다. 사실은 이미 드러나 있다. 설령 이해하지 못하더라도 직시하고 받아들이려는 태도, 자신의 초라함을 인정하는 태도야말로 오히려 크게 성장하는 길이다. 그건 곧 다른 가능성을 향해 자신을 여는 것이니까.

샤르코나 백스터 같은 사람을 만나보지 못한 당신도 양로원에는 가봤을 것이다. 할머니들의 모습이 특별히 환해 보이는 날이 있다. 바로 미용사가 오는 날이다. 양로원에서 일하는 사람들 사이에서는 잘 알려진 현상이다. 신선하게 화장을 한 할머니는 열 살 정도는 젊어 보이고 생기가 돈다. 거울에 비친 자신의 모습이 훨씬 더 예뻐 보인다는 것만으로 육체적인 생기를 되찾는다. 류머티즘도 잠시 멎고, 평소 느끼던 다른 고통도 한결 덜어져 몸이 한결 편해진 듯 느낀다. 오직 뇌의 작용으로써 말이다.

죽어가는 사람이 가족이 도착할 때까지 버티는 현상은 또 어떤가? 육신은 거의 쇠잔한 상태이고 세포는 설계와 무관하게 제멋대로 작동하니 의사조차 아무것도 할 수 없다. 그야말로 숨이 넘어가기 직전이다. 그런데도 쇠잔한 육신이 저 멀리서 달려오고 있는 자식들을 보려고 잠시 '시간을 멈춘 듯' 보이는 현상. 어떻게 이런 일이 가능할까? 몸 전체가 망가지고 있는 와중이지만 뇌 혹은 다른 무언가가 삶을 조금 더 연장시킨다. 흔한 일이니 사람들도 별로 놀라지 않지만, 따져보면 이것이야말로 정말 기적이 아닌가? 의도의 힘은 이 정도로 강력한 것일까?

같은 맥락에서, "나는 운이 좋아"라고 말하고 다니는 사람들에 대해서도 이야기해보자. 아니, 반대로 자신은 재수 없다고 생각하는 경우를 살펴보는 편이 더 확연하겠다. "만일 건물에서 기왓장이라도 떨어진다면, 그게 꼭 나한테 떨어진다고!" 하고 말하는 사람들 말이다. 정말로 그들이 길을 걸으면 그 위로 기왓장 따위가 떨어지곤 한다. 그들은 행운을 전혀 기대하지 않는다. 아무리 그렇더라도, 그런 생각이 기왓장이 자기 자신에게 떨어지게끔 우주를 조종할 만큼의 힘을 발휘할 수 있을까? 그렇다면 혹시 행운이 찾아오는 것도 같은 작용 때문이 아닐까? 부정적인 신념이 부정적인 결과를 낳는다면, 그 반대의 경우도 마찬가지 아닐까?

나는 오늘 재수가 좋을 것이라고 마음먹은 날마다 정말로 재수가 좋다. 나는 그걸 당연하게 여기기 때문에 단지 그렇게 마음먹는 것만으로 충분하다. 예를 들어 친구들하고 바다 근처의 식당에 가서 바닷가재를 시킨다. 그러면 좀 있다가 요리사가 내게로 와서 말한다. "제가 보기에 손님의 가재가 좀 작은 것 같으니 하나 더 드릴게요." 이런 식이니 재수는 작심하기 나름이라는 것을 믿지 않을 도리가 없다.

내게 이것은 확고한 신념이다. 우리의 생각은 정말로 우리의 삶에 영향을 미칠 수 있다. 우리는 매 순간 우리의 우주를 창조하고 있다. 우리의 생각은 광활한 정보망의 일부다. 우리는 보이는 세상과 끊임없는 상호작용을 하는 동시에, 보이지 않는 세상하고도 똑같이 상호작용을 하고 있다.

한발 더 나아가서, 생각이 구체적일수록 그 목표에 이를 가능성도 커진다. 나는 항상 우리 아이들에게 이렇게 말해왔다. ─"무얼 하고 싶은지 모르면, 결국 뭘 얻게 되는지 아니? 아무것도 못 얻는단다. 뭘 원하는지를 선명하게 알아야 우주가 그것을 이루게 도와준단다."

물론 전일체와 분열체 사이에는 늘 대립이 있다. 여기저기 부딪히거나 물건들을 떨어뜨리게 되는 날이 있다. 왠지 정신이 나간 듯 느껴지는 날 말이다. 그때 당신은 주변 환경과 충돌한다. 자기 자신 속의 분열, 그리고 자신과 이 세계 간의 분리를 고통스럽게 경험한다. 그런가 하면, 반대로 모든 것이 순탄한 날도 있다. 만사가 유유히 흐르고, 물건이나 사람에 부딪히는 일도 없으며, 생각마저 또렷하고 빈틈없는 날. 이것이 바로 전일체를 경험하는 상태다. 당신의 내면이, 그리고 당신과 이 세상이 하나가 되어 있다. 연금술사가 자신의 실험실에서 그러듯이, 당신은 일상 속에서 물질들 또는 온 우주와 대화를 나누고 있다. 이렇듯 분열의 날과 조화의 날이 엎치락뒤치락하는데, 결국 조화 속에서 행복을 느낀다.

아마 당신도 이미 알고 있을 테고 나 또한 이번 장에서 노골적으로 강조했듯이, 조화의 상태란 곧 사랑의 상태다. 사랑은 오감을 강화시킨다. 어딘지도 알 수 없는 통로를 통해서 즉흥적이고도 다양한 정보를 서로 교환한다. 더욱이 단어를 능가해서 서로를 이해하게 만드는 일종의 육감의 작용도 느낀다. 잘 알려져 있듯이, 사랑을 하는 사람들은 물만 마시고도 살 수 있다. 사랑이 식욕을 잠재우는데다가 이미 '영적'으로 충분한 영양을 공급받고 있기 때문이다. 사랑은 병을 고치고, 상처를 치료하고, 잠자는 공주를 깨운다. 신비하게도, 영혼끼리 접속된 사람들은 상대방이 국경 너머 지구 저 반대편에 있어도 순식간에 정보를 주고받는다.

이 장에서 내가 언급한 사례들을 혹여 어처구니없다고 여긴다고 해도, '사랑'에 관해서만큼은 당신도 인정할 수밖에 없을 것이다. 사랑이야말로 오늘날 우리가 흔쾌히 받아들일 수 있는 유일한 신비인 듯하다. 그래서 수많은 영화와 소설들이 사랑을 주제로 삼는다. 사랑에 의해 평범했던 삶 속에서 평범하지 않은 일들이 일어나기 시작한다.

사랑은 완전한 부동, 고요, 합일을 느낄 수 있는 기회다. 그 대상은 상대방일 수도 있고, 이 세상 전체일 수도 있다. 사랑은 마법처럼 모든 것을 가진 듯한, 모든 것이 곧 나인 듯한 행복의 순간을 제공한다. 하지만 사랑할 때의 이 느낌이 유독 특별하다고 해서 그 외의 시간들이 무의미한 것은 아니다. 우리가 이 영원한 상호작용에 거의 눈 감고 있을 뿐이지 사실은 동일한 상태가 항상 지속되고 있다.

'접속'이라는 단어는 우연히 등장한 것이 아니다. 오늘날 우리는 인터넷망을 통해 무한한 네트워크에 접속한다. 이러한 그물이 곧 트람trame이다. '거미줄'이라는 뜻의 트람은 우주의 정보체계가 전산화된 것이나 다름없다.

아주 오래전에 켈트인들은 땅 밑에 선線이 있다고 믿고 곳곳에 고인돌을 만들었다. 이 돌들을 통해서 그들은 아주 먼 곳까지 빠르게 소통할 수 있었다. 이런 소통 방식은 고대 로마인들을 경악하게 했다. 자신들의 전령사보다 더 빠르니 도저히 이해할 수가 없었다. 고대 이집트인들도 이런 선을 사용했다. 그것을 '튜브 헥카tubes heka'라고 불렀는데, 여기서 헥카는 마법이라는 뜻이다.

이런 에너지 선들은 실재한다. 1920년대에는 '레이ley 선'이라고도 불렸다(당시 영국인 사진사 알프레드 왓킨스가 돌들이 놓인 곳의 지명에 '공터'를 뜻하는 접사 ley 혹은 그 파생어가 공통으로 들어 있음을 발견한 데서 유래했다).

간혹 '성스러운 흐름' 혹은 '용의 핏줄'이라는 표현을 쓰기도 하는데 나는 그냥 '세상의 선들'이라는 표현을 선호한다.

　대부분의 유명한 성지들 — 몽생미셸, 뷔가라쉬^{Bugarach} 산, 산티아고 데 콤포스텔라, 샤르트르 대성당 등 — 은 이 선들의 교차점 위에 있다. 이 성당들이 그리스도교가 생기기 훨씬 전부터 종교 예식이 행해져온 장소에 지어졌음을 잊지 말라. 모든 길은 로마로 향한다는 말은 그냥 나온 것이 아니다. 우리 눈에는 보이지 않지만, 인류가 원시시대부터 탐지해온 땅속의 에너지 줄기들이 있다. 현대적인 장비들을 활용해서 전자기장을 정확히 분석한다면 다시 그 선들을 찾을 수 있을 것이다.

　지질생물학(geobiology)을 응용하여 인간의 거주지를 연구하는 하트만^{Hartmann} 네트워크가 바로 그와 같은 시도다. 이것은 지하수 또는 광물층에 의한 지반 약화나 전기적 변화 등의 이상 현상이 우리의 신체에 어떤 영향을 미치는지를 살펴본다. 나도 이 연구에 참여한 적이 있는데, 대우주와 소우주(인체)를 가로지르는 광활한 정보망의 존재를 새삼 확인하는 기회였다.

　앞에서 베르사유 궁전 책임자와의 인연을 언급한 바 있다. 나는 그 사람을 여러 차례 만났고, 궁전과 정원도 여러 차례 방문했다. 어느 날 그가 내게 말하기를, 수 세기 동안이나 땅에 길게 패인 부분이 있어서 정원사들이 평평하게 고르려고 했는데 아무런 소용이 없었다고 한다. 마치 거기에 보이지 않는 나무의 뿌리라도 있는 듯 매번 그 형태로 되돌아온다는 것이다. 나는 그에게 애써봐야 소용이 없을 것이라고 말해주었다. 땅의 모양이 그런 것은 거기로

'선'이 지나가기 때문이라서 인간의 힘으로는 어찌할 수 없다고 말이다. 다행히 그는 내 말에 그다지 놀라는 기색을 보이지 않았다. 그게 설명이라도 된 듯, 다소 안도하는 것 같기도 했다.

나는 개인의 성공이란 '할 수 있는 일'과 '실제로 하는 일'을 어떻게 일치시키느냐에 달려 있다고 늘 생각해왔다. 우리는 각자 최고로 잘할 수 있는 일이 따로 있다. 그 일을 찾아가는 것이 바로 우리 삶의 과제다. 이윽고 세상의 트람을 인지하게 된 내가 던진 질문도 바로 그것이었다. — '그렇다면 이제 나는 이걸로 무엇을 해야 하지?'

트람을 만들다

아뎁트들은 일종의 수행으로서 '도의적인 현실참여'를 해야 하는데, 그것은 바로 인류에게 공짜로 제공할 수 있는 무엇인가를 만들어내는 일이다. 나에게는 그것이 트람을 정교화시키는 작업이었다. 나는 트람을 맨손으로 할 수 있는 치료요법으로 구현해냈다. 이 요법을 완벽하게 활용하려면 평생이 걸릴 수도 있겠으나, 그 구성만 보자면 며칠 만에 익힐 수 있는 열여섯 가지 단순한 동작들로 이루어져 있다. 이 요법의 목적은 육체적, 정신적인 모든 고통을 덜어주는 데 있다.

이 요법은 이 세상의 에너지를 사용해서 우리 육체의 자율적 흐름을 회복시킨다. 나는 이 요법을 완성하기 위해 모든 일을 그만두었고 10년 동안 현장에서 실행했다. 3만 명 이상의 환자를 다루었고, 후배들을 양성했으며, 현장을 떠날 즈음에는 두 곳의 협회에다 트람(여기서부터는 저자가 발명한 치료요법을 가리키는 단어로 쓰인다. 역주)을 사용할 권리를 맡겼다. 현재는 400명 이상의 치료사들이 트람을 일상에서 활용하고 있다.

잠시 그 배경을 설명해보겠다. 나는 지하의 실험실 생활과 직장 생활을 병행했다고 언급한 바 있다. 굳이 세부사항까지 들어가진 않겠지만, 약간만 귀띔하자면 나는 행정 업무에서 경력을 쌓은 뒤 소형 컴퓨터를 이용한 정보처리 기술에 관심을 갖게 되었다.

사람들이 컴퓨터에 대해 아는 바가 거의 없던 시절이었다. 제발 잘 작동하게 해달라고 기도를 올려야 할 만큼 컴퓨터는 도통 알 수가 없는 물건이었다. 거의 토템이나 다름없었다. 그런 상황을 짐작하게 하는 일화가 하나 있다. 나는 시스템을 구동시키는 디스켓 하나를 비서에게 맡기면서 잘 보관하라고 일렀다. 나중에 내가 디스켓을 다시 달라고 하자 비서는 자신이 얼마나 잘 보관했는지를 과시했는데, 맙소사! 절대 잃어버리지 않도록 구멍을 두 개 뚫어서 서류철에 꽉 꽂아놓은 게 아닌가!

어쨌든 나는 정보 보안업체를 세우기 위해 행정 업무를 그만두었다. 사업은 잘 되었고, 굵직한 고객층도 확보했다. 회사가 발전하면서 돈을 벌어들였다. 속세의 말로, 성공 가도에 접어들었다고나 할까? 하지만 나는 비밀스럽게 연금술을 하며 실험실에서 밤을 보내고 있었다. 낮에는 고객들을 상대하고, 밤에는 돌을 갈구하며 물질을 녹였다. 그야말로 이중적인 생활이었다. 전혀 반대되는 두 가지 생활의 평화로운 공존이었다.

그러던 어느 날, 그중 하나가 부조리해 보이기 시작했다. 낮의 생활 말이다. 당시 내 사무실은 샹젤리제의 조르주 5세 거리에 있었다. 나는 열두 명의 직원을 한자리에 모아놓고 이렇게 말했다. "저는 이제 떠날 계획이고 회사는 여러분에게 양도하겠습니다." 나는 각자의 능력에 맞게 모든 것을 나눠주었다. 그리고 날아갈 듯 행복한 마음으로 휘파람을 불며 집으로 돌아왔다. 세상의 금덩이가 모두 내 것이 된 것 같았다. 이제는 오로지 연구에만 몰두할 수 있다! 트람을 인간에게 활용하는 것, 그것이 당시 내가 실험실에서 진행하던 작업이었다. 당시는 아직 돌을 실현하지 못한 상태였다.

아내는 내가 회사를 떠났단 말을 듣고 이렇게 말했다. "그럼 이제 나한테 얹혀살겠다는 말이야?" 이 말이 나를 뒤흔들어놓았다. 나한테 이런 심한 말을 하다니. 누구나 그러하듯 나도 자유를 원했을 뿐인데! 나는 즉시 집을 나와버렸다. 빈손으로, 그리고 어디로 가야 할지 모르는 채. 하지만 두려움 한 점 없이.

그날 저녁 친구들과 저녁을 먹으면서 그 이야기를 자신만만하게 했더니 친구 한 명이 내게 물었다. "그런데 너 갈 데는 있어?" 희한하게도 그런 자문을 해보지 않았다는 사실을 그때 처음 깨달았다. 그만큼 나는 일말의 불안감도 없었다. 나는 이렇게 대답했다. "지혜로운 백성에겐 하느님이 일용할 양식을 주니까." 그랬더니 그 친구가 웃으면서 말했다. "거참, 별난 일이네. 안 그래도 나 2년 동안 외국에 나가 있게 되었거든. 자, 여기 내 아파트 열쇠 받아!" 기절초풍이라도 해야 할 노릇이었을까? 절대 아니다. 거의 불가능한 일이 일어났지만 나는 그것이 너무나 당연하게 느껴졌다.

파리의 고급 주택가에 위치한 그 아파트에는 작은 다락방이 딸려 있었다. 나는 거기에 처음으로 트람 진료실을 차렸다. 그리고 몇 주 지나자 입소문을 들은 사람들이 몰려왔고 내 일과는 진료 예약으로 꽉 채워졌다. 모든 일이 그렇게 간단히 이루어졌다. 이 제껏 내 삶에는 언제나 이런 확신의 흐름이 존재했다.

트람이란 무엇인가?

우리의 몸은 세 가지의 주요한 영역으로 이루어져 있다. — 광물 영역, 식물 영역, 동물 영역. 각 영역은 제각기 나름의 가치가 있다. 광물 영역은 정보를 저장하고 정교한 신체구조를 만든다. 예를 들어 뼛속의 칼슘은 우리 몸의 뼈대를 고정시키고, 핏속의 철분은 산소를 고정시키며, 신경전달물질은 기억을 고정시킨다. 식물 영역은 에너지를 물질로 변성시키는 기능을 한다(광합성에 관한 대목에서 언급한 바 있다). 인간의 육체에서 보면 우리의 소화기관, 즉 물질이 에너지로 바뀌는 곳이 식물 영역이다. 장내 미생물(flore intestinale: flore는 식물, 꽃을 뜻하기도 한다. 역주)이란 말도 있지 않은가. (물론 박테리아는 식물이 아니지만, 광합성을 하는 박테리아가 있음을 감안할 때 식물에 가까운 것만은 사실이다.) 그에 비해 동물 영역은 뭔가 생기를 가진 것, 즉 움직이는 것들을 가리킨다. 예를 들어 철분은 정보를 저장할 수 있지만 다른 곳으로 옮기지는 못하는데, 거기에 필요한 운송수단이 바로 혈구다. 혈구는 운송을 담당하고 메시지가 흐르게 하는 생기 있는 세포들이다.

우리의 육체는 세포들의 거대한 군집체이며, 세포들이 서로 잘

응집하려면 하나의 공통된 메시지(설계)가 순조롭게 흘러야 한다. 그래서 내가 이 요법에 '트람'이라는 이름을 붙이게 된 것이다.

양탄자를 한번 예로 들어보자. 바닥에 깔린 양탄자를 들썩이면 파동은 상하로 곡선을 그린다. 자, 그럼 돌 하나를 양탄자 위에 올려놓고 다시 흔들어보자. 돌이 그 파동을 멈추게 한다는 사실을 알 수 있다. 내가 보기에, 인간의 병이란 바로 이 돌과 같다. 전체를 아우르는 정보의 흐름을 방해하는 요인이다.

정보가 흐르지 않으면 무슨 일이 일어날까? 세포들이 전체를 아우르는 정보를 따르지 않고 제각기 활동한다. 더 이상 아무 기능도 안 하거나 제멋대로 기능하면서 육체의 흐름을 방해하기도 한다.

서양의학은 막혀 있는 부위에만 부분적으로 개입하려는 경향이 있다. 우선은 염증부터 다뤄보고, 그래도 안 되면 말을 안 듣는 세포들을 없애기 위해 수술을 한다. 반면 동양의학은 오히려 전체적으로 정보의 흐름을 원활하게 한다(예를 들어 침술학은 혈자리에 침을 놓아 에너지의 흐름을 촉진한다). 나는 이런 후자의 관점에서 출발했다.

우주의 진동은 상하 곡선을 이루며, 이것을 우리는 파동이라고 부른다. 빛, 소리, 열은 전부 파동이다. 이미 살펴보았듯이 감정 또한 파동의 성격을 띤다. 웃음, 울음, 분노 등등. 망치질을 하다가 손가락을 찧으면 그 고통이 발까지 전해진다. 우는 아기를 진정시키려고 자장가를 부를 때, 그 아기는 일종의 우주적 음률 속에 놓이게 된다. 자폐아가 왔다 갔다 하는 행동도 사람들과 단절된 소통을 대체하기 위한 움직임이다. 고양이가 그르렁거리는 소리, 잠들기 전에 두 발을 비비는 행동도 그렇다. 그 공간과 자기 자신을 조화시키기 위해서, 그 둘을 하나로 일치시키기 위해서 하는 움직임이다. 예루살렘의 통곡의 벽 앞에서 신도들이 몸을 앞뒤로 흔드는 모습도 다르지 않다. 그런 동작으로써 신의 소리를 듣는 동시에 신도 자신의 소리를 듣게끔 하는 것이다.

우리가 진정한 행복, 원초적이고도 심오한 평화를 느낀다면 그것은 무언가가 우리를 이런 태초의 진동으로 이끌었다는 뜻이다.

연금술사는 우리가 살고 있는 '기포' 밖에서는 빛이 곧바르지만 안에서는 굴곡이 생긴다고 여긴다. 물질의 저항이 빛을 휘어버리기 때문이다. 유연하고 기다란 막대기가 양 끝에 가해지는 압력에 따라 구부러지듯이 말이다. 머큐리(헤르메스)의 지팡이나 성 미카엘의 불타는 검劍은 이런 휘어짐을 나타낸다.

다시 우리의 육체 — 돌 때문에 무거워진 양탄자 — 로 돌아오자. 어떻게 해야 이 돌을 제거할 수 있을까? 간단하다. 돌의 저항력보다 더 센 힘으로 양탄자를 흔들면 된다. 이런 이유로, 이전에 내가 쓴 책《트람》은 '세상의 에너지로 치료하기'라는 부제를 달고 있다. 육체를 이 파동에 맞추는 것, 그것이 바로 육체의 불순물을 없애는 방법이고 다시 메시지가 통과하게 하는 방법이다. 정보가 잘 전달되는(informe) 육체가 곧 건강한(en forme) 육체다.

나는 트람을 가까운 친지들을 대상으로 그들의 동작이나 반응을 살피면서 실험해보았다. 우리는 3차원의 존재이니까 거기에 맞게 양탄자를 어떻게 흔들지부터 — 세 가지 축(수직, 종파, 횡파)을 기준으로 — 모색했다. 맨 먼저 혜택을 받은 사람은 바로 내 아이들과 나와 가까운 사람들이었다.

나는 저항력이 줄어든 곳에 응축된 에너지가 곧 우리 몸의 장애물이라고 보았다. 그것은 에너지 분포를 균등하지 않게 하여 몸의 한 축을 느슨하게 만들 수 있다. 압력이 이쪽은 과다하고 저쪽은 부족해지는 것이다. 과다한 쪽에서는 세포들의 움직임도 과해져서 다양한 종류의 염증이 생긴다. 반면 부족한 쪽에서는 처음에는 세포들의 활동이 약해지는데(피로, 우울, 저체온증 등), 그다음에는 세포들이 정보의 부족을 만회하기 위한 방도를 찾아나선다. 이를테면 종양 같은 형태의 자생적 시스템을 만들어낸다. 이런 현상이 일어나는 육체의 축이 곧 '개인의 축'이며, 머리에서 발까지 이어지는 축이다.

우리는 상호작용을 한다. 육체의 수평적 축을 따라 흐르는 파동에 의해서, 한 개인의 트람은 다른 사람들의 트람과도 연결되어 있다. 이것이 육체의 두 번째 축, 곧 '타인의 축'이다. 이 파동은 우리 자신을 넘어 타인에게까지 연장되면서 자연스러운 조화 또는 부조화를 만들어낸다. 우리는 이런 상태를 본능적으로 느끼고 '기운이 통한다'는 표현을 쓰곤 한다. 반대로 두 개의 트람이 서로 충돌하게 되면 불꽃이 튀는데, 우리는 이런 상태를 불쾌하거나 거북한 것으로 경험하면서 특정한 움직임으로 그것을 없애려는 시도를 하게 된다.

세 번째 축은 우리의 뒤쪽에서부터 앞쪽으로 통과해가는 것으로서, 우리와 우주 전체와의 관계를 나타낸다. 여기서도 늘 상호작용이 일어난다. 공간 또한 우리에게 지속적인 영향을 미친다.

어떤 사람들은 오라^{aura}를 보기도 한다. 나는 그것이 우리의 트람과 세상의 트람 사이에 일어나는 반응이라고 생각한다. 우리를 둘러싸고 있는 동시에 우리 안팎의 상황에 따라 색깔을 바꾸는 구름과 같은 그 무엇….

금속이나 용기 얘기는 어디 가고, 연금술이 도대체 트람의 원리와 무슨 연관이 있는지 의아해할지도 모르겠다. 하지만 결국은 같은 것이다. 나는 연금술을 통해서 트람에 도달했다. 트람은 연금술을 육체에 적용하는 일이다. 연금술의 세 가지 작업, 세 가지 원리를 떠올려보라. ─ 분리, 혼배, 그리고 빛의 통과. 트람의 동작들은 우리 몸을 분리시키고, 다시 혼합시키고, 마지막으로는 에너지가 잘 흐르게끔 해준다.

트람은 마사지가 아니다. 얼핏 기계적인 동작으로 보이지만, 이것은 자연스러운 파동이 육체에서 작용하게 한다. 마법도 아니고, 신념의 문제는 더욱 아니다. 그 증거로, 트람은 어린이와 동물에게도 잘 먹힌다. 고통스러워하는 아이나 동물을 논리로써 설득시킬 수는 없다. 확실한 효과가 있어야만 그들의 마음을 열 수 있다.

이와 관련해서 재미있는 일화가 있다. 초등학교를 다니던 아들이 운동장에서 놀다가 다쳐 양호실에서 치료를 받았는데, 그래도 계속 아프니까 이렇게 따져 물었다고 한다. "그렇게 하는 거 아니에요. 우리 아빠는 트람을 해주는데, 그걸 하면 하나도 안 아프다구요!" 이 얘기를 들었을 때, 나는 도대체 아빠가 아이에게 뭘 하는지 살펴보려고 경찰이 집에 들이닥치지나 않을까 걱정했다.

육체의 이 세 가지 축을 교정하고 조화로운 흐름을 회복시키기 위해, 나는 열여섯 가지 동작을 개발했다. 합창단이 조화롭게 노래할 수 있도록 지휘하는 것이라고 보면 된다. 각 동작은 2분 정도 걸린다. 이 동작에서 저 동작으로 바꾸는 시간까지 합하면 총 45분 정도다. 환자는 옷을 입은 채 바닥에 누우면 되는데, 치료사의 움직임이 용이하도록 적당한 높이의 마사지대가 있으면 더 좋다. 파동을 일으키는 동작에는 숨쉬기도 포함된다. 환자는 치료사의 지시에 따라 숨쉬기의 리듬과 몸의 동작을 조화시키고, 치료사도 환자와 조화를 이루며 건강한 파동을 일으킨다. 이것은 상당히 섬세한 작업이다. 치료사도 정해진 방식에 맞춰 호흡해야 한다.

연금술적으로 분석해보면, 처음 일련의 동작들(복부와 아랫부분)은 환자의 육체에서 가상의 분리를 일으킨다. 즉 흑색 작업이다. 그러면 금속처럼 몸도 '열린다.' 피부라는 껍질에 싸인 에너지가 트림에 의해 드러나고, 내부기관들이 요동치면서 감정도 꿈틀댄다. 다음으로는 발에서 머리까지 올라가는 동작들이 행해진다. 이것은 백색 작업 — 모으고 재정렬시키는 작업 — 에 해당한다. 마지막 동작들은 머리에서 이루어지는 적색 작업으로서, 정보가 저항 없이 안정적으로 육체 내부를 흘러가게 해준다.

각각의 동작들은 환자들에게 특정한 감정을 불러일으킨다(울음, 웃음, 분노 등). 첫 동작에서부터 이런 현상이 일어나기도 한다. 이때는 감정이 발산되도록 내버려두는 편이 좋다. 물론 그 외의 다른 반응들도 마찬가지다(딸꾹질, 뱃속의 꾸르륵거림 등). 그런 반응들을 분석하거나 의미를 부여할 필요는 없다. 이것은 심리치료법이 아니므로 원인을 찾아 거슬러 올라가지 않는다. 어쨌든 환자들은 대개 요동을 치게 되는데, 그러면서 "제게 대체 뭘 하신 거죠?"라는 질문을 자주 던진다. 나는 그 질문에 간결하면서도 진심을 담아 답해주라고 치료사들에게 조언한다.

만일 한 번으로 충분하지 않으면 약 한 달 동안 여러 차례 반복해야 할 수도 있다. 트람은 몸이 갖는 '일관된 도식'을 변하게 한다. 물질은 정보보다 느리기 때문에 세포들이 이 도식을 따르는 데는 시간이 필요하다. 이 요법은 아주 효과적일 뿐만 아니라 비용도 안 든다. 바로 그 이유 때문에 내가 이 치료법을 만들었다. 몸에 탈이 난다 해도 아무런 대안이 없던 아프리카 여행 경험을 발판으로.

나는 침술가 친구 한 명과 함께, 오직 손과 침만 가지고 세상에서 가장 취약한 지역으로 갔다. 물론 트람이 의학을 대체할 만한 치료법이라고 나는 주장하지 않는다. 하지만 아무것도 가지지 못한 사람들에게는 소중한 도움의 손길이 될 수 있다. 다른 치료법들과 협업한다면 더욱 좋을 테다. 예를 들어 트람은 수술 전의 준비 과정이나 수술 후의 회복 단계에 효력이 있다. 혹은 항암 치료를 받고 있는 환자의 안정을 돕고 부작용을 줄일 수도 있다.

어쨌거나 나는 내 진료실로부터 수천 킬로미터나 떨어진 아프리카 어딘가로 갔다. 도처에서 사람들이 죽어가는 데도 내가 백인이라는 이유로 뭔가 탐탁해하지 않는 분위기…. 그래서인지 정말 아무것도 더 잃을 것이 없는 처지의 사람들만이 우리에게로 왔다. 트람의 효과일까, 침술의 효과일까, 그도 아니면 믿음의 효과일까? 한두 시간이 지났을 뿐인데 환자가 토끼처럼 폴짝폴짝 뛰기까지 했다. 그 결과로 다음 날에는 200여 명이 줄을 서서 기다렸다. 마을 전체에 소문이 퍼진 것이다. 이내 우리는 그곳의 유명인사가 되어버렸다. 동네 주술사들은 투덜댔다. "도대체 무슨 짓을 하기에 우리 손님들을 다 뺏어가는 거지?" 결과적으로 우리는 그들과도 친분을 쌓게 되었다. 서로 정보를 나누고 조언을 해주는 식으로 말이다. 그렇게 나는 아프리카의 특별한 정신적 기술을 접하게 되었고, 이후 그것이 큰 도움이 되었다.

내가 일련의 트람 동작들을 개발하고 기꺼이 실험 대상이 되겠다는 사람들에게 수없이 적용해본 후에 진료실을 열었다는 이야기는 이미 앞에서 했다. 그렇게 1990년부터 2000년까지, 10년 동안 매일 열한 시간씩 일했다. 수만 명의 환자들이 나를 거쳐갔다. 그중에는 의사들도 여럿 있었다. 몇몇 의사들은 직접 트람을 전수받기도 했다. 그러나 후에 트람을 활용하고 있는지를 물어보면 그들은 이렇게 대답했다. "아뇨, 그게 그렇게 여의치 않답니다. 좀 이상하잖아요. 우리가 평소에 하는 치료법과도 맞지 않고, 어쩌면 법적으로 문제가 될 수도 있고요…."

그래서 나는 캐나다와 미국, 특히 캘리포니아에 가서 트람을 많이 가르쳤다. 그곳 사람들의 의식은 프랑스보다 훨씬 열려 있다. 샌디에이고 지역의 한 인문과학대학에서는 우울증에 대한 트람의 효과를 몇 년간 연구하기도 했다. 비공개로 진행된 연구였는데 혈액 상태, 신체기관들의 저항력, 그 외의 반응 등을 다양한 방법으로 측정하여 트람을 실행하고 난 뒤의 생리학적 변화를 확실하게 관찰할 수 있었다.

좀 전에 얘기한 아프리카 여행 당시에도 나는 파리에 진료실을 두고 있었다. 그 진료실에서 수만 명의 사람들을 만나면서 정말 다양한 인간상을 접할 수 있었고, 인간에 대해 참 많은 것을 배웠다. 온갖 부류의 사람들, 온갖 종류의 고통…. 뭔가를 이해해보려고 애쓰는 사람이 있는가 하면, 기적을 찾는 사람도 있고, 그냥 자신의 말을 들어줄 사람이 필요해서 오는 사람도 있었다. 자신의 몸을 치료하러 내게 왔지만, 사실은 그 몸을 힘들게 만드는 영혼을 치료받고자 했던 것이다.

더없이 가난한 사람과 더없이 부유한 사람, 세상의 모든 불행이 자신에게 닥친 듯 느끼는 사람…. 어떤 프로듀서의 아내라는 여인은 남편이 매달 용돈으로 고작 천만 원밖에 안 준다며 자살 충동을 호소하기도 했다. 그녀에게는 진짜 심각한 문제였다. 남편이 자신을 거지 취급한다고 느끼는 상태였으니까. 나는 자비로움도 터득했다. 비록 내가 이해할 수 없더라도, 상대방을 판단하지 말고 손을 내밀어주는 태도 말이다.

쇼비즈니스계의 사람들, 유명인들, 아프리카의 국가 원수들도 만날 수 있었다. 그들은 외교관 전용차로 나를 데리러 와서는 대사관까지 경호해주기도 했다. 고해성사도 수없이 들었는데, 나는 여전히 그 내용을 직업적 비밀로 간직하고 있다. 쉽게 상상 못할 비극이 세상에 얼마나 많은지! 나는 그냥 양탄자를 흔들기 위해 그 자리를 지키고 있었을 뿐인데!

이 요법은 대단한 성공을 거두었다. 너무 많은 진료 요청이 몰려서 나는 도저히 멈출 수가 없었다. 종일 트람만 했다. 환자를 가려서 받아야 할 정도였다. 한 달에 한 번 정도 그냥 기분을 전환하기 위해서 오는 사람들은 거절했다(물론 그런 식으로 병에 걸리기 전에 몸을 돌보려는 생각 자체는 나쁘지 않다). 그렇게라도 하지 않으면 내가 먼저 쓰러질 지경이었으니까.

나는 사람들을 행복하게 만들고 싶었고, 그 사람들이 자기 주위를 다시 행복하게 만들기를 원했다. 이것은 고귀한 빛이자 또 다른 유형의 깨어남이다. 사람들이 스스로 행복해지고, 그것을 주변에 전파하는 '지혜의 나눔.' 그런데 애석하게도 일이 꼭 그렇게 되지만은 않았다.

어떤 사람의 문제를 해결해주고 나면, 그에게 나는 신이 되어버려 자신의 모든 문제를 내가 해결해줄 것이라고 믿는다. 모든 것, 아니 아무것에나 내 의견이 필요하다면서 연락해온다. 배우자와 헤어질지 말지, 차를 살지 말지까지 물어본다. 자기가 어떤 사람을 채용해야 할지를 묻는 인사담당자도 있었다. 심지어 국가원수마저 어떤 사안에 대해 내게 자문을 구했는데, 그건 차마 내가 함부로 입 밖으로 꺼낼 수 있는 얘기가 아니다. 참으로 경악할 노릇 아닌가! 내가 하는 말의 여파가 그 사람뿐 아니라 그 사람의 주위까지 어떤 영향을 끼칠지를 생각하면 말이다. 나는 빛을 퍼트리고자 했지만, 영향력을 갖는 것은 위험한 일이었다. 그래서 신중해지는 법을 배웠고, 지금까지도 신중하려 노력하고 있다. 인터넷에 내가 무슨 말을 하면 그것이 수십만 명에게 그대로 퍼져나가니까….

아무튼 트람에 대한 이런 열광적인 반응 때문에 나는 그것을 널리 퍼트려야겠다는 생각을 굳혔다. 그래서 쓴 책이 나의 첫 저작인 《트람》이다. 그러고 나서는 후배 치료사들을 양성했다. 10년간 나름 선량하고 의미 있는 봉사를 했으니, 이제는 또 다른 분야에 기여하고 싶어졌던 것이다.

나는 사람들이 계속 이 요법의 혜택을 받을 수 있도록 협회 두 군데에 권리를 양도했다. 하나는 프랑스의 협회였고, 다른 하나는 캐나다 퀘벡의 협회였다. 그런데 일은 내 뜻대로만 진행되지 않았다. 거기서도 권력 다툼이 생겨났다. 그것은 트람의 원래 의도와 거리가 멀었으니 정말이지 실망스러운 일이 아닐 수 없었다. 나는 이 치료법을 전통에 기여하고 후손들에게 도움을 주기 위한 것으로 여겼지 한 번도 돈을 벌거나 우쭐대기 위한 수단으로 여기지 않았다. 하지만 협회의 관계자들은 내 의도를 전혀 이해하지 못했고 서로 갈라져서 싸우기 바빴다. 전문성을 강화하겠다며 치료법을 더 복잡하게 만들려는 사람도 있었다. 애초의 정신이 사라져버렸다. 그런 와중에도 여전히 기본을 지키는 치료사들이 있어서 다행이다. 그들이야말로 트람의 진정한 대변인이다.

나는 이 과정의 실패로 말미암아 또 한 가지를 깨달았다. 어떤 여정이건 거기에는 스승이 있어야 한다. 그 여정을 자기 이익을 위해 악용하려는 이들이 있으면, 그들은 그 길의 주인이 아니라 전수자일 뿐이라는 사실을 상기시켜주는 존재이자 그 길의 보증이 바로 스승이다.

어쨌든 트람은 효과가 좋았고, 지금도 마찬가지다. 다만 이제

나는 현장에서 한발 물러나서 지켜보는 관찰자가 되었다. 마치 여행을 떠나는 자식을 바라보며 행운을 빌어주는 아버지처럼. 전 세계에 400여 명의 치료사가 있고, 프랑스 협회는 웹사이트(la-trame.com)까지 만들어 운영하고 있다. 굳이 치료사가 되진 않았지만 가족을 위해 트람을 배운 사람들까지 합하면 그 수는 훨씬 더 많다. 나로서는 흐뭇할 따름이다. 트람은 건전한 방법이다. 퀘벡에서는 트람이 보험의 혜택을 받기도 한다. 적은 비용으로 더 큰 문제를 막아낼 수 있으니 좋은 일이다! 짐작하겠지만 프랑스에서는 아직 갈 길이 멀다. 그래도 많은 사람들이 트람의 효과를 경험하고는 치료사들에게 고마워한다. 뭔가 쓸모 있는 것을 남겼으니 나 역시 행복하다.

이렇게 작은 불꽃 하나를 남겨두고서, 나는 감옥의 다른 영역을 탐색하러 다시 길을 나섰다.

성경을
어떻게 읽을 것인가

어떤 이들은 책을 통해서 연금술에 빠져든다. 풀카넬리의 책을 읽고서 이런저런 상상을 해보다가, 어느 날 문득 직접 실험하기로 결심하는 식이다. 그런데 나는 아니다. 나는 처음부터 실험(labor)과 물질에 끌렸다. 그리고 한참 뒤에야 내가 해본 경험들을 책에서 확인했다. 그러다 보니 마흔 즈음이 되어 좀더 알고 싶다는 욕구가 생겼고, 오래된 문헌들을 읽으며 그 기원을 찾고자 공부했다. 옛날 문자들인 그리스어, 라틴어, 히브리어, 심지어 아람어도 좀 익혔다. 카발라를 공부하고, 성경의 여러 번역본을 서로 비교해보기도 했다. 그러면서 나는 연금술이 도처에 존재해왔음을 발견했다. 결국은 그 모든 것이 우주의 근본 원리를 밝혀내려는 작업이니 어쩌면 당연했다.

히브리어 공부는 나에게… 빛이었다. 히브리어는 정말이지 내게 새로운 등불이 되어주었다. 구약성서 속에 있는 여러 실마리들은 히브리어를 통해서만 발견될 수 있다. 그중 일부는 아예 번역이 불가능하다. 일종의 문자 놀이이기 때문이다. 그런가 하면 불량한 번역이 혼동을 일으키거나 뜻을 왜곡한 경우도 있다. 그 의미를 정확히 짚어보지 않은 채 히브리어 단어 전체를 그냥 불어식 문장 안에 번역해 넣음으로써 생겨난 문제들이 가장 흔하다. 히브리어는 오른쪽에서 왼쪽으로 읽는다. 그래서 요즘 수호의 목적으로 나오는 물건이나 책, 보석들을 보면 천사들의 이름이 거꾸로 쓰인 경우를 종종 보게 된다. 이것이 왜 문제냐면, 천사를 부르는 대신 악마를 부를 수도 있기 때문이다! 내가 흔히 말하듯, 잘 모르는 채로 마법의 힘을 사용하는 것은 백지 수표에다 서명을 하는 것이나 마찬가지다.

연금술사에게 독서는 그야말로 건설적인 일이다. 우리는 이 예술을 독려하는 수많은 정보를 책에서 발견한다. 예를 들어 예수의 탄생을 한번 살펴보기로 하자.

새의 언어로 보면, 그리스도(Christ)와 수정(cristal)은 같은 단어다. 성경에 나오는 소금도 같은 의미로 해석해볼 수 있다. '너희가 곡식 제물로 바치는 모든 예물에는 소금을 쳐야 한다. 너희가 바치는 곡식 제물에 너희 하느님과 맺은 계약의 소금을 빼놓아서는 안 된다. 너희의 모든 예물과 함께 소금도 바쳐야 한다.'(레위기 2장 13절) '모두 불 소금에 절여질 것이다.'(마르코복음 9장 49절) '너희는 세상의 소금이다. 그러나 소금이 제맛을 잃으면 무엇으로 다시 짜게 할 수 있겠느냐? 아무 쓸모가 없으니 밖에 버려져 사람들에게 짓밟힐 따름이다.'(마태오복음 5장 13절). 연금술사에게 그리스도는 황을 없앤다는 의미의 고통, 즉 열정(passion)을 극복해서 결국 빛이 통과하도록 만드는 이다.

동방박사들은 마태오복음에만 등장하는데 그 이름이 무엇이고 몇 명인지가 불분명하다. 그러나 흥미롭게도 6세기에 이르자 그들이 세 명이었고 각자 이름이 무엇이었는지까지 널리 알려지기 시작했다. 그리스도교에서 점성학이나 마술을 떠올리게 하는 이 인물들을 예수의 탄생과 결부시키고 있다는 점은 주목할 만하다. 이야기에 따르면, 특별한 일을 기다리던 페르시아의 왕이 12년마다 이처럼 점술가들을 직접 파견했다고 한다.

자, 그러면 실마리를 한번 따라가보자. 이 세 사람은 페르시아의 왕이 보냈고 가지가 다섯 개인 별 하나를 쫓아갔다. 이 별빛이 수직선을 그으며 닿는 곳의 동굴에 크리스토스Christos, 즉 유대인의 메시아가 있을 것이기 때문이다. 이 전설은 사실상 다른 세상에서 일어난 일을 우리 세상에 비추어 말해주고 있다. 세 별자리, 즉 처녀자리와 당나귀자리(이후에 게자리 혹은 가재자리로 이름이 바뀌었다)와 황소자리의 회합會合이다. 하늘의 별들을 땅에 있는 동굴에 맞추다 보니 세 별자리가 소, 당나귀, 여자로 변신했다. 머지않아 동굴마저 마구간으로 바뀌었고 양치기들도 끼게 되었다. 이처럼 예수 탄생의 묘사는 재미있게도 시대마다 신도들의 눈높이에 맞춰서 여러 번 바뀌었다. (예를 들어 베들레헴에 거주했던 예수 탄생과 관련된 인물들이 오늘날 우리가 연상하듯 파란 눈의 금발일 가능성은 거의 없다.)

머리에 월계관(laurier) — '금이 거기에 있다(l'or y est)' — 을 쓰

고서 다섯 개의 가지를 지닌 별을 따라온 이 세 동방박사의 피부색은 각각 검은색, 하얀색, 붉은색이었다. 즉 오랫동안 흑색 작업, 백색 작업, 적색 작업을 해오며 '빛'을 좇은 사람들이다. 비트리올('땅속을 방문하라. 그러면 숨겨진 돌을 발견할 것이다')이 그들에게 입김을 불어넣었고, 정말로 땅속이라고 말할 수 있는 동굴 안에 한 아기가 있었다.

이 동방박사들의 이름은 페르시아어에 의해서만 풀이될 수 있다.

제일 늙은 이는 멜키오르Melchior, 풀어보자면 마엘-아오르Mael-Aor다. '난쟁이들의 우두머리'라는 뜻으로 땅의 위력을 아는 존재다. 영적 지식을 뜻하는 '그노즈gnose'(그리스어로는 gnosis)와 난쟁이를 뜻하는 '그놈gnôme'의 유사성을 살펴보라. 예로부터 난쟁이들은 땅에 관한 한 천재들로 여겨졌고, 역사적으로도 광산에 고용되어 일하곤 했다(베네치아의 난쟁이 설화를 떠올려보라). 멜키오르는 대지처럼 흑색의 인간이며, 흐르는 시간을 상징하는 크로노스chronos와 같이 노인이다. 그는 몰약沒藥을 선물로 가져왔는데, 몰약은 시체를 보관하는 데 쓰이는 약제다. 이른바 흑색 작업, 즉 외적 죽음을 암시한다.

세 명 중 가장 젊은 이는 가스파르Gaspard다. 이란어로 풀면 '보물 지킴이'라는 뜻이다. 그는 대지의 힘을 보관하는 사람인데, 선물로 금을 가져왔다. 히브리어로 금은 '사랑' 혹은 '빛'을 뜻한다.

마지막 인물은 발타자르Balthazar인데, 풀이하면 Baal Zar이다. 즉 그는 바알Baal(신의 다른 이름)의 수호자다. 혹은 우연(hasard)의 수호자로 해석할 수도 있다. 나이로 보면 위 두 사람의 중간 정도다. 그는 향을 가져왔는데, 향은 종교 의례에서 위와 아래를 잇는 도구로 사용된다.

위와 아래의 힘을 합치시키는 것. — 즉 이 동방박사 세 명은 연금술이라는 위대한 예술을 상징하고 있다. 이들이 찾고 있는, 가지가 다섯 개인 별은 연금술사가 용기의 한가운데서 발견하는 결정체(quintessence)로서, 여기선 그리스도(Christ)로 표현되고 있다. 곧 용기 중앙의 완전한 수정(christal)이다.

그런데 이야기는 여기서 끝나지 않는다. 예수의 가족은 동방박사들이 가져온 선물을 받은 후에 상자 하나를 그들에게 건네며 이렇게 말한다. "댁에 도착하기 전까지 절대 열지 마십시오." 그런데 동박박사들은 귀가하는 길에 참지 못하고 그 통을 열게 된다. 통을 열어보니 웬 빨간 돌 하나가 있는 게 아닌가! 그들은 실망하여 돌을 우물에 던져버린다. 그러자 우물에 불이 붙는다. 그들은 잘못을 깨닫고 돌을 다시 꺼내려 하지만 이미 늦어버렸다. 그들이 가져올 수 있는 것은 그 불뿐이었다. 그들은 그 불을 들고 고향으로 돌아와서 불을 추앙하는 사람들(조로아스터교도)과 나눠 가진다. 즉 이 불에 의해 그리스도교와 조로아스터교는 하나의 빛을 공유한다고 볼 수 있다.

돌에 대한 언급은 예수 탄생 이전부터 있었다. 구약성서에서 살로몬은 돌 덕분에 사원을 지을 수 있었다. 모세의 성궤에서도 볼 수 있다. 성궤 안에는 십계명이 새겨진 석판과 신비로운 음식 만나manne가 있었고, 모세가 홍해를 가르기 위해 사용한 아론의 지팡이 위에도 이 돌이 있었다고 한다.

모세는 약속의 땅으로 향했는데, '약속의 땅'이라는 표현에서도 제1물질을 찾는다는 의미를 짐작할 수 있다. 제1물질은 빛과 가장 가까운 물질이다. 약속의 땅은 곧 하느님에게로 향하는 하나의 문이다.

한편 '만나'라는 음식 이름도 히브리어로만 이해할 수 있는 일종의 말장난이다. 만^{man}은 '의문', '물음'을 뜻한다. 출애굽기 16장 15절을 읽어보자. "이것을 보고 이스라엘 자손들은 그것이 무엇인지 몰라 이게 무엇이냐고 서로 물었다. 모세가 그들에게 말하였다. '이것은 주님께서 너희에게 먹으라고 주신 양식이다.'" 이 대목은 그들이 40년간 의문을 품고 살았다는 의미로 이해할 수 있다. 그리고 모든 의문이 풀리자 비로소 약속의 땅을 찾게 되던 것이다.

성경을 연금술사의 빛에 비추어 읽어보면, 빛을 찾아 헤매온 인간의 역사를 알게 된다. 이브가 깨물었다는, 먹으면 안 되는 그 유명한 열매만 해도 그렇다. 그것은 사과가 아니라 석류였다. 석류는 그 지역에서 훨씬 흔할 뿐 아니라 우주의 상징으로 흔히 언급되는 과일이다. 겉은 하나지만 속은 다중적이기 때문이다. 하지만 먹으면 안 된다는 말이 정말로 '앎의 나무'에 접근해서는 안 된다는 의미일까? 아니다! 접근 금지를 당한 대상은 사실 따로 있었다. 빛나는 창을 가지고 있는 날개 달린 황소 ― 이 짐승은 히브리어로 케루반^{keruban}인데, 여기에서 게루빔^{Cherubim}(지품천사)이라는 단어가 만들어졌다. 하지만 이 짐승은 날개 달리고 통통한 천사들과는 거리가 멀다 — 가 그 대상이었다. 즉 앎 자체가 금지된 것이 아니라 케루반의 접근만이 금지되었던 것인데, 이것은 엄연히 다른 의미다.

성격 속의 또 다른 죄인인 롯Loth의 아내 이야기도 살펴보자. 롯의 가족은 뒤돌아보지 말고 도망가라는 명령을 받는다. 하지만 롯의 아내는 기어코 이를 어기고 뒤를 돌아봄으로써 불복종의 첫 값으로 소금 동상이 된다. 여기서도 원래의 단어를 살펴 다르게 해석해볼 수 있다. 소금(sel)이 된다는 말을 봉인된다(sceller)는 의미로 보면, 그녀는 오히려 비밀을 간직한 존재이며 보았지만 아무 말도 하지 않았다. 소금은 봉인하는 것이니까(le sel scelle). 그녀는 하느님의 불을 고정시켰다. 소금은 불을 고정시킨다. 이것이 바로 연금술적인 설명이다. 소금으로 정신을 붙잡는 것이 연금술사의 일이다. 다시 말해 죄를 저질러 벌을 받은 것이 아니라 오히려 그 반대의 의미가 된다.

연금술사의 빛에 비추어 읽어야 할 또 다른 일화로 성 크리스토프Christophe의 이야기가 있다. 크리스토프는 그리스어로 그리스도(Christ)를 짊어지는(phorein) 사람이다. 그는 사람들을 등에 짊어지고 강을 건너는 거칠고 건장한 거인이다. 어느 날 그는 한 아이를 업고 강을 건넜는데, 아이가 너무나 무거운 나머지 그 자신도 강에 주저앉을 뻔했다. 이 아이가 바로 그리스도, 곧 빛이다. 빛은 물질에 압력을 가한다(안티몬 기름통이 얼마나 무거운지는 앞에서 이미 언급했다). 크리스토프는 아직 성인이 아니라서 빛을 통과시키지 못했는데, 자신이 짊어진 아이가 그리스도임을 알자마자 그 무게를 더 이상 느끼지 않는 은총을 받는다. 빛이 그리스도의 수정체(cristal)을 통과하고 뒤이어 크리스토프도 통과한 것이다. 교정되고 성화된 크리스토프는 계속 자신의 길을 나아갈 수 있게 된다. 그것도 전보다 훨씬 가뿐하게.

이 장에서 성경의 모든 내용을 다시 쓸 수는 없다. 하지만 새로운 조명을 좀더 비춰주기 위해서, 노아의 방주 때로 잠시 여행을 떠나 홍수에 관해 한번 살펴보겠다. 그러려면 천문학과 언어학 사이를 오가야 하니까 안전띠를 단단히 매기 바란다.

세상 곳곳에서 내려오는 전설들 중에, 아주 오래전에는 지구의 자전축이 기울어지지 않았고 달도 두 개가 떠 있었다는 이야기가 있다. 그때의 지구는 천국과 다름없이 행복한 곳이었다고 한다. 그러다가 두 개의 달 중 하나가 떨어져나가며 지구가 뒤흔들렸고 엄청난 파도가 일었다. 호주 원주민들은 이것을 '최후의 파도'라고 부르는데, 그 파도가 지구 전체를 휩쓸었다고 한다.

천문학적인 관점으로 보면 얼토당토않은 말만은 아니다. 실제로 달은 황도면(태양을 도는 지구의 궤도)에 있지 않다. 태양계 행성들은 같은 선상에 위치해 있어서 마치 하나의 수면 위에 떠 있는 공들과 같다. 하지만 달은 거기서 동떨어져 있다. 그래서 높이와 위상이 변한다. 달이 차오르는 것은 태양의 위치 때문이다. 달은 태양의 빛을 반사할 뿐 스스로 빛을 내지 않는다. 달의 상승과 하강 또한 지구의 자전축 기울기(23.26도)에 의해 달라진다.

이런 이야기를 상상해볼 수 있겠다. 지구에 계절이 존재하지 않았던 때, 즉 지구가 기울지 않았던 때가 있었다. 그때는 1년 내

내 과일이 풍성했다. 과일로 충분해서 동물들은 먹이를 찾아 옮겨 다닐 필요가 없었다. 인간도 마찬가지였다. 에덴동산처럼 말이다. 그런데 엄청난 충격이 일어났다. 지구의 축이 움직인 것이다. 그래서 생긴 첫 번째 결과는 육지가 흔들리면서 대양을 뒤흔들었다. 육지에 있는 누군가가 보기에 높이 2,000미터가 넘는 파도가 밀려온다. 참고로 말하자면, 2011년 3월 11일에 일어난 쓰나미는 파도 높이가 14미터였다.

처음엔 엄청난 고요가 세상을 덮는다. 다음으로 어떤 무거운 숨소리 같은 것이 멀리서 다가오는 듯하다. 그다음 파도의 벽이 다가오며 지평선을 덮는다. 파도의 벽에 삼켜지는 세상을 목격하게 된 사람들의 놀라움을 상상해보라. 대양에서 멀리 있던 사람들은 그 광경을 보지 못했겠지만, 굉음만큼은 선명히 들렸을 것이다. 엄청난 지진, 분출하는 화산…. 천재天災. 천국의 종말, 세상의 종말.

이 엄청난 파도가 지나간 후에 기후의 변화가 생겨났다. 지구의 축이 기울었기 때문이다. 그래서 인간은 먹이를 찾아 계절마다 이동해야 했고 동물들도 같은 상황을 맞았다. 아마 빙하기도 찾아왔을 테다. 이런 상황은 천국에서 쫓겨난 것과 다름없었다.

이 재앙은 무엇을 남겼을까? 이 사건은 인류의 역사 속에서 구전되었고, 인류의 집단 무의식 속에 '대홍수', '최후의 파도'라는 기억으로 자리 잡게 되었다. 그래서 언젠가는 잃어버린 천국을 다시 찾으리라 희망하면서 지금은 죽어라 땀을 흘리며 일하고 있는 것이다.

내가 지금부터 비밀을 밝히려고 하는 노아의 방주도 명백히 이와 같은 맥락에서 전해져온 이야기라고 볼 수 있다.

성경에 언급된 그대로를 보면, 페르시아 전설을 각색해서 짜깁기한 이야기임을 알 수 있다. 상징적인 요소들을 이해하려면 히브리어에 대해 두세 가지 정도 알아둘 필요가 있다. 원래 히브리 문자는 자음으로만 되어 있다. 예를 들어 야훼^{Yahvé}는 YHWH로 쓴다. 읽을 때는 모음을 넣게 되지만 쓸 때는 자음만 쓴다. 유대 전통주의자에게 히브리어는 사어死語, 즉 죽은 문자여서 시체나 다름없다. 그래서 《토라》를 천으로 싸서 상자에 넣어둔다. 여기서 상자는 관이고, 천은 수의를 상징한다. 책을 상자에서 꺼낼 때는 손으로 건드리지 않고, 책을 읽을 때도 특별한 막대기(yad)를 이용한다. 시체는 건드리지 않는 법이니까.

《토라》는 노래하듯이 읽는 책이다. 글에 생명을 주기 위해서 단어들 속에 숨, 즉 철자들 속에 영혼을 불어넣어야 한다. 그렇게 해야 비로소 진정한 문장이 된다. 여기서 모음은 우리를 통해 저절로 흘러나오는 하느님의 입김이다. 그래서 모음을 알지 못하면 글을 읽을 수가 없다. 구전으로 내려온 비밀스러운 모음이 기록된 문자(자음)를 보완한다.

그런데 이 비밀을 잘못 이해한 고대 그리스인들이 모음을 뜻하는 기호들을 글 속에다 집어넣었다. 예를 들어 여호와^{Jehovah}의 경우, 누군가가 YHWH를 해석하면서 끼적인 기호들이 필사자들에 의해 아예 철자 속에 포함되어 단어로 굳어진 것이다. 카발라에서는 행간을 읽을 줄 알아야 한다고 말한다. 이 말은 곧 (다른 해석을 넣지 말고) 있는 그대로만 읽어야 한다는 뜻이다. 그 문자들의 틈새를 보려면 말이다. 흰 종이 위에 검게 쓰인 문자들은 우물과도 같다. 우리는 그 우물 주위의 빛까지 봐야 한다.

기본적으로 알아야 할 또 다른 사항은, 히브리어로 단어를 만들려면 처음부터 문자들을 짝지어서 구성해야 한다는 점이다. 히브리 문자들은 짝지어서 사용된다. 마지막 사항으로, 특히 노아의 방주 이야기를 이해하기 위해서는, 히브리어에서 각 문자는 하나의 숫자에 해당하기도 한다는 사실에 주목해야 한다.

이런 사항들을 염두에 두고 성경을 다시 보기로 하자. 성경에는 방주의 크기가 정확하게 쓰여 있다. '방주의 길이는 300암마, 너비는 50암마, 높이는 30암마이다.'(창세기 6장 15절) 이 수치를 미터로 환산하면 길이가 대략 137미터, 너비가 26미터, 높이가 16미터다. 결과적으로 좀 길쭉한 배 모양이 나오기는 하지만 항해를 하기에는 그리 적절해 보이지 않는다. 노아의 방주를 재현해 놓은 대부분의 모형을 보면, 배라기보다는 거의 상자에 가깝다. 그렇다면 이 숫자들은 히브리어에서 무슨 의미를 담고 있는 것일까? 여기서 사용된 문자는 shin(300), num(50), lamed(30)이다. 이 세 가지 문자를 합하면 lachon이라는 단어가 되는데, 이것은 히브리어로 '언어'라는 뜻이다.

그렇다면 방주 안에는 무엇이 있는가? 창조의 말씀이 있다. 방주 속에서 쌍을 이루고 있는 동물들…. 왠지 상자 속에 보관된 《토라》를 연상시키지 않는가? 《토라》의 문자들도 히브리어 규칙에 따라 쌍을 이루고 있으니 말이다.

영원(Eternal)이 세상에서 언어를 빼앗아갔다. 그리고 재앙과 파멸을 내렸다. 그러니 무엇이 남았겠는가? 연금술적으로 보면, 수은(정신)을 걷어내고 나면 소금이 남는다. 그것은 정신이 결여된 소금, 황과 요동과 분노로 가득한 소금이다. 상상해보라. 엄청나게 짜고 요동치는 곳에 떠 있는 상자? 그렇다. 대양 위에 떠 있는 배다.

대홍수는 흑색 작업으로 간주된다. 이 이야기는 육지가 멀지 않았는지를 알아보려고 노아가 까마귀를 날리면서 종말에 도달한다. 까마귀는 되돌아왔고, 이는 육지가 없다는 의미였다. 그러나 노아가 다시 비둘기(백색 작업)를 날려 보냈더니 작은 올리브나무 가지를 물고 되돌아왔다. 육지가 멀지 않은 곳에 있다는 의미였다. 그리하여 비둘기는 땅이 있는 방향을 향해 사라지고, 거기에서 새로운 빛이 뿌리를 내리게 된다. 이것이 바로 대업의 완성이다.

이 이야기 속의 직사각형 방주(arche)는 진짜 배를 가리키는 말이 아니다. 인류와 하느님 사이에 놓인 다리인 무지개(arc-en-ciel) 또는 성궤(Arche d'Alliance)와 비슷한 의미로 쓰인 단어다.

잘 알려진 대천사인 성 미카엘(불어로는 생미셸이다. 역주)에 대해 알아보면서 성경 훑어보기를 이만 끝내겠다. 성 미카엘은 땅에서 군대를 이끈 장군이자 연금술적인 탐험을 해낸 인물로도 묘사되는데, Mikael을 거꾸로 읽으면 Alkemi가 된다는 점에 주목해보라.

미카엘Mikhâ'êl은 히브리어로 '하느님과 같은 이'라는 뜻이다. 그는 중용의 여정을 수호한다. 그는 마트Maât의 역할을 맡게 되는데, 마트는 세상의 균형을 담당하는 이집트의 여신이다. 마트처럼 미카엘도 저울로써 영혼의 무게를 잰다. 저울의 한쪽에는 심장, 다른 한쪽에는 날개 깃털 하나를 올려 그 영혼을 저울질한다. 심장에 감정의 무게가 실려 있지 않다면 저울은 평형을 이루며 중용의 길을 열어준다. 미카엘은 용을 처단하고 있는 전투사로 묘사되기도 한다. 하지만 그것을 진짜 싸움으로 보고 용을 악의 상징으로 여기는 것은 오류다. 실상은 성 미카엘이 용을 풀어주기 위해서, 용에게 손을 내민 것이다.

용은 아래의 불, 곧 물질 속에 갇혀 있는 빛을 나타낸다. 바로 그런 이유로 용은 불을 내뿜는 모습으로 묘사된다. 하느님이 빛나는 창과 함께 보낸 미카엘은 위에서 온 불을 상징한다. 그는 용을 죽이려는 것이 아니라 용의 두꺼운 피부를 뚫으려 할 뿐이다. 위의 빛이 아래의 빛과 서로 만날 수 있도록, 마치 비밀을 꿰뚫듯이 용을 뚫는 것이다. 이 말을 기억하라. ― '구멍을 뚫으라, 그러면 보일 것이다!' 이것은 싸움이 아니라 마주 봄, 일체가 되기 위한 의미 있는 만남(communion)이다.

용에게는 두 가지 가능성이 있다. 첫 번째는 받아들임이다. 그러면 위의 빛이 용 자신의 피부 속으로 스며든다. 이것이 일체가 되는 만남(commune union)이다. 이렇게 위의 빛이 아래의 빛을 만나게 되면 창조가 완성된다.

두 번째는 거절이다. 위의 빛이 용에게 다가오지만, 용은 그것을 거절한다. 결국 용은 바닥으로 내동댕이쳐진다. 다음의 만남이 있을 때까지. 용이 자유로워질 때까지는 성 미카엘도 자유로워질 수 없다. 그래서 감옥에서 함께 머물며 안내자 역할을 맡게 된다.

용은 숨겨진 것들에 대한 앎으로 묘사되기도 한다. 용의 색깔은 초록색이다. 여기서 색깔에 대한 이야기를 잠시 곁들일까 한다. 상징의 팔레트에서는 색깔이 무척 중요하다.

연금술적인 표현은 물론이고 일반적인 상징으로서도 초록색(vert)은 비밀의 색깔, 숨겨진 앎의 색깔, 즉 어떤 것이 거꾸로 뒤집혔을 때의 색깔을 나타낸다. 이것은 외우기도 쉽다. '거꾸로(envers)'는 '초록색으로'(en vert)라고 들린다. 새의 언어는 이 색깔과 다양한 동음어들로 톡톡히 재미를 본다. 초록색은 투명함의 상징인 유리(verre)와도 비슷하게 들린다. 빛이 거기를 통과한다(à tra-vers). 귀 기울여보라. ─ 말씀(verbe: '동사'를 뜻하기도 한다. 역주), 미덕(vertu), 진실(vérité)의 색깔. 완전히 초록색(tout vert)인 것은 곧 열림(ouvert)을 의미하기도 한다. 잠겨 있는(verrou) 것의 반대 말이다. 이런 음률이 당신에게도 들리는가? 당신은 지금 용처럼 말하는 법을 배우고 있는 중이다.

이 초록색 언어는 음유시인들에 의해서 꽃을 피운다. 음유시인(trouvère)은 메시지를 암호화하는 데 탁월한 사람들을 가리킨다는 점에서 그야말로 딱 맞는 이름이다. 그 외의 각종 은어에서도 초록색은 평범한 사람들이 찾아내기 어려운 암호를 담는 용도로 쓰여왔다. 초록색은 뽀뽀를 하면 왕자가 되는 요술의 청개구리이며, 피터 팬부터 스타워즈의 요다에 이르기까지 비밀을 간직한 수많은 인물들의 색깔이다. 괴테의 동화에 나오는 초록색 뱀도 마찬가지다. 초록색 생쥐를 노래하는 동요(La Petite Souris Verte) 역시 알 사람은 알아차리도록 암호화된, 이 위대한 예술의 모범적 사례다.

이에 비해 삼지창을 든 포세이돈처럼 악마가 전통적으로 초록색으로 묘사되었다는 사실은 널리 알려지지 않았다. 악마가 적색으로 묘사된 것은 나중의 일이다. 오랫동안 악마는 '초록색의 아버지(père-vert)' 역할 — '끔찍하다(pervers)'와 발음이 같다. 역주 — 을 해왔다. 샤르트르 대성당의 유리창에서도 이런 초록색을 볼 수 있다. 초록색은 에메랄드의 색깔인데, 루시퍼가 이마에 달고 있던 돌이 바로 에메랄드다.

자, 루시퍼에서 잠깐 멈춰보자! 문자 그대로 보면 '빛을 드는 이'라는 뜻이다. 빛의 적이어야 하는 악마에게 주어진 요상한 이름이 아닐 수 없다. 우리는 다양한 표현을 혼동해서 쓰는 경향이 있다. — 천사(ange), 악마(démon), 요괴(diable), 루시퍼Lucifer, 사탄Satan, 마왕(Belzébuth)…. 히브리어로 샤탄Shatan은 '장애'를 뜻한다. 따라서 사탄은 특정 인물을 뜻하지 않는다. 사탄은 빛의 장애다. 사탄은 그림자를 드리우는데, 이 그림자를 수호하는 이가 바로 루시퍼다. 우리는 사탄이 영원의 눈을 속였다고 추궁한다. 반면 연금술사의 역할은 우리를 빛으로 되돌아가게 하는 것이다. 바로 그런 의미에서 '근원으로의 귀환'이라는 표현을 쓰며, 곧 빛의 근원으로의 귀환이다. 즉 장애를 더 만들지 않으면서 빛이 우리를 통과하도록 하는 것이다.

루시퍼는 추락한 천사이며, 숨겨진 것에 대한 앎을 가진 천사다. 루시퍼는 이마에 에메랄드를 달고 있었지만 지상으로 떨어지면서 그 에메랄드를 잃어버렸다. 루시퍼는 물질세계 그 자체다. 물질의 3분의 1이 영혼인 이유는 루시퍼가 추락하면서 천사들의

3분의 1을 데려왔기 때문이라고 여겨진다.

문헌에는 이렇게 쓰여 있다. '시간의 종말에서는 루시퍼조차도 전일체로 되돌아가리라.' 이는 성 미카엘이 용을 찔러서 물질을 해방시키니 두 개의 불이 하나가 되는 것과 같다. 볼프람 본 에셴바흐Wolfram von Eschenbach가 13세기에 저술한 《파르치팔Parzifal》을 보면 이런 말이 있다. '영웅이 용을 찌르자 용은 피범벅이 되고, 영웅은 피로 젖은 손을 입에 갖다 대며 용의 피를 맛보는데, 그때 그는 새의 언어를 이해하게 된다.'

용은 위아래를 오가며 날아다니는 생명체다. 날개는 '비상'을 상징하고 무거운 발은 '고정됨'을 상징한다. 용은 우리에게 아주 쓸모없는 것들 속에도 빛이 숨어 있음을 가르쳐준다. 더 구체적으로는 우리 안에 내재하는 주요 장애들, 고유한 두려움들 속에 말이다. 용들과 싸워서 이기는 기사들은 항상 '두려움이 없고 나무랄 데가 없다'는 식으로 묘사된다. 그들은 곧바르고, 정련되었고, 순수하다. 그들은 두려움을 뛰어넘었기에 승리한다. 성 미카엘이 용을 무찌르는 것은 곧 우리 자신의 두려움을 무찌르는 것을 뜻한다. 우리를 땅에 붙들고 빛으로 다가가지 못하게 하는 두려움, 그것을 뛰어넘는다면 우리는 더 이상 땅에 붙들리지 않고 영성(spiritualité)을 되찾게 될 것이다. (다른 장에서 우리는 두려움과 영성이 동일한 입문 여정의 서로 다른 두 양상일 뿐임을 확인하게 될 것이다). 성 미카엘은 연금술사처럼 에고의 두꺼운 피부를 뚫고, 공포를 뛰어넘고, 암흑마저도 용서함으로써 그것을 전일체로 다시 융합시킨다.

나는 여기서 성경을 다시 읽는 데 유용한 몇 가지 실마리를 던졌을 뿐이지만, 이런 연금술적인 시각은 성경 외의 문헌과 전통들에도 적용될 수 있다. 《원탁의 기사들》에서 성배를 찾아 나서는 여정 또한 현자의 돌을 찾는 여정과 다르지 않다. 성배란 것이 결국엔 빛을 담기 위한 잔이니까. 아서Arthur 왕이나 그의 아버지 유서 팬드래곤Uther Pendragon, 요정 비비안Viviane, 마법사 멀린Merlin ─ 지빠귀 새(merle)의 언어를 할 줄 아는 자 ─ 등의 이름만 봐도 그렇다. 라블레Rabelais(프랑스의 풍자 작가. 역주)는 자신의 모든 책에 연금술적 실마리를 의도적으로 심어놓았다. 백설공주나 신데렐라, 작은 엄지공주 등 그림Grimm 형제가 펴낸 동화들 속에도 그런 실마리가 수두룩하다. 《일곱 마리의 까마귀》를 다시 한번 읽어보라. 그냥 그 자체로 연금술 이야기이며, 모든 요소가 연금술적인 상징이다. 《돈키호테》, 《어린 왕자》, 《길가메시 서사시》에 나오는 골렘(거인)들, 루이스 캐럴이 만든 《오즈의 마법사》의 세계, 에르제Hergé(만화 〈탕탕〉의 원저자. 역주)의 작품들…. 이것들을 다른 시각으로 한번 읽어보라. 여기에 다 펼쳐놓기에는 예시들이 너무나 많다. 그러니 다음 기회를 기약하고 이쯤에서 끝맺기로 한다.

★

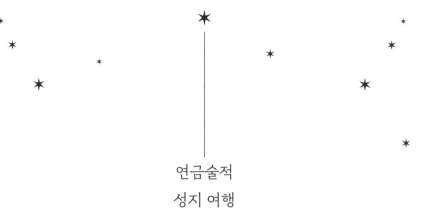

연금술적
성지 여행

이 책의 머리말에서 나 자신을 여행 안내자이자 감옥의 방문자로 소개한 바 있다. 내게는 그 역할이 잘 어울린다. 이것이 내게 주어진 등불을 들고 연금술이라는 주제를 환히 밝혀 주변에 알리는 나의 길이다.

협회들에 트람 요법을 양도한 후, 나는 진료 일을 그만두었다. 그리고 나의 연금술사 이름을 따서 오리파베르Orifaber라는 회사를 차렸다. 이 조직을 기반으로 나는 강연과 교육(하루 또는 며칠 동안의 수련), 테마별 여행을 주관하고 있다. 문화적인 정보와 실용적인 방법을 함께 아우르는 과정을 제공하려는 의도에서다. 연금술에 이끌리는 길은 수천 가지가 있다. 어떤 이는 지적 호기심으로, 어떤 이는 맛이나 좀 보려고, 또 어떤 이는 진지하게 온몸으로 체험해보기 위해 온다. 결국 동일한 지혜를 향하지만 각자 고유한 관심사와 동기가 있다. 바로 그런 이유에서 나는 접근 방식을 최대한 다양화하고 있다.

내가 하는 말은 늘 똑같다. ─ 즐겁게 사세요. 우리가 살고 있는 세상의 경이로움을 느껴보세요. 감정을 비워 요동을 없애버리세요. 일상 속에서도 정신을 무시하지 마세요. 보이지 않는 것도 받아들이세요. 부동, 고요, 합일의 상태일 때 와닿는 행복을 만끽하세요. 당신 스스로 체험해보세요. 인내심을 익히고, 겸허함도 익히세요. 기꺼이 탈바꿈하세요. 가슴에 귀 기울여보세요. 바르고 옳은 태도를 취하세요. 에고라는 악마 앞에서 주의하세요. 빛을 받아들일 준비를 하세요. 당신이 빛을 선택하는 것이 아니라, 빛이 당신을 선택하는 것이니 늘 받아들일 준비를 하세요….

연금술을 체험하려고 굳이 세상 반대쪽까지 갈 필요는 없다. 파리만 해도 연금술적인 상징에 열광하는 사람들에게는 의미심장한 탐사지다. 나는 사람들을 이끌며 이 성당 저 성당을 다닌다. 종교적인 건축물들은 수 세기 동안이나 비밀들을 숨겨놓을 수 있는, 오히려 기록물보다 더 확실한, 일종의 돌로 된 문헌이나 마찬가지다. 1229년에 시작된 가톨릭의 종교재판은 이렇게 천명한다. ─ "하느님이 물질 속에 비밀들을 심었다면, 그것은 인간이 찾아나설 일이 아니다." 다시 말해 당시 의사들이 그랬듯이 연금술사도 자신의 예술을 더는 자유롭게 향유할 수 없게 된 것이다. 사정이 이렇다 보니 연금술은 더 암호화되고 모호한 말들로 전수되어야 했는데, 그럼에도 결코 사라지지 않았다. 파리의 성당들 중에서 가장 의미심장한 곳은 생떼띠엔뒤몽Saint-Etienne-du-mont 성당이다.

팡테옹 옆, 라틴 가에 있는 이 성당이 세워진 때는 6세기이고, 이곳은 이미 그전부터 아주 오래된 수도원이 있었던 자리다. 파리의 일곱 개 언덕 중 한 곳에 위치해서, 사람들은 이곳을 생뜨즈느비에브^{Sainte-Geneviève} 산이라고 부르기도 한다.

생뜨즈느비에브는 파리를 수호하는 성인인데, 이시스^{Isis}(고대 이집트 여신. 역주)를 뒤늦게 교회에서 받아들여 만들어낸 존재이기도 하다. 당시 이시스 숭배가 널리 퍼져 있었던 까닭일까? 어마어마한 고고학적 흔적들이 여전히 남아 있는데(여전히 파헤쳐야 할 곳들도 얼마나 많은지!) 그중 한 예로 비에브르^{Bièvre} 강변에 있는 사원을 들 수 있다. 프랑수아 미테랑 전 대통령도 이 거리 부근에서 거주했었다(오컬트에 관심을 가진 정치인은 미테랑 외에도 많다.) 파리시^{Parisii} 족은 서기전 300년에 파리의 강변에서 거주하던 갈리아 족 무리의 이름이다. 이 이름의 뜻과 관련해서는 여러 가지 견해가 엇갈리는데, 나는 그중에서 파리가 이시스 숭배자들의 거주지라는 의견을 택하련다. 끌뤼니^{Cluny} 박물관에 가면, 옛날에 비에브르 강변에 있던 다리에서 나온 석재 들보에 두 마리의 코브라가 새겨져 있는 걸 볼 수 있다. 중세 프랑스의 기록을 살펴보면 코브라는 이집트를 상징했다. 더욱이 생제르맹데프레^{Saint-Germain-des-Prés} 성당에서는 이시스의 동상도 볼 수 있다.

프랑스 도처에 있는 수많은 로마식 사원들에 가보면 '1616'이라는 숫자가 새겨져 있는 것을 볼 수 있다. 그 시대에 지어진 건축물이 아닌 경우에도 그렇다. 그렇다면 이 숫자는 무슨 요상한 의미를 내포하는 것일까? 이 암호는 시각적 효과에 의해 풀린다.

6이라는 숫자를 조금 비틀어보면 대문자로 써진 이시스ISIS가 나타난다…. 어떤 곳에서는 1 위에 아예 점이 찍혀 있어서 알파벳 I라는 것을 보여주고 있기도 하다. 이런 예는 리지오Lizio(프랑스 서쪽 모르비앙 지역에 있는 도시)에 있는 생뜨까트린Sainte-Catherine 사원에서 볼 수 있다.

그런가 하면 아이를 안은 동정녀들의 동상은 호루스Horus에게 젖을 먹이는 이시스의 모습과 유사하다. 흑인 동정녀의 상 근처에 배 한 척이 묘사된 곳도 있는데, 로카마두르Rocamadour에 있는 동정녀 상이 바로 그렇다. 로카마두르는 배가 정박하기에는 바다에서 멀리 떨어진 내륙에 있다. 흑인 동정녀 상은 태양의 배 위에 있는 이시스를 가리킨다. 이런 유의 첫 동상은 435년에 장 카시앙Jean Cassien이 레바논에서 마르세유로 옮겨왔다. 그것은 호두나무로 만들어진 짙은 갈색의 동상인데 딱 고대 이집트의 양식이다. 이 동상은 마르세유에 있는 생빅토르Saint-Victor 성당에 보관되었는데, 내가 알기로 이곳은 초록색 양초로 성당을 밝히는 유일한 성당이다. 숨겨진 앎의 색깔인 초록색….

자, 생떼띠엔뒤몽 성당으로 되돌아오자. 장소의 유래가 아주 오래되었다는 것 말고도 이 성당은 의미심장한 상징을 갖고 있다. 바로 성당의 창들이다. 원래는 스물두 개의 창이 있었다. 22는 히브리어 문자의 개수이자 타로카드의 기본이 되는 수다(Tarot는 Torah를 뒤집어놓은 것 같다). 이 창들은 연금술, 즉 위대한 예술의 여러 단계를 암호화해서 드러낸다. 그것도 아주 세세하게 말이다. 각자의 눈높이에 맞추어 풀어볼 수 있으니 교육적 의미가 크다. 여기 담긴 암호를 완전히 풀어내면 책 한 권은 족히 나올 것이다. 궁금하면 직접 가서 한번 보라. 장작으로 끓고 있는 아궁이 위로 십자가에 못 박힌 그리스도가 보이고, 영성체의 빵이 나무에 박혀 있다. 이것은 연금술사가 아궁이에서 하는 작업을 보여준다. 성구聖句 상자 위에 쓰인 INRI란 약어는 두 가지 의미로 해석될 수 있다. 하나는 종교적 의미인 '유대인 나사렛의 왕 예수'(Iesus Nazarenus rex Iudaeorum)이고, 다른 하나는 '불에 의해 자연은 다시 본연의 상태가 되었다'(Igne Natura Renovatur Integra)이다. 후자는 일종의 연금술적 공식이다. 연금술사들을 '불로 맺어진 형제들'(frater igne)이라고도 부른다.

파리 노트르담 성당에 있는 '그리스도의 문'은 그 자체로 연금술의 굉장한 비밀 책자다. 문의 왼쪽 면은 전체가 연금술 작업의 철학을 보여주고, 오른쪽 면은 그에 관한 설명을 보여준다. 문 위쪽을 자세히 들여다보면, 왼편은 문이 열려 있고 오른편은 굳게 닫혀 있다. 문 양쪽으로 광기의 처녀들(vierges folles)이 들고 있는 등잔을 보면, 문 왼쪽에서는 불길이 위를 향하고 오른쪽에서는 아래를 향하고 있다. 그 전부를 풀어보려고 하면 끝이 없을 것이기 때문에, 여기서는 한 가지만 살펴보겠다. 그 유명한, 연금술사의 초록색 사자에 관해서다.

제일 먼저 살펴볼 것은 오른쪽 아래에 야릇하게 치마를 걸쳐 입은 전사의 모습이다. 그의 오른쪽 손에는 검이 들려 있고 왼쪽 손에는 사자 모양의 방패가 들려 있다. 그리고 그 옆에 있는 큰 바퀴 모양의 창에 의해 색깔이 더해진다. — 이 사자는 초록색이다.

어떻게 해석해야 할까? 전사는 호전적(martial)이다. 마르스 Mars(화성)는 전쟁의 신이고 연금술에서는 철을 상징한다. 사자는 사나운 동물이라 전사를 공격한다. 연금술사가 제1물질을 부수기 위해 필요한 것이 바로 산酸이다. 철로 산을 어떻게 만들라는 말인가? 방법이 있다. 같은 양의 철 가루와 황黃을 섞고, 그로써 얻은 황화물을 빗물에 넣는다. 그러면 노란색의 산을 얻어낼 수 있다…. 그런데 우리가 찾는 색은 초록색이 아니던가?

여기서 숨겨진 메시지를 한 번 더 해독해야 한다. 이번에는 투사가 입고 있는 치마를 세심히 살펴보기로 하자. 전사가 치마를 입고 있으니 어딘지 여성스럽다. 그래서 이번에는 구리와 관련된 여신 비너스를 떠올리게 된다. 철과 같은 방법으로, 우리는 구리를 가지고도 산을 만들 수 있다. 이것은 파란색의 산이다. ─ 그렇다. 이것이 바로 비밀이다. 노란색의 산과 파란색의 산, 화성과 금성, 남자와 여자… 이 둘을 섞어 우리는 초록색 산을 얻게 된다. 일종의 화학적인 결합(婚配)이다. 이제 당신은 연금술 책을 읽을 때 초록색 사자가 무엇을 의미하는지 이해하게 되었다.

그 밖에도 수많은 실마리가 있다. 생뗴띠엔뒤몽 성당에서 발견할 수 있는 회색 개(혹은 늑대)는 제1물질을 상징한다. 연금술사들을 춤추게 하는 당나귀 티몬(Ane Timon)은 안티몬(antimoine)의 철자를 묘하게 재배열했다. 또한 연금술사는 오렌지orange 색깔로 묘사되는데, 이는 곧 '금을 찾는 사람'(or en je)이라는 뜻이다. '즐기라'(Amusez-vous)는 '영혼이여, 닳아라'(ame usez-vous)라는 뜻이다. 이런 식으로 우리는 웃음과 빛을 발견한다! 연금술은 이토록 즐거운 여정이다.

　노트르담 성당이나 샤르트르 성당, 몽생미셸의 연금술적 상징 풀이만으로 책 한 권도 채울 수 있다. 나는 여행 안내자의 역할로서 이미 그런 작업을 한 적이 있다. 내가 조르주 꽁브와 같이 만든 일곱 편의 다큐멘터리 〈연금술 여행〉(Le Voyage Alchimique)도 기회가 되면 꼭 보기 바란다. 거기서 나는 이런 성지들을 다니면서 입문 과정을 안내했다. 나는 몽생미셸에 하도 자주 들락거린 덕에 거기서 연설을 할 기회가 있었다. 처음에 사람들은 내 말에 의아해하곤 했다. 평소 들어온 것과는 너무 달랐으니까. 그러나 시간이 지나면서 조금씩 받아들여졌다. 나한테는 아주 의미심장한 순간이었다. 몽생미셸은 나에게 그만큼 소중한 곳이다.

　여기서는 실마리를 몇 가지 꺼냈을 뿐이지만, 내가 여행 다닐 때 여행자들에게 전수하려 하는 것은 이론이 아니다. 상징을 풀어보는 것 그 이상의 체험이다. 나는 그들에게 연금술적 과정을 직접 체험해보게 한다. 단지 눈에 보이는 것을 지적으로 해석해보는 수준을 넘어서, 특정 건축물이 되었든 자연 공간이 되었든 몸으로 직접 그 장소와 생생하고 확고한 관계를 맺어보도록 말이다.

　성지나 건축물의 연금술적 암호는 단지 장식에서만 그치지 않는다. 체험하는 당사자가 그걸 인식하든 못하든 그 실마리들은 직접 몸으로 느끼면서 체험할 수 있도록 만들어져 있다. 만일 대성당 입구의 문이 북쪽으로 나 있다면, 그 이유는 빛이 덜 들게 하기 위해서다. 연금술 실습의 첫 단계는 강렬한 빛에 눈이 부시지 않도록 배려된 장소에서 이뤄져야 하니까. 어떤 문은 지나가기에 너무 낮고, 어떤 계단은 올라가기에 불편하게 만들어져 있어서 몸을 앞으로 기울여야만 한다면 그 또한 우연이 아니다. 몸을 낮추게 하도록 처음부터 의도된 것이다. 만일 별 모양의 천장이나 창 때문에 시선이 위로 끌리게 만드는 성지가 있다면, 그것은 우리가 고개를 들고 마음을 열도록 하기 위해 구상된 것이다. 건축학적으로 볼 때 별다른 의미 없는 장소에 축대가 있다면, 거기에도 알고 보면 별다른 의미가 있다. 그쪽으로 접근하지 말라는 의미 말이다.

대성당들은 그야말로 구조 하나하나가 우리가 교정되도록 고안된 일종의 장치나 마찬가지다. 우리 자신이 굳이 의도하지 않아도 그 구조가 의도하는 모양새를 저절로 취하게 된다. 단, 나름의 의미가 있을 것이라는 긍정적인 마음이 있어야 한다. 예전의 순례자들은 다 그랬지만, 오늘날은 그곳을 관리하는 사람들조차 이런 정신을 아예 무시해버린다. 모든 것에 의미가 있다. 돌에 돌을 쌓고, 역사에 역사를 다지면서 대성당 하나를 짓는 데만 한 세기가 걸리기도 하지 않는가?

내가 여행자를 모아 방문했던 베르사유 궁전의 정원에도 수많은 비밀이 있다. 장식들만 봐도, 겉으로는 왕의 권력을 찬양하는 듯하지만 은밀하게는 정신적인 여정을 묘사하고 있다. 궁전에서 정원으로 나서는 길은 세 가지가 있다. 머리 위에 다섯 개의 가지를 가진 별을 이고 있는 '낮의 점'(Point du Jour)이라는 동상에서 시작되는 길, 큰 운하 쪽의 길, 그리고 나무들이 즐비한 분수쪽의 길.

앙드레 르 노트르Andre le Notre(루이 14세 때 베르사유 궁전의 정원 책임자. 역주)는 의도적으로 세피로트 나무(생명의 나무)를 본떠 정원을 만들었다. 이 세상을 카발라의 관점으로 보려고 했을 뿐 아니라, 이런 식의 구도가 실용적이기 때문이다. 왕은 전쟁을 어떻게 치를지 고심할 때면 '앙슬라드 정원'(le bosquet de l'Encelade)으로 갔고, 평화와 조화를 모색할 때는 오각형의 분수가 있는 '돔의 정원'(le bosquet des Domes)으로 갔다고 한다. 나중에 '다른 세상들' 장에서 이와 관련된 상징적인 의미를 다시 언급하겠다.

여기서는 왕이 전통적으로 어떻게 성화되었는지만 살펴보기로 하자. 대관식에서 왕은 일곱 벌의 제의祭衣를 입고 등장하는데 옷마다 색깔이 달랐다. 그 옷들을 하나씩 벗어 마지막에는 흰색 제의만 걸치는데, 그때 성유聖油가 담긴 병을 건네받고 왕관으로 상징되는 빛의 권한을 획득한다. 그로써 왕은 손만 대면 결핵 환자가 치유되기도 하는, 즉 기적을 일으킬 수 있는 존재가 된다. 기적(miracle)이라는 단어는 어원적으로 '눈을 놀라게 한다'(etonnant a l'eoil)는 뜻이다. 기적 그 자체보다 그것의 원천에 주의를 기울이자. 왕이 일곱 가지 색깔의 베일을 벗고 빛을 받아들이며 성화되는 의례식에서도 우리는 연금술적 과정을 발견하게 된다.

나는 조상들이 남겨둔 상징들을 내가 켠 등불로 밝히면서 사람들이 성지를 맛보게 한다. 그뿐 아니라 뭔가 평소와는 다른 방식으로 나를 뒤따르게 한다. 지어져 있지 않은 문을 통과하고, 새겨져 있지 않은 것을 느껴보게 한다. 단지 공간을 여행하는 것뿐 아니라, 내가 제시하는 방식으로 시간도 여행해보게 한다. 이 묘한 경계선에서 겪게 되는 경험에 대해 이야기하려면, 우리는 여기서 또 다른 문 하나를 지나야 한다. 우리의 현실과 분리되어 있기에 보이지 않고 감지하기도 어렵지만, 우리를 기꺼이 받아들이기 위해 엄연히 존재하고 있는 또 다른 세상의 문.

두렵지 않다면, 나와 함께 그 비범한 현실 속으로 한 발짝 디뎌 보자.

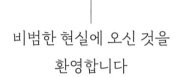

비범한 현실에 오신 것을
환영합니다

이 책에서 우리는 불가능을 콕콕 건드려도 봤고, 불도마뱀과 기원斬願에 대해서도 알아봤다. 그리고 다른 현실로 가는 문들에 대해서도 이미 언급한 바 있는데, 아직 그 문을 통과하지는 않았다.

당신이 여기까지 여정을 잘 따라와서 지금 이 대목을 읽고 있다면, 이제 당신은 준비가 되어 있다는 의미일지도 모른다. 당신은 내가 우주로 유별난 비상을 해대며 소위 깨달았다고 외치는 사람들, 시쳇말로 붕 뜬 사람들과는 거리가 멀다는 사실을 이미 파악했을 것이다. 나는 또 다른 가능성에 마음을 열기 위해 현실을 망각하지도 않고, 내 명료한 사고방식을 부인하지도 않는다. 만일 당신이 나를 치렁치렁한 긴 머리에 깃털을 달고 차크라를 간지럽히면서 당근 몇 개만 먹고 살아가는 뉴에이지의 반열로 여긴다면, 나는 참으로 기분이 언짢아질 것이다. 왜냐하면 나는 전혀 그렇지 않으니까.

그렇다. 나는 근본적으로 아주 합리적이다. 그럼에도 비합리적인 것에 열려 있다. 지적 호기심 때문이기도 하고, 경험 때문이기도 하다. 누군가 내게 이것저것을 믿느냐고 물으면 나는 이렇게 대답한다. "그것은 믿음이 아니라 사실입니다." 나는 믿음에는 관심이 없다. 믿음은 민속적인 관점이고, 나의 전문분야도 아니다. 나는 사람들에게 뭔가를 믿으라고 절대 강요하지 않는다. 오히려 그 반대다. 내가 함께 여행하는 사람들에게 늘 하는 말은 "객관성을 유지하세요, 변별력을 잃지 마세요!"이다. 그러기 위해서 어떤 가정도 하지 말라고 권한다. 나는 '분위기'를 만들어내고, 사람들에게 자신의 오감으로써 그것을 느껴보라고 제안한다. 나는 잘 믿는 사람들을 현혹하는 무당도 아니고, 잘 믿지 않는 사람들을 굴복시키는 마법사도 아니다.

다시 반복하지만, 이것은 믿음의 문제가 아니다. 나는 우리의 해석 능력 밖에 있는 뭔가를 직접 체험했다. 이름 붙일 수 없고 설명할 수 없다고 해서 그것의 존재 자체가 부정되지는 않는다. 이것은 '믿을 만하냐'가 아니라 '받아들일 수 있느냐'의 문제다. 나도 호기심이 생겨서 여기저기 훑어보았다. 실험도 해보고, 책도 읽어보고, 남의 말을 들어도 보았다. 남한테 들은 것들을 실험도 해보았다. 그렇게 뭔가를 이해했고, 이해하지 못한 것들은 그냥 받아들였다. 그런 후 알게 되었다. 내가 아직 겪지 못한 것이 많다는 사실을. 물론 당신도 마찬가지다!

나는 어릴 때 특정 종교 교육을 받지 않았다. 심령적인 교육은 더더욱 받지 않았다. 그냥 중류층의 흔한 교육을 받았을 뿐이다. 먹던 그릇은 마저 비우고, 밥 먹을 때 팔을 식탁 위에 올리지 말고, 어른들에게 인사 잘하고…. 그 정도였지 기도를 올리거나 천사를 들먹이는 일은 없었다. 미신과도 거리가 멀었다. 어린 시절 여름방학을 함께 보낸 시골의 그 할아버지만 빼고 말이다. 그렇다 보니 열두 살 때 겪었던 이상한 일화를 나는 아무에게도 이야기하지 않았다.

그때가 그러니까 오후의 막바지 무렵이었고, 개인 주택지에서 살 때였다. 나는 길에서 혼자서 놀고 있었다. 집에서 가족 모임이 있었는데 슬그머니 빠져나왔다. 저만치 구석에는 공원의 나무들이 있었다. 그런데 한순간 그쪽을 돌아보니 엄청난 크기의 그림자가 보였다. 나무 크기만 한 그림자였다! 그림자라고 표현은 했지만, 사실 내가 본 것은 투명한 무엇이었다. 투명한 머리와 몸, 그리고 쭉 늘어진 두 팔이 흔들리고 있었다. 그 그림자가 아주 큰 걸음으로 나를 향해 걸어왔는데, 마치 나무들 사이로 부는 바람처럼 스르르 움직였다. 이 나무, 저 나무의 잎들이 마구 흔들렸다. 놀라운 광경이었다.

나는 얼이 빠져서 한 2초 동안 그 광경을 바라보다가 모든 것을 포기하고 그대로 줄달음질 쳤다. 얼마나 재빠르게 뛰었는지, 만일 신발 끈이 느슨했더라면 신발 따위는 나 몰라라 하며 그 자리에 두고 왔을 것이다. 나는 집으로 들어가서 탁자 밑에 숨었다. 어찌나 겁을 먹었던지 한참을 그렇게 있었다.

나를 놀라게 한 그것은 비록 투명했지만 진짜로 존재했다. 게

다가 내가 별다른 생각을 하고 있지 않은 상태에서 갑자기 등장했다. 그냥 조용히 놀고 있었는데 그런 상황이 순식간에 닥친 것이다. 나는 그 광경을 가끔 되새기지만, 지금도 뭐라 설명할 수가 없다. 나는 그것을 '걷는 존재' 또는 '여행자'라고 부르는데, 다시 생각해봐도 정확히 무엇이었는지 모르겠다.

그리고 스무 살이 되었을 때, 그 나이에 흔한 멍청이들처럼 나도 감당할 능력도 없으면서 특별한 경험을 해보고 싶었다. 지금도 나는 사람들에게 이렇게 이야기한다. — "만일 여러분이 심령술(spiritisme)에 발을 들여놓는다면, 단순히 친구들과 해보는 점판(Ouija)일지라도, 그 순간 여러분은 보이지 않는 것들에 노출되게 됩니다. 즉 바다에 켜진 등불 같은 존재가 되는 겁니다. 그래서 뭔가가 여러분을 낚기라도 하면, 그때는 되돌릴 수가 없습니다. 별게 아닌 것 같지만 엄청난 일이 될 수도 있습니다."

그 당시 나는 염력의 의미, 그 힘이 어떤 영향을 미치는지 전혀 알지 못했다. 그런 것을 진심으로 믿고 싶은 마음이 있었던 것도 아니다. "열일곱 살 때는 아무것도 심각하지 않다"라고 랭보가 얘기한 바 있지 않은가? 스무 살도 마찬가지다. 나는 단지 19세기의 마법에 관한 책자를 하나 발견했을 뿐이다. 이름하여 《콜랭 드 플랑시Collin de Plancy의 엄청난 사전》. 이 책의 맛깔스러운 부제목을 한번 곁들여보자. — '유령, 마법, 지옥과의 거래, 악마, 마녀, 비의秘儀 과학 등에 의해 나타나는 생명, 인물, 책, 현상, 사물의 보편적인 목록.'

나는 친구 한 명과 시골의 어느 헛간에 가서 이 책에 실린 대로 기원을 하나 올려보기로 했다. 그냥 좀 으스스함을 즐기며 낄낄거리려는 의도였을 뿐이다. 그런데 웃음은 이내 멎어버렸다. 밖이 어둑해진 시간이었고, 우리는 '저주' 하나를 빌었다. 그러자 우리 주변에 있던 짚단 위로 발자국이 생겨났다. 우리 둘 다 분명히 보았다. 발자국은 우리에게로 다가왔고, 우리는 책을 집어던지고는 '걸음아, 나 살려라' 하며 냅다 뛰었다. 하지만 거기서 끝난 것이 아니었다. 도망가는 내내 뭔가가 우리를 따라오고 있다는 느낌을 떨쳐버릴 수가 없었다. 단지 느낌만은 아니었다. 마을의 건물들에는 빗물받이가 달려 있었는데 우리가 달리고 또 달리는 동안 '우지지직' 하는 소리가 들렸고, 어떤 쇳덩어리에 의해 빗물받이가 부서지는 모습을 실제로 보았다!

나는 사람들에게 늘 강조한다. "다시 닫지 못할 문은 열지도 마세요!" 문을 여는 방법은 책이나 인터넷 같은 데서도 쉽게 찾을 수 있다. 하지만 어떻게 닫는지까지 살펴보는 일은 드물다. 도대체 무슨 일이 일어나는 것일까? 이해할 수 없는 일은 감당할 수도 없다.

세상을 떠난 삼촌이나 고모를 부르며 잔이나 탁자를 돌릴 때면 누군가가 대답을 해오는데, 그것이 정말 삼촌이고 고모일까? 죽은 사람은 귀신이 되어 이 세상을 떠도는 것이 아니라 자신의 길을 간다. 저세상으로 가거나 다시 태어난다. 행여 그들이라고 해도 이전에 알던 그대로는 아니다. 하물며 나폴레옹이나 클레오파트라면 오죽하겠는가? 진짜 그들이 아니라면 도대체 누가 대답을 하는 것일까? 도대체 왜?

나는 우리 눈에 보이지 않는 존재들이 있다고 생각한다. 우리가 못 본다고 해서 그들이 존재하지 않는 것은 아니다. 예를 들어 아이슬란드에서는 숨어 사는 종족인 후들포크^{Huldufolk}에 대해서 얘기할 때 그냥 웃어넘기지 않는다. 국민의 절반 이상이 그 존재가 정말 있다고 확신하고 있을 정도다. 심지어 근간에 정부에서 진행하던, 알프타네스^{Alftanes}와 레이캬비크^{Reykjavik}까지의 반도를 잇는 고속도로 건설이 엘프 보호자들의 저지로 중단되기도 했다. 처음 있는 일이 아니다. 이 조그만 종족은 그만큼 사람들의 일상 깊숙이 들어와 있다.

　프랑스에서는 이 정도까지는 아니지만, 내가 휴가를 보냈던 지역인 르 로$^{le\ Lot}$의 수이악^{Souillac} 근처에서 한때 흥미로운 일이 있었다. 고속도로 건설 계획이 세워졌는데, 공사 지역 중에 '거긴 절대 건드리면 안 된다. 재앙이 생길 수 있다!'라고 옛날부터 전해지던 곳이 포함되었다. 물론 공직자 중 누구도 귀 기울이지 않았다. 그런데 이상한 일들이 일어났다. 공사가 진행되는 동안 땅이 갈라지고, 기계들이 그 속으로 빠져들어갔다. 지질학자들을 불렀지만 그들도 원인을 찾지 못했다. 결국 기계가 여덟 번이나 망가지고 나서야 공사는 중단됐다. 이런 이야기들은 수두룩하다.

　숲을 거닐 때 동물들이 눈에 잔뜩 보이는가? 아니다. 안 보인다. 분명 거기에 있을 텐데 말이다. 소리를 죽여 아주 사뿐사뿐 움직여도 마찬가지다. 그러니 키가 25센티미터 정도밖에 안 되고 아주 영리하기까지 한 종족이라면 어떻겠는가? 우리는 그들을 볼 수 없다. 그들이 먼저 우리를 만나기를 원하거나 정말 우연히 마주치는 일이 생기지 않는 이상은.

입체 그림(국내에서는 '매직 아이'라는 책으로 널리 알려졌다. 역주)을 볼 때를 생각해보라. 2차원 무늬를 이런 식 저런 식으로 바라보고 있노라면 3차원의 어떤 형상이 (흐릿한 덩어리로) 나타난다. 이 3차원 이미지는 원래부터 거기 있지만 우리가 평상시 보는 방식으로는 보이지 않는다. 이것을 보기 위해서는 특별한 응시법을 따라야 한다. 오라를 볼 수 있는 사람들도 비슷한 방식을 사용한다.

이렇듯 우리의 방식이 아닌 다른 방식으로 존재하는 '보이지 않는 세상'이 있다. 그런데 우리는 그 세상을 감지하는 데 필요한 능력이 부족하거나 아예 없다. 우리가 포착하지 못하는 주파수가 있다고 해서 그게 존재하지 않는다고 말할 수는 없다.

개들은 어떤 구역 안으로 들어가지 않으려고 저항할 때 계속 그 주위를 뱅뱅 돌면서 으르렁댄다. 도대체 뭘 느낀 것일까? 고양이들도 우리 눈에는 아무것도 보이지 않는 허공에 발짓을 해대며 마치 상상 속의 나비라도 본 듯 날뛰곤 한다. 아무 이유 없이 법석을 떠는 것일까? 아니면 그들이 보는 걸 우리가 보지 못하는 것일까?

어딘가를 바라보면서 방실거리는 아기들에 대해서도 의문을 가져볼 수 있겠다. 아기는 뭔가를 본 듯 방실거리는데, 우리 눈에는 아무것도 보이지 않는다. 이럴 때 사람들은 "아기가 천사를 보고 웃는다"고 말한다. 나는 아기들이 우리보다 훨씬 많은 것을 본다고 확신한다. 그러다가 일곱 살 즈음이 되면 감기에 걸리듯 이성에 '붙잡히게' 된다. 이 세상에 안착하게 되면서 색다른 것을 보는 능력을 잃는다. 어른들도 이렇게 부추긴다. "다 큰 녀석이 동화 속에나 나올 법한 것들을 믿어서야 되겠니?" 아이들을 데리고 숲 속으로 트롤(스칸디나비아의 난쟁이 요정. 역주) 사냥을 한번 가보라. 아이들은 도처에서 트롤을 본다.

그렇다면 현실과 상상의 경계는 무엇일까? "보고 싶은 대로 보게 될 뿐"이라고 말한다면, 나는 "안 보려고 하니까 못 볼 뿐"이라고 받아칠 것이다. 심리학자들이 실행한, '지속적 부주의에 의한 맹목' 또는 '보이지 않는 고릴라'라고 불리는 실험을 인터넷에서 한번 검색해보라.

나는 '비범한 현실'이라는 보다 폭넓고 추상적인 표현을 좋아한다. 자연은 비어 있는 것을 혐오한다. 비어 있는 꼴을 못 본다. 생명이란 것이 우주가 자신의 요동을 분리시키기 위해 발견한 방법이라는 사실만 봐도, 우리는 우주가 얼마나 다채로운 생명과 움직임으로 채워져 있을지 짐작할 수 있다.

나는 수많은 세상이 동시에 공존한다고 생각한다. 그리고 대부분의 시간에는 서로를 인지할 수 없지만, 특정 존재들이 특정 시간에 문을 열고 그 경계를 오간다고 본다. 서로 교류하기 위해서 말이다.

나는 이런 존재들 중 몇몇과 소통하는 방법을 익혔다. 그들을 불러들이기도 하고 내보내기도 한다. 그들은 내게 여러 가지를 전수해주었다. 불을 다루는 방법이 그중 하나다. '불 전달자'들은 심각한 화상을 입은 환자들이 낫는 데 도움을 준다. 그게 어떻게 가능한지는 아무도 모르지만, 실제로 그렇다. 어떤 기도를 올리기만 하면 되는데, 이 힘은 환자를 차별하지 않는다. 환자가 교회를 다니든 말든 상관없으며, 환자한테 그런 작용에 대한 믿음이 전제돼야 하는 것도 아니다.

내가 활용한 것은 '세상의 트람'이다. 특히 지질생물학에서 다루는 거주지의 지질적인 문제점이나 에너지 요동을 일으킬 수 있는 지하수 흐름만을 탐지하는 것이 아니라 보이지 않는 것들까지도 살피는데, 다소 유순한 귀신부터 아주 공격적인 귀신까지 전부 여기에 포함된다. 그중에 나를 가장 놀라게 했던 경험은 프랑스 남부 생트로페Saint-Tropez 근처의 어마어마한 저택을 방문했을 때였다. 집주인이 그 집을 팔려고 내놨는데 아무도 사려고 나서지 않았다. 일단 집을 보러 오는 사람마다 그곳이 뿜어내는 괴이하고 음산한 기운을 느꼈다. 이유도 없이 덧문이 흔들리는가 하면, 알 수 없는 뭔가가 방문자들을 두렵게 만들었다. 이런 염려스러운 상황 때문에, 나에 대해 어디서 듣게 된 집주인이 좀 도와달라며 연락해왔다. 나는 부동산 중개사와 함께 그 집으로 갔다. 중개사가 열쇠를 갖고 있었다. 그는 그런 상황을 비웃으면서 나를 이상한 사람처럼 여겼다. 어쨌든 문을 열어줘야 했으니 내키지는 않지만 동행한 것이다.

나는 그곳에서 내 임무를 수행했다. 역시나 그 집에는 뭔가 아주 센 존재가 살고 있었고, 그 존재는 여태껏 그래왔듯 자신을 그냥 조용히 내버려두기를 원했다. 나는 필요한 예식을 했고, 그 녀석을 쫓아낸 뒤 그 상태로 집을 고정시켰다. 다시 말해서, 보이지 않는 보호막을 쳐주는 향으로 둘러쌌다. 그러고는 중개사와 함께 밖으로 나와 그 집을 지켜봤다. 곧 믿기지 않는 일이 일어났다. 그 녀석은 갖은 수를 써서 집 안으로 다시 들어가려고 했다. 그렇다 보니 내가 쳐놓은 향의 보호막에 마구 부딪혔다. 녀석이 눈에 보이진 않았지만, 부딪치는 소리가 하도 커서 마치 열차 사고라도 난 듯 굉음이 울려 퍼졌다. 원하는 대로 안 되니까 계속 부딪혔는데, 마치 뿔 달린 산양이 두꺼운 문을 부수려는 소리 같았다. 땅이 흔들리고 벽에는 금까지 갔다. 소리가 얼마나 컸던지, 중개사는 파랗게 질려 어쩔 줄 몰라 했다. 이제껏 그 사람만큼 새파래진 사람은 본 적이 없을 정도였다. 그는 웃음기를 싹 거두고 어찌 된 일인지 물으며 안절부절못했다. 그러다 소리가 그쳤다. 드디어 녀석이 포기하고 떠난 것이다. 이후 아무 일도 없었고, 3주 후에 집이 팔렸다. 나는 집주인에게 분명하게 일러뒀다. 그 존재는 여기가 자기 집이라 여겨 언제든 다시 올 것이니, 집을 사는 사람들에게 그 점을 분명히 얘기하라고. 하지만 집주인이 내 말을 전하지는 않았을 것이다. 이야기는 대충 이렇게 끝난다.

내게는 이런 유의 이야기가 넘쳐난다. 귀신 쫓는 것이 내 직업이 아닌데도 말이다. 바티칸의 엑소시스트 세 명 중 하나였던 친구가 있는데, 그에게서 들은 얘기는 우리의 상상을 초월한다. 가톨릭과 로마 교회는 하느님을 믿는 동시에 악마의 존재도 믿기 때문에, 영화 〈엑소시스트〉에서 벽을 마구 걸어다니는 소녀처럼 뭔가에 빙의되어 이상한 행동을 하는 신도들을 구하는 이런 사제들이 필요하다.

이처럼 혼돈의 존재들이 폭주하는 상황까지는 아니어도, 사람들을 데리고 현지답사를 다닐 때 이상한 일들을 겪곤 한다. 그것도 전혀 예상치 못한 방식으로. 파리의 페르라셰즈^{Père-Lachaise} 공동묘지에 갔을 때였다. 우리는 라신^{Racine}이라는 한 세관원(고전작가 라신과 동명이인이다)의 묘지 근처에 모여 있었다. 나는 사람들에게 그 묘지가 죽은 이들과 소통하게 해주는 장소로 유명하다고 설명해주었다. 그 묘지는 아주 작은 사원처럼 꾸며져 있고, 계단 몇 참을 갖춘 문까지 있다. 한창 설명을 하는데 누군가가 그 문으로 들어가는 모습이 보였다. 우리도 들어가보려고 그 사람이 나오기를 기다렸다. 어둑어둑해질 무렵이었는데, 한참 기다렸는데도 나오지 않았다. 안에서 무얼 하는 걸까? 결국 못 참고 들어가보니, 아무도 없었다. 그가 사라진 것이다. 그를 본 사람은 나 혼자만이 아니었다. 우리 일행은 족히 스무 명은 되었는데, 우리 모두 그가 거기로 들어가는 모습을 보았고, 언제 나오나 힐끔거렸으며, 그 안에 아무도 없다는 것까지 함께 확인했다. 그는 도대체 무엇이었을까?

내가 프랑스에서 좋아하는 지역 중 하나는 로카마두르^{Rocamadour}다. 석기시대 때부터 성지로 여겨지는 계곡이 있는 곳이다. 만일 난쟁이 요정이나 다른 보이지 않는 생명들을 만날 수 있는 곳이 있다면 바로 거기일 것이다. 나는 사람들과 그곳을 자주 방문했는데, 산티아고 순례길의 일부이기도 하다. 그도 그럴 것이, 보이지 않는 문을 통과하는 것은 순례자의 입문 과정에서 꼭 필요한 단계다. 나는 그런 문들을 알고 있고 다른 사람들도 경험해보도록 안내하는데, 이때는 사람들을 특정 상태로 이끌기 위해 전통적인 방법을 쓴다. 이미 말했듯이 문을 열 때는 대개 그 문 뒤에 뭐가 있는지 모른다. 거기서 우리가 겪은 두 가지 일화를 여기서 펼쳐보겠다.

첫 번째 이야기는 좀 공포영화스럽다. 우리는 관광객들이 뜸한 밤에 그 지역을 다시 한번 감상해보기로 하고, 검은 동정녀의 사원 맞은편에 있는 테라스에서 평온하게 별들을 바라보고 있었다. 그런데 불현듯 불쾌하면서도 강한 냄새가 코끝을 스쳤다. 내겐 익숙한 냄새였는데 좋은 징조가 아니었다. 급박감에 나의 후각을 총동원해보니, 벌써 뭔가 이상한 것이 느껴졌다. 출구로 가려면 복도를 지나가야 했다. 모두 같이 발을 떼고 있는 중에, 나는 사람들이 잘 따라오고 있는지를 보려고 뒤를 돌아봤다. 그때 복도 입구를 덮는 야릇한 실루엣을 보게 되었다. 초가 녹아내리는 모습을 하고 있는 실루엣이었다. 그것이 뭔지 감을 잡은 나는 거기에서 최대한 빨리 빠져나오려고 했다. 사람들도 내 목소리 톤이 바뀐 것을 느끼고는 다들 황급히 달렸다.

우리는 헐레벌떡 뛰어서 십자가 길까지 올라갔다. 걷기 힘들어하는 사람을 부축하기까지 하면서. 단 한 명도 거기 남겨두어선 안 되었다! 비탈길을 지날 때 뒤에서는 이제껏 들어보지 못한 이상한 신음이 났다. 불이 켜져 있는 주차장에 모두 도착하고 나서야 더 이상 아무 소리도 들리지 않는 것을 확인했다. 그 상황을 겪고 나서는, 예사롭지 않은 현실의 존재 여부에 대해 아무도 의문을 제기하지 않았다.

사실은 우리의 잘못이다. 그 장소에 너무 오래 머물러 있었다.

한 사람 한 사람 그 문을 지나가며 시간 가는 줄 모르고 진정한 입문의식을 하는 데 집중해 있다가 절벽 아래의 테라스에 모이니 벌써 저 위로 별이 보이는 시각이 되어버렸던 것이다. 너무 늦은 시각까지 그러고 있지 말았어야 했다. 동화에서처럼 분명 금기란 것이 있다. 마차가 호박으로 바뀌어버리는 때가 있는 것이다….

또 다른 경험은 바로 그 옆에 있는 알주Alzou 계곡에서였다. 우리는 옛날 풍차가 있던 자리에 있었다. 세계 어디에도 그런 풍차를 구경할 수 있는 곳은 드물 것이다. 거기서 우리는 드리아데스dryades 요정을 관찰하고 있었다. 이 요정은 바람이 없을 때도 나무를 흔들면서 허공에 나타나는 영적인 존재다.

마치 따뜻한 바람이 불기라도 하듯, 우리에게 와닿는 공기는 따사로웠다. 알주는 땅밑으로 에너지 줄기가 지나고 있는 곳이라서 지질적 특성이 강하다. 고래가 특정한 조류를 따라 움직이듯이, 이런 땅의 흐름을 따르는 존재들이 있다. 내가 알기로, 그들은 인간이란 존재에 대해 거의 아는 바가 없다. 그런데 그날 우리는 어쩌다 보니 그들 중 하나의 주의를 끌게 되었고 그는 결코 유순한 편이 아니었다.

한여름이고 오후 3시밖에 안 되었는데 갑자기 밤처럼 컴컴해졌다. 우리는 완전한 고요에 휩싸였다. 파리 한 마리도 날지 않았고, 새소리조차 들리지 않았다. 엄청난 위협이 곧 덮칠 것 같은데 그것이 자기한테 떨어지지 않도록 기도하는 것 외에 다른 방법이 없다는 느낌. 그것이 바로 그 순간 우리 모두의 느낌이었다.

내가 굳이 사람들에게 주의를 줄 필요조차 없었다. 우리 모두가 먹이가 된 듯한 느낌을 받았으니까. 인간으로 살면서 이런 기분을 느끼게 되는 경우는 아주 드물다. 우리는 3~4분간 완전히 얼어붙어 있었다. 짧은 시간이었지만 우리에게는 아주 길게 느껴졌다. 그리고 그 존재가 떠나고 나서야 새 한 마리가 다시 노래를 시작했고, 다른 새가 뒤를 이었으며, 날도 환히 밝아졌다. 다행히 우리는 무사했다. 평생 그때만큼 공포를 느껴본 적이 없다고 지금까지도 말하는 사람들이 있다.

위의 두 가지 일화는 나의 예상을 훨씬 뛰어넘는 위협이 나타났던 경우라고 할 수 있다. 반면 어떤 여행에서는 이런 존재들과의 만남이 아예 공식 일정 속에 포함되기도 한다.

우선 우리가 흔히 '정령들(élémentaux)'이라고 부르는 존재에 대해 설명해두고 싶다. 이들은 흙, 물, 공기, 불이라는 요소(élément)를 자신의 육신으로 선택한 영적 존재다. 내가 보기에는, 영혼이라는 점에서 그들도 우리와 똑같다. 다만 살과 뼈가 없는, 우리와는 좀 다른 교통수단을 선택해서 환생했을 뿐이다. 따라서 우리만큼이나 각자 개성이 있다. 거친 이도 있고, 철학적인 이도 있다. 아무튼 그들 역시 우주의 다른 형상들처럼 자신의 요동을 없애려 한다.

혹시 흘러가는 물에서 정령을 본 적이 있는가? 기름처럼 밀도가 달라 보이는 얼룩 또는 흐름을 거슬러 상류 쪽을 향하는 어떤 덩어리 같은 것 말이다. 참고로, 그것은 일종의 띠로 둘러싸여 있다. 내가 언젠가 본 것은 폭포 쪽으로 거슬러 올라가는 에메랄드빛 얼룩이었다. 만일 물이 새는 것도 아니고 할 수 있는 조치는다 했는데도 계속 집 한구석이 습하다면, 그곳에 물의 정령이 머물고 있을 가능성이 있다. 그때는 정령을 달래서 연못이나 강처럼 더 넓은 물로 옮겨가도록 하면 습기가 사라진다. 이상해 보일지 모르지만, 이것은 아주 옛날부터 행해진 의식이다.

흙의 정령은 주로 돌에 깃들곤 하는데, 특히 자기가 소통하고 싶은 대상(사람, 곰, 도마뱀 등)이 있으면 그것과 닮은 모양새의 돌을 선택하는 편이다.

불의 정령은 내가 이미 앞에서 말한 불도마뱀이다. 나는 용기를 가열할 때도 이 불의 정령을 부르고, 매년 40여 명의 사람들과 함께하는 춘분과 추분의 예식에도 부른다. 그러면 뱀과 같은 모양의 불이 참가자들의 주위에 나타나곤 한다.

공기의 요소는 실프sylphe다. 대개는 작은 숲에서만 사는데, 실베스트르sylvestre(숲의 정령)나 드리아데스dryades(나무의 정령)라고도 불린다. 사막에서 모래 회오리, 산에서 눈 회오리를 일으키는 진djinns도 여기에 속한다.

현재 서구사회는 이런 식의 믿음을 마냥 비웃기만 한다. 하지만 인류가 이런 종류의 '정신'과 멀어진 것은 그리 오래되지 않았다. 얼마 전까지만 해도 복을 불러들이기 위해 집 안에 부적을 놓고, 기둥에는 꽃다발을 걸고, 못을 십자로 교차하여 박았다. 집의 위치도 자연과 조화를 이루는 곳으로 조심스럽게 골랐다. 새 집에서 처음으로 불을 지필 때는 꼭 친지들을 불러 식사를 대접했는데, 그 집의 '정신'을 대접한다는 의미이기도 했다. 어떤 집은 그냥 기분이 편안한데, 그와 반대되는 집도 있다. 왜 그럴까? 돌풍이 불어도 꼭 특정 거리, 특정 경로만 거듭 피해를 입는다. 기상만 따져서는 설명할 수 없는 일이 일어난다. 소방대원들이 말하는 '영리한' 불처럼. 우리는 분리의 시대를 살고 있다 보니 눈에 보이지 않는 섬세한 존재들과 담을 쌓고 지낸다. 사람들은 해리포터에는 열광하면서도 번개를 번쩍이며 성내는 하늘은 믿지 않는다.

나는 이 중개자들(정령들)과 소통하는 법을 익혔고, 번개와 천둥을 만드는 법도 익혔다. '천둥 막대기'란 것을 가지고 수강생들과 함께 실습해보기도 했다. 우리는 특별히 에너지가 많은 곳에서 모였다. 퀘벡에 있는 생틸레르Saint-Hilaire 산이 딱 그런 곳이다. 그곳에 60여 명이 모였고, 날씨는 맑았다. 나는 사람들에게 미리 일러두었다. "비가 올 테니 잘 준비해서 나오세요. 하늘에 구멍이 난 듯 퍼부을 거예요." 개중에는 믿을 수 없다는 표정으로 반바지를 입고 나타난 신참도 있었다. 반면 나를 잘 알고 있는 사람들은 내 말대로 단단히 챙겨입고 나왔다.

우리는 정령들을 불러냈고, 그들은 평소보다 두 배나 더 모였다고 응답해왔다. 곧 폭풍이 일었다. 그야말로 굉장한 폭풍이었다. 나무를 쓰러트릴 만한 바람이 우리를 향해 다가왔다. 우리와 같은 곳에 묵던 사람들은 멀리서 그 광경을 바라보며 걱정했다고 한다. 그들이 있는 곳은 쨍한데 산 위만 시꺼멓게 변하고 있었으니 말이다. 라디오에서는 "기상전문가들도 이해할 수 없는 이상 현상"이라고 말했다. 사실은 우리가 그 원인이었다!

나는 이런 일을 열 번 정도 해봤다. 베르사유 궁전의 정원에서,

그것도 정원 관리자 눈앞에서 해본 적도 있다. 경비원 숙소에 습기가 차서 없애 보려고 갖은 방법을 동원해봤지만 아무 소용이 없었다고 하기에, 나는 거기에 물의 정령이 있기 때문이라고 말했다. 그리고 정말로 눈앞에서 비바람을 불러냈더니, 그는 그제야 내 말에 고개를 끄덕였다.

이 존재들을 뭐라고 부르는지는 중요치 않다. 자신의 입맛에 맞게 부르면 된다. 문화마다 표현이 다르고 관점이 다를 뿐이다. 여하튼 이런 광경을 보게 되면 사람들은 중심을 잃는다. 나와 함께하는 사람들 중에는 커플들도 있다. 대개 한 명은 벌써 몇 년째 내 교육 과정에 참가해온 사람이고, 다른 한 명은 반려자 때문에 팔짱을 낀 채 마지못해 따라온 사람이다. 하지만 후자의 사람들이야말로 실습 후에 정말로 크게 바뀐다. 기존에 가지고 있던 관점이 완전히 뒤집히게 되니까.

라 레위니옹La Réunion에서 있었던 다른 일화를 하나 소개하겠다. 생틸레르 산의 일화와 비교해보기 바란다. 우리는 실라오스Cilaos 협곡 위에 있었다. 그곳은 평소와 같이 구름으로 덮여 있었다. 나는 정령들과 소통하는 방법을 가르치다가 이렇게 말했다. "협곡 위의 구름을 한번 걷어봅시다." 믿기 어렵겠지만, 정말 구름이 걷혔다. 그 장면을 영상으로 찍은 사람들도 있다. 협곡 깊숙한 곳에서 보이지 않는 어마어마한 방울이 솟아올라 구름을 저만치 밀어낸 듯 협곡 위로는 구름 한 점 없었다. 그때 친구에게서 전화가 왔다. "너 어디에 있어? 네가 그랬지? 분명 너지!" 다름 아니라 그가 있던 생르Saint-Leu 지역에 갑자기 구름 떼가 몰려와 비를 마구 뿌렸기 때문인데, 계절상 거의 있을 수 없는 일이었다. 무척 희한해서 종일 라디오에서도 초자연적인 현상이라며 떠들어댔다. 라 레위니옹의 사람들은 초자연적인 현상에 대해 거부감이 적은 편이다.

우리가 아주 특이한 방법으로 흙의 정령을 만난 곳도 라 레위니옹이었다. 자칫하면 비극으로 끝날 수도 있었던 일화다. 그때 나는 천둥 막대기를 가지고 사람들을 흙의 정령들과 소통시키고 있었다. 한 사람이 그 막대기를 땅에 꽂아보고 싶은 충동을 참지 못해 꽂고 나니 도저히 다시 빼낼 수가 없다면서 나를 불렀다. 뽑으려 해도 땅 밑에서 뭔가가 저항하고 있다며 그 사람은 자기 탓이 아니라고만 했다. 이어서 사람들의 눈이 휘둥그레지는 일이 일어났다. 반쯤 땅에 꽂힌 막대기가, 마치 케이크를 자르는 칼처럼 땅을 가르며 몇 미터를 움직이더니 어떤 돌에 부딪히고야 멈춘 것이다. 막대기를 뽑으려던 사람도 속수무책으로 끌려갔다. 그래도 그는 포기하지 않고 땅을 파헤치려고 해서 내가 경고했다. "건드리지 마세요!" 그는 내 말을 듣지 않고 그 돌을 캐내서는 손에 들었다. 서른 명 정도를 헤아리는 사람들이 모두 그를 둘러싸고 있었다. 그리고 또 한 번 믿을 수 없는 일이 일어났다. 그 돌이 그의 손을 '깨물고', '점프했다.' 문자 그대로, 땅으로 떨어진 게 아니라 위로 튀어 올랐다는 말이다. 게다가 그의 손에 깨물린 자국을 남긴 채로.

내가 말렸지만, 똥고집에다 포기를 모르던 그는 굳이 그 돌을 가져가겠다고 나섰다. 이후 며칠 동안 그에게는 수많은 문제가 생겼고, 결국은 원래 자리에 돌려놓기 위해 다시 그곳으로 가야만 했다. 차로 왕복 10시간이나 걸리는 곳이었지만 다른 수가 없었다. 나는 사람들에게, 특히 일이 잘 안 풀린다는 사람들에게 이렇게 말하곤 한다. "산책이나 여행을 갔다가 기념품 같은 것을 아무 생각 없이 가지고 돌아오지 마세요. 그냥 단순한 조약돌이더라도 안 됩니다. 아프리카의 작은 동상이나 티베트의 죽음의 문, 그 외 시장에서 발견한 신앙성 물건들은 두말할 것도 없고요." 어떤 예식을 상징하는 물건은 그 예식 장소에 있을 때만 유익하다. 이렇듯 비범한 현실은 실제로 존재하며 결코 웃어넘길 놀이가 아니다.

때로는 초자연적인 현상이 우리 눈에는 안 보이지만 사진에 찍히기도 한다. 마치 천사라도 있는 듯 허공을 보며 방실거리는 아기에 대해 앞서 이야기했었다. 이런 광경을 사진으로 찍어서 보면, 거기에는 우리 눈에 보이지 않던 나선 모양의 빛 얼룩이 있다. 아기는 무엇을 보았고, 우리는 무엇을 놓친 것일까?

나는 피레네조리앙탈Pyrénées-Orientales 지역의 갈라뮈스Galamus에 있는 동굴 속에서 둥근 형체들을 사진으로 찍은 적이 있다. 아주 작은 빛 얼룩 같은 것들이 사방팔방으로 움직이는 광경이었다. 실제 눈으로는 볼 수 없었지만, 함께 있던 사람들 모두가 같은 광경 ― 빠르게 움직여다니는 무수한 반짝임 ― 을 촬영했다. 먼지가 만들어낸 착시라고 우기는 사람도 있었지만 그곳은 캄캄한 동굴 한복판이었다.

나를 가장 놀라게 한 것은 우리가 칠레의 이스터 섬에 여행 갔을 때 찍은 단체 사진이다. 이 이야기도 책 한 권은 나올 정도의 분량이라 여기선 간단하게 요약한다. 우리는 바다를 향해 늘어선 모아이 상 아래에 있었다.

모아이 상에 대한 나의 견해는 이렇다. 이 거대한 석상들은 고대의 '앎'을 퍼트리는 일종의 안테나들이다. 여기서 고대란 (두 번째 달이 떨어져나갔던) 12,500년 전의 대홍수로 인해 대거 사라져버린 초문명의 시대를 말한다. 그들의 지식은 다양한 중개자들에 의해 전해져왔고, 물론 잉카인들에게도 전해졌을 것이다. 잉카인들은 투팍 유팡키Tupak Yupanqui(고대 잉카제국의 두 번째 황제. 역주)의 지시를 받아 이스터 섬에 석상들을 만들었다. 이 석상들의 진짜 이름은 '모아이moai'가 아니고 '마타 키테 우라니Mata kite urani'(하늘에서 우리를 바라보는 이들)이다. 폴리네시아인들이 이 석상들을 종교적 상징으로 여기게 된 것은 나중의 일이다. 이런 엄청난 석상들을 여기에 세운 진정한 이유는 이 섬을 '세상의 배꼽'으로 만들기 위해서다. 페루의 쿠스코Cuzco(잉카제국의 수도. 역주)도 마찬가지인데, 쿠스코 또한 세상의 배꼽이라는 의미다. 이곳들은 아주 오래된 고대 전통의 중개지다.

그때 찍힌 사진은 눈부셨다. 나는 사람들에게 중계 안테나의 원리를 설명하고 있고, 거대한 모아이들이 미대륙을 마주하며 내 뒤에 서 있다. 그리고 대단히 선명한, 뭐라 설명할 수 없는 빛줄기가 석상들에서 뿜어져 나와 수평선을 향해 뻗어가고, 내 머리 위에도 야광 초록빛의 거대한 후광이 — 마치 나 역시 하나의 안테나인 것처럼 — 떠 있다! 여기에 그 사진을 컬러로 싣지 못하는 것이 아쉽다. 이것은 속임수가 전혀 없는, 찍힌 그대로의 사진이다. 그냥 우리 중 한 사람이 무심코 찍은 기념사진이다. 사진을 찍은 사람도 당시에는 이런 빛을 보지 못했으며 오직 사진으로만 나타났다. 내가 당시 설명하고 있던 에너지가 그대로 보이기라도 하듯이.

나는 내 가설이 논쟁의 여지가 많음을 알고 있다. 더욱이 여기서 더 길게 이야기하기에는 지면도 부족하다. 어쨌건 나는 인류의 역사에 25,000년의 빈틈이 있다는 사실을 늘 이상하게 여겨왔다. 크로마뇽인이 존재하던 때가 3만 년 전이라는데, 그들의 뇌는 이미 우리와 비슷했다. 그런데 우리가 가진 역사는 고작 5,000년이다. 그렇다면 그 사이 인류는 도대체 뭘 했단 말인가? 아무런 진보도 이루지 못하고 내내 화살이나 창만 만들고 있었을까? 2,000년이면 한 문명이 세워지기에 충분한데 25,000년 동안 정말 아무 일도 없었을까?

나는 그 사이에 여러 문명이 존재했었다고 믿는다. 그중 하나 — 아마도 아틀란티스 — 는 지구가 흔들릴 때 대서양 속으로 묻혀버렸을 것이다. 인류사는 신화화되었을 뿐 아니라 구멍이 숭숭 뚫려 있다. 그러면 초고대(antédiluvienne: '대홍수 이전'을 뜻한다. 역주) 문명은 어디에 있을까? 나는 먼저 이 표현 자체의 의미에 주목해보길 권한다. 그렇다. 대홍수 이전에 분명 문명이 있었다.

또 다른 가능성으로, 자연재해로 지구 생물 중 90퍼센트가 사라지는 와중에도 공룡의 일부는 살아남았다고 상상해볼 수 있다. 그들은 덩치를 줄이고, 두 발로 걷고, 공동체를 이루는 식으로 진화해왔을 것이다. 그들에게는 6,500만 년(소행성 충돌 이후. 역주)이라는 시간이 있었다. 그에 비해 인류가 레무리아인으로부터 갈라져 나온 때는 600만 년 전에 불과하다.

한번 상상해보라. 우리와 닮았지만 포유류가 아닌 파충류를. 나는 그들을 '진짜 고대인들'이라고 부른다. 그들의 마지막 문명의 끝과 우리의 첫 문명의 시작은 서로 스쳤는지도 모른다. 아마 그들은 우리 같은 야만인들을 좀 도와주려고 했을 것이다. 모든 문화와 문명, 옛 신화들을 보면 앎을 전수하는 이가 항상 도마뱀, 용, 뱀으로 묘사된다. 놀라운 우연의 일치 아닌가?

인류의 가장 오래된 문명은 수메르 문명이다. 티그리스강과 유프라테스강 사이에 정착한 수메르인들이 어떤 기록을 남겼는지 아는가? 검은색 현무암으로 지어진, 창과 문이 없는 수백 미터 높이의 벽으로 된 도시가 있었고 그곳에 두 발로 걷는 도마뱀들이 살았다고 한다. 그리고 그 도마뱀들이 농경술과 관개술 등을 가르쳐주었다고 한다. 잉카족도 이와 유사한 이야기를 하고 있으니 묘하지 않은가?

나는 비범한 현실의 문을 열 때마다 이렇게 생각한다. '그래, 충분히 그럴 수 있어.' 하지만 당신은 이스터 섬의 신비한 분위기에 젖거나 천둥 막대기를 가져볼 기회가 아마 없을 테니, 나는 당신도 뭔가를 체험해볼 수 있도록 안내하며 이 장을 마칠까 한다. 물론 모두가 성공하지는 않겠지만, 그렇다고 불가능한 일은 아니다. 무지개의 일곱 색깔에 들어가지 않는 색 하나를 주의 깊게 감지하는 연습이다. 이 여덟 번째 색을 '옥타린octarine'이라고 부른다.

이 단어는 작가 테리 프래챗Terry Pratchett이 집필한 연작 소설《디스크 월드》의 첫 편에서 비롯된 것이다.

참고로, 좀 비밀스러운 정보 하나를 공개하겠다. 이 색은 마법의 색이다. 그렇다 보니 묘사하기가 어려운데, 약간 복숭앗빛이 도는 초록색이다. 그리고 밀도가 높아서 융단 같은 느낌을 준다. 이 색을 보는 데 가장 적절한 시간은 일출이나 일몰 때다. 약간 오렌지색이 비치는 초록색이 보인다면 바로 그 색이다. 옥타린 얼룩은 땅, 숲, 성지는 물론 도시에서도 볼 수 있다. 빛이 들어올 장소가 아닌데도 마치 바닥에서 뿜어지는 듯한 빛의 얼룩이 보인다면, 그것은 옥타린일 수 있다.

옥타린은 두 세상이 겹칠 때 나타나는 색깔이다. 마치 투명 인간이 물 위를 걷는데, 그의 모습은 안 보이고 물의 찰랑거림만 보이는 것과 같다. 이 색깔을 꾸준히 보려면 훈련을 해야 하는데 그냥 보게 되는 이들도 가끔 있다. 이 색깔은 어떤 힘을 가진 물건을 발견하도록 이끌어주기도 하고 성스러운 길을 가리켜주기도 한다. 행여 이 빛의 얼룩이 성지의 벽 같은 데서 나타난다면 그 위에 손을 갖다 대보라. 그러면 조금 떨어진 곳에 다른 얼룩이 나타날 것이고, 그것을 건드리면 또 다른 얼룩이 나타날 것이다. 이런 식으로 옛날에 사라져버린 길이 재발견되기도 한다. 어떤 이들은 거기에 십자가를 놓아두는데, 그것은 여행이 순조롭기를 기원하는 방법 중 하나다.

옥타린을 발견하는 것은 마치 버섯을 따는 것과 비슷하다. 눈앞에 있는 버섯을 번번이 못 보고 지나치는 사람들이 있다. 하지만 눈이 밝은 사람들은 대번에 찾아낸다. 그러니 눈을 밝혀야 한다. 어떻게 보면 나도 '옥타린을 모으는 사람' 중 하나이고, 내 역할은 당신이 이제껏 한 번도 보지 못한 것들을 감지하도록 가르치는 것이다. 그리하여 당신이 자신만의 길을 찾아갈 수 있도록.

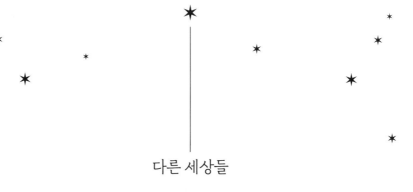

다른 세상들

나는 앞서 죽음에 대해 이야기하면서, 세피로트 나무로 표현된 여러 세상들을 언급한 바 있다. 이 나무를 '문과 다리의 나무'라고도 부른다. 이 나무는 여러 세상들을 그런 식으로 표현하고 있는데, 내게 더 와닿는 것은 양파의 비유다. 우리는 극복해야 할 수많은 껍질들(현실들)로 덮여 있는 양파의 중심부에 있고, 그 껍질들은 물질과 빛 사이의 여러 단계들에 해당한다. 감옥의 비유를 다시 곁들여보자면, 이 껍질들은 감옥 속의 다른 감방들이다. 그곳들을 거쳐야 출구를 찾을 수 있다. 여기서 나는 '피에스^piece'(방 혹은 연극 작품이라는 의미다. 역주)라는 단어가 내포하고 있는 두 가지 뜻을 되새겨보게 된다. ─ 우리를 가두는 감옥. 그리고 현실을 반영하는 하나의 놀이로서의 연극.

카발라에 따르면 우리의 삶은 7년 단위로 넘어서야 할 단계들로 구성되어 있다고 한다. 기회인 동시에 위기이기도 한 이 단계들의 목록은 다음과 같다.

7세: 마음이 열리고, 영성(spiritualité)과 두려움이 서로 대항한다. 아이들이 밤에 공포를 느끼는 때가 바로 이 나이인데, 합리적 이성이 갖춰지는 나이이기도 하다.

14세: 경청. 우주에 귀 기울이는 법을 익히게 된다. 동시에 자신이 이해받지 못한다고 느끼는 나이이기도 하다.

21세: 서로의 말을 들어주지만 오해도 잦은 시기다. 주로 커플들이 이런 시험을 거친다.

28세: 이타성, 타고난 재능, 선의, 자만, 거만, 에고이즘 사이의 갈림길에 서는 시기다.

35세: 내공을 쌓느냐, 분노와 폭력에 빠지느냐. 즉 건설과 파괴 중에서 하나를 선택해야 하는 시기다.

42세: 힘과 권력이 주어지지만 그것에 너무 빠져들지 않는 법을 익히는 나이다.

49세: 분리된 것들을 다시 하나로 모으느냐, 혼돈에 머무느냐. 이 선택에 따라 다음의 주기가 시작된다.

56세: 새로운 주기의 시작. 최선의 경우에는, 앞선 주기의 영향으로 두려움을 극복하고 영성을 발견하게 된다.

각각의 단계는 하나의 세상에 해당한다. 이 세상들은 특정 상징, 색, 음표, 천사, 금속, 원석, 요일, 신 등에 비유되는데, 백설 공주의 일곱 난쟁이도 여기에 포함시킬 수 있다. 이런 쪽에 관심이 많았던 월트 디즈니는 일곱 명의 난쟁이(gnomes)를 통해서 일곱 가지의 앎 또는 단계를 노골적으로 묘사했다.

나는 일곱 세상의 특징을 체험해보는 수업을 진행한다. 하루에 한 세상씩 그 주된 양상을 설명해주고, '의도적 꿈꾸기'를 통해서 제자들이 그 세상을 상징적으로 시각화하여 경험해보도록 이끈다. 나는 이 경험을 '세상들을 드나드는 여행'이라고 부른다.

세상들의 목록

열 번째 세상은 우리가 살고 있는 이 세상이다. 여기서는 살아가는 것 말고는 별다른 도리가 없다. 사실은 그조차도 쉽지 않다. 이미 말했듯이 첫 번째와 두 번째 세상은 우리가 진입할 수 없다. 첫 번째 세상은 태초의 점, 곧 전일체 그 자체다. 두 번째 세상은 선線, 곧 전일체가 분리되리라는 '생각'이다. 세 번째 세상부터 비로소 공간이라는 것이 상정되어 우리가 진입할 수 있게 된다. 그래서 우리가 넘어서야 할 단계는 총 일곱 단계다(10-3=7).

다음의 간략한 설명만 보아도, 이것이 앞서 말한 '인생의 일곱 단계'와 동일하다는 것을 알 수 있다. 각 세상은 앞선 삶의 단계들과 마찬가지로 기회인 동시에 위기다. 앞뒷면이 있는 동전 ─ 피에스piece에는 동전이라는 뜻도 있다! ─ 인 것이다. 그중 이로운 것을 선택하느냐 마느냐는 우리에게 달려 있다. 각 고유 요소들(색, 원석, 상징 등)은 우리가 그것에 해당하는 세상으로부터 영향을 받도록, 그리고 그것과 관련하여 해결해야 할 것들을 풀어내도록 도와준다. 한편 사람마다 끌리는 세상이 다를 수 있다. 도움이 될 만한 내용을 간략하게나마 살펴보기로 하자.

아홉 번째 세상은 우리에게 제일 가깝다. 꿈에 관한 장에서 다시 언급하겠다. 색깔은 보라색이고 돌은 자수정이다. 장점은 영성이다(보라색은 가톨릭 주교들의 색이기도 하다). 단점은 두려움이다. 대천사 가브리엘의 보호 아래 있으며, 두려움을 극복하고 영성으로 나아가는 것이 과제다. 가브리엘은 언어(la parole)의 수호자라는 의미를 가지고 있다. 상징은 아홉 개의 가지를 가진 별이나 초승달이다. 금속은 은^銀이다. 자수정이 박힌 은으로 된 보석을 착용하면 두려움을 다스리는 데 도움이 된다. 은은 디안^{Diane}(로마신화의 사냥과 달의 신) 혹은 헤카테^{Hecate}(그리스신화의 달의 여신)와 연관된다. 즉 달(lune), 월요일(lundi)과도 관련이 있다. 음표로는 첫 번째의 '도'이며, 우리가 세상을 거슬러 올라갈 때 그 나머지 음표들이 그 뒤를 따른다. 일곱 난쟁이 중에서는 멍청이 난쟁이에 해당한다. 그는 엉뚱하고 순수하다. 마태오복음에는 이렇게 쓰여 있다. "마음이 단순한 사람은 행복하다. 하늘나라가 그들의 것이다."

여덟 번째 세상은 '귀 기울이기'다. 즉 직감(내면에 귀 기울이기)과 영감(우주에 귀 기울이기)의 세상이다. 이곳을 관장하는 대천사 라파엘은 인도하고 치유하는 천사다(더 이상 가망이 없는 환자를 두고 '길을 잃었다'고 하는데, 길을 찾는 것이 곧 치유다). 돌은 빨간색의 카네리안^{cornaline}이나 방해석(calcite)이다. 금속은 수은, 천체는 수성이다(그리스신화에서 헤르메스는 신들의 전령이었다). 요일은 수요일이다. 음표는 '레', 상징은 팔각형이다. 베르사유 궁전에서 왕이 심사숙고할 때 가던 곳인 오벨리스크^{Obélisque} 정원이 팔각형이다. 오랑주리^{l'Orangerie} 미술

관에 있는 욕조의 모양도 팔각형이다. 이슬람 사원 외벽 장식에 서도 사각형 두 개를 겹쳐서 만든 팔각형 문양을 흔히 볼 수 있 다. 장점은 잘 듣고 연결짓는 능력이고, 단점은 도처에서 징조를 보게 되므로 늘 붕 떠 있고 겉돌기 쉽다는 점이다. 월트 디즈니의 난쟁이들 중에서는 졸음 난쟁이에 해당한다. 그는 꿈을 꾸면서 신들의 메시지를 전해 받는다.

일곱 번째 세상은 '타인과의 관계'다. 장점은 이해심이고, 단점은 지나친 감상이다. 난쟁이들 중에서는 부끄럼 난쟁이에 해당한다. 금속은 구리(실연의 슬픔을 극복하기 위한 장신구로 추천된다), 돌은 에메랄 드나 사금석이다. 색깔은 초록색이다. 타인에게 열려 있는 상태 를 드러내는 로고들은 대개 초록색이다. 상징은 일곱 개의 가지 를 가진 별이고, 음표는 '미'다. 비너스(아프로디테)로 상징되는 여성 의 세상이기도 한데, 비너스는 금요일에 해당하는 여신이자 천체 다. 내가 나 자신에 대해 가진 이미지가 타인을 통해서 되돌아오 는 세상이다. 회의실에 구리를 갖다 놓으면 서로 귀를 기울이는 데 도움이 된다. 이곳을 관장하는 아나엘Anaël은 포옹하는 천사인 데, 두 팔에 아기를 안고 날개로써 보호하는 모습으로 흔히 묘사 된다.

여섯 번째 세상은 '균형'이다. 재능과 자만심 사이를 오간다. 금 속은 금(or: 히브리어로는 aor)이다. 여기서는 자신이 빛날 것인지(주로 무당들이 그러한데 닦으면 반짝거리게 된다), 아니면 세상을 밝힐 것인지(주 로 스승들이 그렇다. 뭔가를 밝히려면 자신은 투명해야 한다)의 선택권이 주어 진다. 난쟁이들 중에서는 박사 난쟁이에 해당한다. 색깔은 노란색

281

이고, 돌은 임페리얼 토파즈나 황수정(citrin)이다. 상징은 여섯 개의 가지를 가진 별, 즉 솔로몬의 문양이다. 천체는 태양, 요일은 일요일, 음표는 '파'이다. 파는 실마리가 되는 음이다. 천사는 우리에게 빛을 가져오는 미카엘이고, 미카엘의 상징은 검이다.

다섯 번째 세상은 '힘'이다. 부정적인 양상은 분노와 폭력이고, 긍정적인 양상은 뭔가를 이뤄내는 능력이다. 금속은 당연히 철 — 철(fer)은 '이루다(faire)'와 발음이 비슷하다 — 이고, 전쟁의 신인 화성과 화요일이 연관된다. 당연히 빨간색 아니겠는가? 돌은 강력한 열정의 석류석(garnet), 루비, 빨간 벽옥(jasper)이다. 상징은 황금비율(le nombre d'or)을 이루는, 다섯 개의 가지를 가진 별이며 '짓는 자'를 의미하기도 한다. 우리는 몸으로 이 모양을 만들 수 있다. 머리를 꼿꼿이 하고 서서, 두 다리를 벌리고, 두 팔은 공중을 향해 펼친 채 한동안 있으면 힘이 회복된다. 음표는 '솔', 그러니까 당신이 짓게 될 건물의 바닥(sol)을 의미하기도 한다. 난쟁이들 중에서는 재채기 난쟁이에 해당한다. 그는 아주 요란스럽다. 천사는 독의 천사인 사마엘Samaël이다. 독이라고 다 부정적인 것은 아니고, 우리를 찌르고 자극해서 저항력을 갖추게 도와주는 경우도 있다.

네 번째 세상은 '권력'이다. 따라서 능력과 연관된다. 내공을 탄탄하게 쌓을 것이냐, 아니면 사람들을 조종하거나 굴복시키는 데 힘을 쏟을 것이냐를 선택해야 한다. 천사는 사키엘Sachiel이다. 복수의 천사인 동시에 영원을 실현하는 천사이기도 하다. 권력의 세상인 만큼 신은 '신들의 신'인 주피터이고, 그래서 목요일과 연관된다. 난쟁이들 중에서는 행복 난쟁이에 해당한다. 그는 쾌활하므로(jouvial) 목성과 연관이 있다(jovien). 색깔은 파란색이며, 돌은 편안함을 주는 사파이어다. 상징은 권력을 지향하는 로고에서 흔히 보이는 사각형이다. 금속은 주석으로, 강하고 견고한 힘을 나타낸다(반면 철은 역동적인 힘을 나타낸다). 음표는 '라'이다. 불어로 '라를 준다'(donner le la)는 표현은 따라야 할 모범을 보인다는 뜻으로, 곧 권력의 행사를 나타낸다.

세 번째 세상은 흩어진 것들을 모으느냐, 아니면 혼돈에 빠져 있느냐의 '선택'이다. 흑요석(obsidian)이나 전기석(tourmaline)처럼 검은 세계다. 납, 토성, 토요일과 연관된다. 로마신화의 사투르누스Saturne, 그리스신화의 크로노스Cronos에 해당하며 시간의 시작점이다. 상징은 델타, 즉 황금비율의 삼각형이다. 음표는 '시'이고, 난쟁이들 중에서는 심술 난쟁이에 해당한다. 심술이는 늘 기분이 언짢아서 '토성적(saturnien)'이라고 묘사된다. 천사는 카비엘Kabiel이다.

세피로트 나무의 마지막 대천사는 아즈라엘Azrael이다. 어떤 세상에도 속하지 않으면서 모든 세상을 방문하는 죽음의 천사다. 검은색의 융단 같은 날개를 가진 이 천사는 대단히 아름답다. 이름 때문에 만화영화 〈스머프〉의 고양이가 떠오를지도 모르겠는데 얼토당토않은 얘기만은 아니다. 고양이는 세상들 사이를 여행할 수 있는 저승사자, 곧 망자의 안내자로 알려져 있으니까.

이런 세상들을 체험하고 느껴보는 데는 '의도적 꿈꾸기'가 유용하다. 그 작업을 위해서 나는 제자들에게 각 세상에 해당하는 요소들과 물질, 색깔과 분위기를 자세히 묘사해준다. 그런데 흥미로운 사실은, 내가 일러주기도 전에 그런 문들을 이미 꿈속에서 봤다고 말하는 사람들이 있다는 점이다. 그렇다면 이 세상들이 정말 존재한다고도 생각해볼 수 있지 않을까….

★

금속 비율표

다양한 세상들을 묘사하면서 연금술사의 실험실에서 멀어졌다고 느낄지 모르겠는데, 사실은 그렇지 않다. 우리는 여전히 실험자와 실험 대상의 관계를 다루고 있다.

나는 여러 세상들과 기초 요소들의 연관성을 뽑아서 '금속 비율표'를 만들었다. 우리는 연금술에서 다루는 일곱 금속의 비율에 근거해서 일종의 개인 신분증을 만들 수 있다. 이 금속들은 납, 주석, 철, 수은, 구리, 은, 금이다. 연금술사의 시각으로 보면, 이것은 제각기 다른 요동의 단계에 있을 뿐 결국은 동일한 금속이다. 다만 몇 개의 그림자를 가지고 있느냐가 다를 뿐이다. 납은 일곱 개의 그림자가 있고, 그중 하나를 정화시켜 없애면 주석으로 바뀐다. 정화는 최대 여섯 번까지 가능하다. 그리하여 하나의 그림자만 남은 상태가 금이다. 연금술사의 목적은 이 마지막 그림자마저 없애는 것이다. 그러면 거기에 금속은 사라지고 빛만 남는다. 바꿔 말하면 형체는 그림자에 의해 유지된다.

내가 보기에, 우리 안에도 이 일곱 금속이 있다. 피 속에 녹아 있는 게 아니라 DNA 속에, 더 엄밀하게 말하면 DNA 염기의 연결고리 속에 가느다란 실처럼 존재하고 있다. 모든 전자기 구조가 그러하듯, 정보의 흐름은 배선의 재질에 따라 달라진다. 같은 이치로 금속의 비율에 따라 사람의 성향이 달라진다. 따라서 각 개인이 갖고 있는 금속의 비율을 아는 것은 그의 요동을 없앨 방법을 짚어보는 작업인 셈이다. 이런 내용을 혹자는 영혼의 임무, 삶의 여정이라고 부르기도 한다.

금속 비율표는 감정이 표출되는 양상을 나타내준다. 예를 들어 은이 많은 사람은 두려움을 드러내고, 철이 많은 사람은 분노를 드러낸다.

우리는 이 금속들의 혼합물이고, 사람마다 그 비율이 다르다. 우리가 가진 금속들은 서로 반응하여 우리의 성향에 영향을 미친다. 예를 들어 수은, 구리, 철이 많은 사람의 경우는 수은이 타인에게 귀 기울이기, 구리는 대인관계, 철은 분노에 해당하니까 이런 성향일 것이라고 추측해볼 수 있다. ― '다른 사람들이 내 말을 안 들어서 화가 난다.'

금속 비율표가 제공하는 정보는 꽤 유용하며 정신분석적인 해결책이 아니라 물리적인 해결책을 준다. 예를 들어 화가 자주 난다면 철이나 석류석(grenat)을 소지함으로써 상황을 개선할 수 있다. 또는 이 금속들을 가열함으로써 분노의 에너지를 배출시킬 수도 있다. 찬물을 끼얹었을 때 좀 진정이 되는 이유는 분노의 에너지가 체온을 높이는 데 강제 동원되기 때문이다.

이처럼 금속의 병적 속성을 쓸모 있게 사용할 수 있다. 이것이 바로 연금술의 논리다. 지배적인 금속을 없애버리기보다는 조율하고 정돈시킨다. 뜯어고치는 것이 아니라 개선한다. 분노를 표출하거나 남에게 퍼붓는 대신, 분노의 에너지를 건설적인 방향으로 변성시켜 두려움이 나를 가두게 놔두지 않고 오히려 나를 여는 요인으로 사용한다.

다른 예를 들어보자. 실연은 에너지를 잃게 하는 특성이 있다. 나는 그에게 사랑을 보내는데, 그는 내게 사랑을 되돌려주지 않는다. 주고받던 관계가 끝이 나버려서 더 이상 내가 보낸 에너지가 되돌아오지 않으니, 당연히 그 자리는 텅 비게 된다. 우리는 흔히 이렇게 말한다. "네가 떠난 자리가 텅 비어버렸어." 그래서 우울해진다(dépression). 문자 그대로 압력의 불균형이 생긴다. 이때 구리나 에메랄드를 소지하면 정상적이고 자율적인 흐름을 회복하는 데 도움이 된다.

사실상 우리 몸은 이런 금속들이 필요하기도 하다. 몸은 땀으로 산을 배출함으로써 그 금속들을 공격한다. 그래서 차고 다니던 은 팔찌, 구리 팔찌가 검게 변하곤 한다. 몸은 그렇게 하여 얻은 소금을 피부로 흡수한다. 좋지 않은 금속을 소지할 때도 똑같은 메커니즘이 작동한다. 합금할 때 니켈을 쓰지 않고, 단추에도 니켈을 쓰지 않는 이유는 니켈이 알레르기를 일으키기 때문이다.

잠시 알레르기에 대해서 이야기하자면, 알레르기는 신체기관이 과잉된 에너지를 해소시키려고 찾아낸 일종의 밸브다. 과잉 에너지를 배출시키지 않은 채 알레르기만을 제거한다면, 우리 몸은 다른 데서 다른 밸브를 찾을 것이다. 예를 들어 천식을 고쳤더니 습진이 생기는 식이다. 몸은 어떻게든 '변명거리'를 찾아서 과잉 에너지 처리장을 만들어낸다. 그것이 꽃가루든, 개털이든, 혹은 다른 무엇이든 상관없다. 그 반응은 과격하면서도 어딘지 지나쳐 보이기도 한다.

환경과 가장 접촉이 많은 부위 — 겉으로는 피부, 속으로는 폐와 점막 — 가 이런 현상의 중심지다. 환경과 음식이 바뀌거나 휴가를 보내는 중에는 신체 내부의 압력이 줄어 알레르기가 좀 가라앉기도 한다.

알레르기를 언급하느라 잠시 옆길로 샜는데, 좀더 광범위한 질문으로 되돌아오자. 금속 비율표를 참고하여(혹은 그와 비슷한 분석을 통해) 우리는 감정을 다스릴 수 있을까? 연금술사라면 특정 감정에 해당하는 돌을 순수한 물을 담은 유리병에 넣고, 햇빛이나 달빛이 들지 않는 곳에다 하룻밤 두어 천체의 (기운을 받은) 음료수를 만들어 종일 그 물을 마신다.

명상을 하는 사람이라면 특정 세상에 해당하는 색깔을 명상에 활용할 수 있다. 맛이나 색깔은 뭐라 말로 설명하기 어렵다. 만일 특정 색깔에 끌린다면 결코 무시할 일이 아니다. 시간이 지남에 따라 끌리는 색깔이 바뀌기도 하며 인생의 시기에 따라, 또 기분에 따라 달라지기도 한다.

여기서 금속과 식물의 연관성을 짚어볼 수도 있겠으나, 앞의

'다른 세상들' 장에서도 나는 의도적으로 그러지 않았다. 왜냐하면 식물적 연금술은 또 하나의 복잡한 영역이라 별도의 공부가 필요하기 때문이다. 자연요법(medecine douce: '부드러운 의학'이라는 뜻으로 정식 서양의학이 아닌 것들을 아울러 칭한다. 역주)이라고는 하지만 식물 때문에 사람이 죽기도 하지 않는가?

아무튼 세상의 모든 식물도 일곱 가지 유형 중 하나로 결정화된다. 그것을 관찰하려면 식물을 조금 채취해서 소금기를 제거한 뒤 현미경으로 보면 된다. 이 '7'이라는 숫자는 연금술사의 입에서 나온 것이 아니다. 이것은 형이상학적으로도, 물리적으로도 우리 우주의 바탕이 되는 고정수다.

원석, 식물, 색깔, 금속, 상징…. 그중에서 가장 끌리는 요소를 선택하면 된다. 예를 들어 음악가라면 자신의 금속에 해당하는 음정을 들을 때 평안함을 느낄 것이다. 그러니 왠지 모르게 끌리는 진동수의 싱잉 볼을 선택해서 연주하면 좋을 것이다. 그래픽 디자이너는 색깔을 고를 때 같은 방식을 사용할 수 있다. 그러면 요리사는? 각각의 세상에 해당하는 일곱 가지 요리를 개발해볼 수도 있겠다.

자신의 금속 비율표를 아는 것은 자신이 어디로 가야 할지를 — 물리적인 차원에서든, 형이상학적 차원에서든 — 짚어보는 데 도움을 준다. 나는 이 표를 출력해주는 기계를 만들어보자는 제안을 늘 거절해왔다. 왜냐하면 사회적으로 엄청난 여파를 일으킬 수도 있기 때문이다. 사람을 채용하거나 반려자를 찾을 때 그 기계에 의존한다고 상상해보라! 거의 우생학과 같은 위협이 되지 않겠는가!

그렇다면 개인의 금속 비율을 어떻게 파악할 수 있을까? 몸속의 금속을 예리하게 감지해내는 경험자를 통해서 가능하다. 이를테면 나 같은 사람 말이다. 행여 부작용이 있을까 우려하여 공개는 못하지만, 나는 몇 가지 동작을 시켜봄으로써 상대방의 금속 비율을 파악하는 방법을 알고 있다. 언젠가는 공개할 수 있는 날이 올지도 모른다. 나는 우리 모두가 옛날에는 금속을 감지하는 능력을 갖고 있었는데 점차 그 능력이 필요 없게 되어 퇴화된 것이라고 믿는다. 따라서 이 감각은 다시 계발될 수 있다.

몇 가지 힌트를 제공하자면 다음과 같다.

첫 번째 단계로, 모든 감각을 이용해서 각각의 금속을 분간해본다.

맛: 누구나 손에 든 금속의 맛이 혀로 와닿는 경험을 해봤을 것이다. 눈을 감고 오직 맛으로만 이 일곱 가지 금속을 구별해본다.

촉감: 보지 말고 만지기만 하면서 금속들을 구별해본다. 이번에는 만지지도 말고, 손을 그 위에 살짝 띄운 상태의 느낌만으로 금속들을 구별해본다.

시각: 눈으로 보면서 금속들을 구별해본다.

청각: 부딪히거나 깨물어서 나는 소리로 금속들을 구별해본다.

후각: 물론이다. 금속도 냄새가 있다!

다음 단계로, 금속의 느낌과 사람들을 만졌을 때의 느낌을 연결해본다. 예를 들어 어떤 사람을 만졌더니 입속에서 특정 금속의 맛이 느껴진다거나 하는 식이다. 이처럼 금속들의 차이를 구별하고 지배적인 금속을 가려내려면 섬세한 감각과 오랜 훈련이 필요하다.

이 주제와 관련해서, 나는 내가 주최하는 모임에서 참석자들의 금속 비율을 원형의 그래프로 그려 해석해보기도 한다. 이것은 무슨 마술이나 점성술 같은 것이 아니다. 연금술과 인연이 닿은 사람들에게 각자 어떤 방향으로 노력을 해야 좋을지를 조언해주기 위한 수단일 뿐이다. 그 덕분에 어떤 이는 두려움을 극복하고, 어떤 이는 분노를 변성시키고, 어떤 이는 자만심을 잠재운다.

커플의 금속 비율을 해석해서 놀라운 결과를 달성하기도 한다. 유유상종이라고 우리는 대체로 자신과 비슷한 사람에게 끌리기는 해도, 서로 이해하지 못하면 충돌이 생길 수 있다. 두 사람의 지배적인 금속을 비교해서 살펴보면 그 충돌과 대립이 어디서 비롯되는지 알 수 있다.

한 예로, 구리가 많은 여자가 있다고 하자. 그녀는 집에서도 사회에서도 상대방의 반응(혹은 무반응)에 무척 민감하다. 반면 수은이 많은 그녀의 남편은 아내의 마음을 전혀 이해하지 못한다. 그는 '말 없는 소통'이 주가 되는 영역에 속해 있기 때문이다. 그런가 하면 철이 많아서 강인한 사람은 은이 많아서 실패의 두려움이 큰 사람을 이해하기 어렵다.

금속들이 주변에도 영향을 미친다는 사실을 더불어 알아두자. 예를 들어 화를 많이 내는 사람을 계속 만나노라면 그 화가 나에게로 이전되고 만다. 그의 금속이 내게 보태진 셈이다. 그러면 내가 가진 문제도 감당하지 못하는 상태에서 상대방의 문제까지 떠안는 처지가 된다. 예민한 사람일수록 더 크게 영향받는다. 이런 이유로 옛날 사람들은 수호의 목적을 띤 상징물들을 만들어 지녔고, 그 상징물은 모양보다도 재질이 중요했다. 당사자의 금속 비율상 부족한 성분을 보충해주는 역할이었기 때문이다. 그래야 다른 금속들이 그를 침범하지 못할 테니 말이다. 이런 방식이 우리의 문제를 해결해주는 것은 아니지만, 적어도 타인의 문제가 건너오지 못하도록 보호막은 되어준다.

금속이 인간에게 영향을 미친다는 원리의 기원은 아주 오래되었다. 나는 그것을 '금속 비율표'라는 방식으로 활용하고 있을 뿐이다.

마지막으로, '나쁜 금속 비율' 따위는 없다는 사실에 주의해야 한다. 우리는 뭔가를 경험하기 위해서 이 세상에 태어났다. 그러니 어떤 금속이 내 금속 비율표에서 완전히 빠져 있다고 해도 그것이 나의 부족함을 가리킨다고 속단해서는 안 된다. 내게는 그 금속이 이미 해결된 문제 또는 당장 중요하지 않은 문제에 해당하는 것일 수 있다. 두려움이나 분노가 원래 없는 사람이 있는가 하면, 그것들을 좀체 극복하지 못하는 사람도 있다. 의사소통이 편안하고 자연스러운 이가 있는가 하면, 소통을 위해 따로 공부를 해야 하는 이도 있다. 이처럼 사람들은 제각기 다르다.

내가 금속의 원리를 언급하면 사람들은 흔히 숙명론을 들먹인다. "미리 정해진 금속 비율을 가지고 태어난다면, 우리의 자유의지는 도대체 무슨 의미가 있죠?" 물론 나는 자유의지를 믿는다.

금속 비율표는 가능성을 가리켜 보여줄 뿐이고, 그 권고를 따르느냐 마느냐는 우리의 자유다. 우리가 가진 금속들의 힘은 우리에게 주어진 유전적, 문화적, 사회적 요소들보다 더 세거나 약하지 않다. 실제로 사람들의 금속 비율을 분석해보면, 서로 비슷한 비율을 가졌음에도 제각기 다른 유형의 삶을 살고 있는 사람들이 적지 않다. 어떤 이는 자신의 금속과 조화를 이루는가 하면, 전혀 그렇지 않은 이도 있다.

금속 비율표는 가야 할 방향을 가리켜 보여줄 뿐, 구체적인 길까지 정해주지는 않는다.

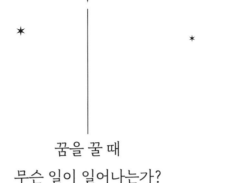

꿈을 꿀 때
무슨 일이 일어나는가?

나는 '다른 세상들' 장에서, 열 번째의 세상에 살고 있는 우리에게 가장 가까운 세상인 아홉 번째 세상에 대해서는 나중에 다시 살펴보자고 기약한 바 있다. 우리 모두 이미 그 세상을 잘 알고 있다. 우리의 꿈속 세상이 바로 그것이니까.

우리는 꿈속에서 걷고, 말하고, 사람들과 접촉하기도 한다. 우리의 육체는 침대 위에 계속 꼿꼿이 있는데도 말이다. 우리에게는 두 가지 몸이 있다. 하나는 자는 동안 움직이지 않는 몸, 다른 하나는 꿈속에서 활동하는 몸. 모두들 이 세상에 존재하는 육체에 대해서 익히 알고 있을 테니 여기서는 꿈속의 몸, 즉 아홉 번째 세상의 몸에 대해서 이야기하겠다.

꿈속 세상의 시간, 공간, 물질은 우리 세상과 다르다. 몇 분 동안 꿈을 꾸었을 뿐인데 마치 몇 시간을 보낸 것 같다. 공간의 제약도 없다. 순식간에 우주의 끝에서 끝으로 이동한다. 꿈속의 물질은 우리에게 익숙한 법칙을 따르지 않는다. 벽을 통과하기도 하고, 사람들의 얼굴이 바뀌는가 하면, 얼굴이 아예 없어지기도 한다. 이처럼 꿈속에서는 모든 것이 가능하다. 꿈은 이 세상에서 우리가 '만든' 감정들을 풀어주기까지 한다. 고된 하루를 보내고 난 후 꿈이 위로해주는가 하면, 그 반대로 꿈속에서 받은 느낌이 실제 현실로 이어지는 때도 있어서 꿈속에서 기분 나쁜 일을 겪고 깨어난 후 화풀이하고 싶어지기도 한다.

꿈에는 두 종류가 있다. 하나는 정신분석학에서 말하는 꿈, 즉 우리에게 쌓인 황을 분출하기 위한 꿈이다. 다른 하나는 진짜 다른 우주로 여행하는 꿈이다. 후자의 꿈은 이미지의 선명도와 질감 자체가 다르기 때문에 우리는 이 둘을 충분히 구분할 수 있다.

아홉 번째 세상의 가장자리에서는, 나중에 기억을 하든 못하든, 꿈을 꾸고 있는 다른 이들과 스치기도 한다. 또한 죽은 지 얼마 안 되어 아직 완전히 이 세상의 문을 통과하지 못한 사람들의 영혼과도 스치는데, 그 이유는 우리와 그들이 동일한 주파수 대역에 속하기 때문이다. 그렇다. 우리는 정말 그들과 스친다.

인류의 위대한 발명품들은 지구의 여러 지역에서 거의 동시에 등장하곤 했다. ― 사진술, 수학의 로그, 온도계, 타자기, 증기선박 등등. 예술 분야에서는 이런 현상이 더욱 확연히 드러난다. 마치 어떤 아이디어가 '특정 시기의 공기 속'에서 바람, 웃음, 하품처럼 널리 퍼져나가 영감의 원천으로 작용하는 것 같다. 이 야릇한 현상의 원인은 꿈을 통해 설명될 수 있다. 꿈을 꾸고 있는 사람들은 스스로 인식하든 못하든(주로 인식하지 못하지만) 아홉 번째 세상의 몸을 매개로 서로 의사소통한다. 모든 선각자가 그러했듯 쥘 베른도 이런 여행을 몹시 즐기지 않았을까 싶다. 그래서 당시에는 존재하지 않던 온갖 종류의 아이디어와 개념들을 현실로 가져올 수 있었을 것이다.

그러니 어떤 아이디어가 떠올랐다면 그것을 빨리 실현하는 편이 낫다. 만일 그 아이디어와 관련된 꿈이라도 꾸게 된다면, 꿈을 꾸는 다른 모든 사람들이 그것을 접할 수 있게 되어 그 아이디어를 놓칠 수도, 뺏길 수도 있다. 정보는 쉬지 않고 흐르기 때문이다. 이 야릇한 세상에서는 열 번째 세상의 규칙이 통하지 않는다. 이곳은 우리 모두의 기억이 통합된 지식 저장소다. 게다가 더욱 놀랍게도, 여기는 시간의 제약이 없다. 과거의 기억도 담겨 있고, 미래의 가능성도 담겨 있다. 대단하지 않은가? 이것을 힌두교에서는 '아카식 레코드'라고 부른다. 칼 융이 말하는 '집단 무의식'도 같은 뜻이다.

아침에 일어나 "완전 대박 아이디어가 떠올랐어!"라고 흥분한 적이 있을 것이다. 그 아이디어는 우리 자신에게서 비롯된 것이 아닐 가능성이 크다. 비슷한 예로, 해결되지 않은 문제를 안고 잠이 들었다가 해결책을 안고 잠에서 깨어나기도 한다. 그래서 "밤이 해결책을 가져다준다"고도 한다. 그 거대한 도서관에서 답을 얻은 것인데, 그곳에는 모든 의문에 대한 답이 있다. 내가 돌을 삼킨 덕에 제한 없이 드나들게 되었던 바로 그 도서관이다.

꿈속에서 굉장한 음악이나 중요한 메시지를 듣기도 한다. 그런데 '절대 잊지 말아야지' 다짐하고 깨어나는 순간 새까맣게 지워져버린다. 그 정보들은 정말 사라져버린 것일까? 깨기 직전에는 세부내용 하나까지 다 기억했는데, 깨고 나니 아무것도 떠오르지 않는다. 마치 스위치가 꺼진 것처럼. 바로 그렇다. 그 기억은 우리의 육체 속에 있지 않다. 아홉 번째 세상의 몸 속에 있다. 따라서 아홉 번째 세상에 있을 때는 그 기억에 접속할 수 있지만, 깨어나면 열 번째 세상의 몸에 의해 그 기억과 단절된다. 우리가 거기서 가져올 수 있는 것은 고작 감정의 북받침 정도다.

대개 우리는 꿈을 잘 기억하지 못할 뿐 아니라, 꿈을 주도하지도 못한다. 꿈을 꾸는지도 모르는 채로 그냥 겪을 뿐이다. 그러나 꿈은 우리의 일상만큼이나 생생하게 감지되는 또 하나의 현실이다. 깨어나서 이부자리가 젖은 것을 발견한 아이는, 자신이 분명히 화장실에 가서 볼일을 봤다고 기억하면서 깜짝 놀란다. 맞다. 분명히 갔다! 하지만 진짜 몸으로 간 것이 아니라 꿈속의 몸으로 갔다. 잠자리에 누웠는데 욕실에서 물 떨어지는 소리가 들린다. 그래서 도저히 못 참고 거의 반쯤 잠든 몸을 이끌어 수도꼭지를 잠그고 돌아와 다시 잠이 든다. 그런데 물소리가 계속 들리니 이게 어찌 된 일인가? 간단하다. 당신은 잠자리에서 일어난 적이 없다. 우리는 이처럼 자신도 모르게 꿈의 몸을 갖고 이 세상 속을 다니곤 한다.

그렇다면 어떻게 해야 꿈을 다스릴 수 있을까? 어떻게 해야 살과 뼈를 가진 육체의 한계를 뛰어넘고 시공을 초월하는 탐험을 할 수 있을까? 이것을 혹자는 아스트랄Astral 여행(유체이탈) 혹은 분신술(dédoublement)이라고 부른다.

이런 연습을 할 때 생기는 어려움은 우리의 육체가 우리가 떠나는 것을 원치 않는다는 데서 비롯된다. 육체에게는 그것이 마치 죽음과 같기 때문이다. 육체는 이런 식으로 여긴다. '그렇게 떠나서 만약 안 돌아오면….' 그래서 우리가 떠나지 못하도록 온갖 수를 쓴다. 첫 번째 방법은 가려움증이다. 우리는 꿈에 전념하려고 하는데, 저항할 수 없는 가려움이 우리를 육체 안에 잡아둔다. 그래도 충분하지 않으면, 이제 두려움까지 느끼게 된다. 두려움은 거의 본능에 가깝다.

우리 서양인들은 유체이탈 현상에 익숙하지 않다. 점잖은 사람들이 명상을 하면서 완전한 부동의 자세로, 몇 시간 아니 몇 년 동안, 그것도 팔을 공중에 들어올리거나 우리가 도저히 이해할 수 없는 고행자의 자세로 식음을 전폐하고 견딜 수 있는 이유는 간단하다. 그들은 자신의 육체 안에 있지 않다. 위가 비었든, 팔을 들어올렸든, 그 어떤 자세를 취했든, 그들에게는 아무런 영향이 없다. 그래서 부동자세를 통해 육체를 떠날 수 있다고 생각하는 사람들이 있는데, 사실은 그 반대다. 육체를 떠났기 때문에 부동자세가 유지될 수 있는 것이다.

이런 상태를 경험하기 위한 첫 번째 방법은 마음을 속이는 것이다. 등을 바닥에 대고 누워서, 눈을 감고, 몸 옆으로 두 팔을 가지런히 놓은 채 아무것도 엇갈리는 데가 없게 한다. 뭔가 조이는 느낌도 와닿지 않도록 한다. 피곤할 때는 이 연습을 할 필요가 없다. 피곤하면 잠들어버리기 십상인데, 자는 것은 우리의 목적이 아니다. 특별한 것을 생각하지 말고 그냥 고요히 숨만 쉬라. 그러면 어딘가 가렵기 시작할 것이다. 그것에 저항하지 말라. 나 역시 가려움이 지나가도록 몇 시간이고 버텨봤지만, 저절로 사라지지 않는다. 그러니 가려우면 그냥 긁어라.

이 상태에서 이제 몸을 일으켜 앉는다. 그리고 다시 눕는다. 이런 식으로 계속 반복하는데, 점점 앉는 자세를 줄인다. 이제 실제로 앉는 게 아니라, 앉을 때 근육이 움직이는 느낌만을 가져본다. 다시 말해, 움직이지 말고 움직이려는 의도만을 가져본다.

그러다 보면 몸이 앉은 자세로 있다고 느껴지는데, 눈을 떠보면 누워 있다. 그래서 깜짝 놀란다. 이 첫 경험이 하도 낯설어서 며칠간, 아니 몇 달간 연습을 중단하는 사람들도 있다. 다시 계속할 마음이 생길 때까지 말이다. 아무튼 이것이 첫 번째 단계이고, 두 번째 단계는 일어나서 걷기다.

이 연습을 하는 사람들이 모두 똑같은 반응을 보이지는 않는다. 어떤 이는 금방 해내는가 하면 도저히 안 된다는 사람들도 있다. 대개는 몇 달은 꾸준히 해야 효과가 나타난다.

동일한 효과를 얻을 수 있는 다른 방법도 있다. 요기들은 한동안 음료수를 마시지 않은 채 물 한 잔을 저만치 손이 닿지 않는 곳에 두고 눕는다. 그리고 움직이지 않고 그냥 물을 바라보고 있노라면, 꿈의 몸이 물잔을 향해 움직여간다.

또 다른 훈련법도 있다. 무예를 배울 때 사부가 가르쳐준 방법이다. 우리는 앉아서 눈을 감은 상태였는데 스승이 말했다. "자, 이제 그대로 앉은 채 일어나서 도장 안을 돌며 뛰어라." 우리는 당황했지만 사부의 명령이라 따를 수밖에 다른 방도가 없었다. 그러고 얼마나 지났을까? 정말 도장 안을 뛰고 있는 느낌이 들었다. 사부도 우리가 뛰고 있는 모습을 정말 바라보고 있는 듯 우리의 뜀박질에 장단까지 맞추었다. 이어서 사부가 말했다. "이제 멈춰서! 그리고 눈을 떠!" 눈을 떠보니 우리는 당연히 앉은 상태였다.

이런 기술은 동양에서건 서양에서건 아주 오래전부터 사용되어 왔다. 주술사들의 여행도 비슷하게 이뤄진다. 주술사들은 특정 식물이나 예식을 통해 자신의 꿈의 몸을 동물에게 빙의시킨다. 이런 동물을 토템이라고 부른다. 그들은 독수리의 몸을 빌려 공중을 날거나 곰의 몸을 빌려 엄청난 힘을 낼 수 있다. 그러기 위해서, 그들은 독수리의 깃털이나 곰의 발톱 같은 토템의 상징물을 항상 지니고 다닌다.

이런 기술을 익히게 되면, 우리는 비로소 진짜 '꿈을 꾸는 사람'이 된다. 다시 말해 새로운 교통수단(아홉 번째 세상의 몸)을 갖고서 우리 세상과 꿈속 세상을 드나들게 되고, 꿈을 마구 겪는 것이 아니라 의도대로 조종할 수 있게 된다.

내가 이런 훈련에 처음으로 성공했던 날이 기억난다. 1년을 족히 연습했는데도 별다른 결과가 없던 터라, 나는 전부 말장난이고 아까운 시간만 낭비했다고 생각했다. 그래서 그날은 연습하지 않고 그냥 누웠다. 눈을 감았다가 순간적으로 눈을 떴는데, 내가 침대 위에 있지 않고 우리 집 아래층에서 맞은편 건물을 쳐다보고 있었다. 감각도 완전히 달라져 있었다. 모든 것이 더 상세하고 선명한 느낌이었다. 그래봤자 꿈이겠지 하며 머리를 들어서 4층을 바라보니 불이 켜진 창이 보였다. 왠지 그 창문이 이상하다는 생각을 하자마자, 어이쿠! 한순간에 내가 그 창문 맞은편에 가 있었다. 아래를 보니 아닌 게 아니라 내가 창문 높이에 떠 있었다.

이어 우리 시골집을 생각했다. 그랬더니 평소 내가 알던 길을 따라서, 그러나 땅이 아니라 공중으로 이동하는 느낌이 들었다. 마치 내가 길 위의 허공을 나는 듯했다. 시골집에 도착해보니 모든 광경이 상세하고 선명했다. 정원의 크랜베리 열매가 무르익어 있었다. 순간 덜컥 겁이 나며 꿈이 아니라는 생각이 들었다. 그러자 순간적으로 어떤 회오리 같은 것에 휩싸여 침대 발치로 되돌아왔다. 마치 내가 액체 상태가 되었다가 몸속으로 스며드는 느낌이었다. 나는 벌떡 일어나 앉았다. 심장이 뛰고, 땀이 줄줄 흘렀다. 다시는 이런 실험을 하지 말아야지 다짐까지 했다. 물론 지키지 못한 다짐이었다.

나는 지금도 이 두려움을 완전히 극복하지 못했다. 아홉 번째 세상의 몸으로 여행할 때면, 나는 늘 벽 근처에 머문다. 좀 우습지만, 그러지 않으면 어지럽다. 그리고 벽보다는 되도록 문을 통해 이동하려 한다. 사실 육체가 없으니 그럴 필요가 없는데도 벽을 통과할 때면 어떤 저항이 느껴진다. 물론 그냥 내 느낌일 뿐이지만 나는 육체에 와닿는 물질의 느낌을 완전히 떨쳐버릴 수가 없다. 습관의 문제일 텐데, 인간이다 보니 어쩔 수 없다.

처음에 나는 꿈을 꾸고 있다고 생각했다. 하지만 뭔가 달랐다. 아홉 번째 세상의 몸으로 물질세계를 바라보는 것은 임사체험의 느낌과 비슷하다. 임사체험을 한 사람들은 자신이 수술받는 장면을 천장에서 내려다보았다고 말하곤 한다. 그것을 뇌가 만들어낸 환각으로 치부해버린다면, 그가 수술 중에 돌아다니며 본 광경이 실제 사실과 정확히 일치한다는 점은 어떻게 설명해야 할까? 물론 나도 내가 '꿈'이라고 생각하며 봤던 것들을 확인하려고 현장에 직접 가봤다. 모든 것이 그대로였다. 그것은 꿈이 아니었다.

이런 이야기에 벌써 현기증이 난다면 아직 시작일 뿐이다. 갓 열리기 시작한 무한한 가능성을 상상해보라. 이런 여행에 익숙해지면, 우리는 다른 여행자들을 만나 정보를 나눌 수도 있다. 이번에는 '기꺼이' 말이다. '기꺼이'라고 했는데, 이것은 우리 세상에서의 대화와는 다르다. 영혼끼리의 대화 같은 것이라서 번역이 불필요하고 오해의 소지도 없다. 마치 이런 특성을 상징하기라도 하듯, 전령의 신 머큐리는 날개 달린 모습으로 묘사된다.

이곳은 시간의 흐름도 다르기 때문에(객관적인 시간과 꿈의 시간 사이의 차이점을 상기하라), 꿈을 꾸는 이는 과거뿐 아니라 실현 가능성이 큰 미래도 탐험해볼 수 있다.

자, 어쩌면 이 책에서 가장 중요할지도 모를 비밀 하나를 털어놓겠다. 우리 세상에서 스승으로부터 제자에게로 전수되는 앎은 전체의 10퍼센트 정도밖에 안 된다. 90퍼센트의 앎은 꿈속 세상에서 전수된다. 나는 내 제자들 혹은 제자가 되고 싶어하는 이들에게 이렇게 말하곤 한다. "일단 여행하는 방법부터 익히고 나서 다른 세상에서 만납시다!" 이곳은 문도, 창도, 시간표도 없는 교실과 같다. 받아들일 수 있는 사람이면 누구에게나 가르침이 주어진다. 이것이 가장 효율적인 전수 방식이다. 왜냐하면 가르침이

에고의 해석과 변형을 배제하고 우리 가슴에 바로 와닿기 때문이다. 이것을 '선재先在하는 과학'(la science infuse)이라고 부른다. 여기서 이뤄지는 것은 '배움'이 아니라 '이해'이다.

평범한 행적에는 평범한 수단이, 비범한 행적에는 비범한 수단이 필요하다. 아홉 번째 세상의 몸이 바로 그 비범한 수단이다. 온갖 마술을 부리는 것도 바로 이 몸이다. 당신은 정신력으로 작은 숟가락을 휘거나 사라지게 해보려다 실패한 기억이 있을 것이다. 희망과 믿음을 섞어 아무리 집중한다 해도, 그것은 그런 식으로 되는 일이 아니다. 우리의 육체가 우리를 열 번째 세상 속에 가둔다는 사실을 명심하라. 그러니 몸을 속이거나 따돌리는 훈련이 필요하다. 훈련을 통해서 우리는 굳이 잠을 자지 않더라도 우리의 의식을 꿈의 몸으로 이전시킬 수 있다. 이와 관련한 증거로 대수녀 이본 에메Yvonne-Aimee의 유체이탈 현상을 꼽을 수 있다. 그녀는 나치 점령 때 체포되었는데, 놀랍게도 자신의 수도원에서 모습을 나타냈다. (이후 레지스탕스 활동으로 레지옹 도뇌르 훈장을 받았다.)

내가 고인돌에 손을 얹고 있으면 그 지역의 모든 역사가 보이는데, 그때 내 손은 어떤 손일까? 나는 여행 계획을 세울 때 이런 감지력을 활용한다. 그 지역의 오래된 예식이나 잊혀진 역사를 재발견하기 위해서다. 나는 늘 그것을 과거의 일이 아니라 현재의 일로 묘사한다.

이제 마법사도 연금술사도 아닌 당신에게로 되돌아오자. 당신은 굳이 꿈이 아니라도 아홉 번째 세상에 진입하곤 한다. 길을 걷다가 '음, 뭔가 이상해. 여기로 지나가면 안 되겠어'라는 느낌이

들어 발걸음을 주춤하는 찰나 코앞으로 트럭이 쌩하고 지나간다면, 당신은 아찔해하면서 수호천사에게 감사를 올릴 것이다. 그렇다. 그 수호천사가 바로 아홉 번째 세상의 몸이다. 왜 우리 모두에게 수호천사가 하나씩 있는지 이제 이해될 것이다. 우리의 의식이 순간적으로 꿈의 몸으로 이동했으며 그 몸은 멀리 볼 뿐만 아니라, 시간을 앞서 볼 수도 있다. 마치 시간의 계단을 올라가서 10분 후에 일어날 일을 미리 보는 것처럼. 그러다가 어떤 막연한 느낌만을 간직한 채 육체로 되돌아온다. 꿈에서 깨어날 때와 똑같이.

간혹 유달리 민감한 사람들이 있긴 하지만 이런 일들은 대개 우연히 일어난다. 영매들도 비슷한 방식을 사용한다. 그들을 칭하는 médium이라는 단어 자체가 '중간'을 뜻한다. 우리가 가끔 느끼는 '데자뷔'도 같은 원리로 이해해볼 수 있다.

이와 관련해서, 내 머리에 혹을 만든 재미있는 일화가 있다. 나는 팔려고 내놓은 어떤 집을 방문한 적이 있다. 거기서 방을 지나 복도로 가려고 했는데… 그만 벽에 심하게 부딪히고 말았다. 집주인이 나를 부축하여 일으켜 세웠다. 나는 놀라며 물었다. "어? 이상하네요. 여기 분명히 복도가 있는 걸 봤는데." 그러자 그도 화들짝 놀라며 대답했다. "네, 이전에 거기에 복도가 나 있었어요. 그런데 거길 벽으로 막은 지가 벌써 20년이나 되었답니다." 맹세컨대 나는 그 복도를 또렷이 봤다. 그리고 그것이 과거의 광경이었다는 사실을 나중에야 깨달았다.

또 다른 일화로, 어느 날 나는 다리 위에서 친구 한 명을 기다리고 있었다. 저쪽 아래에서 친구가 오는 것을 보고는 만나려고 내려갔는데 아무도 없었다. 막 찾다가 다시 다리 위로 올라와보니 또 아까처럼 친구가 보였다. 나는 다시 내려가서 친구에게 왜 숨었느냐고 물었다. 그랬더니 그는 무슨 말인지 모르겠다며 자신은 방금 도착했다고 말했다. 다시 말해 내가 친구가 도착하기에 앞서서 그 장면을 보았던 것이다. 똑같은 옷을 입고 똑같은 곳에서 이쪽으로 오는 친구의 모습을. 다만 10분 앞서서.

수업 중에 '얼이 나간 듯' 멍하니 있는 아이를 예로 들어보자. 문자 그대로 그 아이는 육체만 그 자리에 있을 뿐, 사실상 다른 곳에 가 있다. 그래서 아무것도 들리지 않는다. 육체만으로 보고 들을 수는 없으니까. 좀 심한 경우에는, 선생님이 다가와서 어깨에 손을 얹으면서 "너 어딨니?"라고 묻기까지 해야 아이는 움찔하며 이 세상으로 되돌아온다.

운전할 때 의식은 다른 어딘가를 떠돌아다니고 몸만 운전대를 잡고 있는 상태를 종종 경험하게 된다. 그러면서도 교통 법규는 잘 지킨다. 그때는 대체 누가 운전을 하고 있는 것일까? 그런 상태에서는 시간도 다르게 흐르는 것 같다. 그러다 문득 정신을 차리며 말한다. "어! 벌써 도착했네. 시간 가는 줄 몰랐네."

또 다른 장면도 있다. 생각에 잠겨 정처 없이 길을 걷다가 갑자기 누군가와 부딪혔는데, 순간적으로 내가 누구이고 여기가 어디고 지금이 언제인지 파악이 안 될 때가 있다. 열 번째 세상의 몸 대신 아홉 번째 세상의 몸이 계속 활동하고 있는 듯이 말이다. 즉 그 두 몸 사이에 약간의 틈이 생긴 것이다. 정신을 차리기까지, 즉 의식이 육체로 돌아오기까지의 틈.

교통사고를 당하는 순간에는 마치 시간이 천천히 흐르는 듯 느껴진다고들 한다. 깨진 유리 조각들이 천천히 눈앞에서 지나가는데, 정작 자신은 관찰자가 되어 그 사고를 지켜보는 느낌이 드는 식이다. 기절할 때도 마찬가지다. 이처럼 상황이 너무 위험해지면 의식은 꿈의 몸과 함께 도망가버린다. 그래서 의식이 없는(inanimé), 다시 말해 영혼이 없는(sans âme) 상태가 된다. 그러다 위기가 지나가면 다시 돌아온다. 영혼을 되돌리는(réanimé) 것이다. 그때 우리는 이렇게 되묻는다. "여기가 어디지?" 다시 말해, 거기를 잠시 떠나 있었다는 뜻이다.

몽유병도 아홉 번째 세상의 몸을 갖고서 꿈속에서 움직여다니는 상황에 해당한다. 다만 자신도 모르게 열 번째 세상의 몸까지 거기에 개입시킨다.

도심에서 직접 이런 실험을 해볼 수 있다. 횡단보도에서 맞은편을 보면, 생각에 잠겼거나 휴대전화에 시선을 빼앗겨 부주의하게 우리 쪽을 향해 걸어오는 사람들이 있다. 그때 겁먹지 말고, 눈을 감은 채로 걸어간다. 이때 우리는 그들과 부딪히지 않는다. 그들이 피해서가 아니라, 우리의 아홉 번째 세상의 안테나가 우리를 안내하기 때문이다. 주술사들도 제자들에게 비슷한 시험을 준다. 맨발로, 두 눈까지 가린 채 엉겅퀴가 무성한 들판을 걷게 한다. 아무 상처 없이 지나간다면 통과다. 하지만 아주 작은 의심만 있어도 불타는 고통을 느끼게 된다. 여기서 내가 하고 싶은 말은, 우리는 눈을 감고서 우리 자신을 다른 무언가에 내맡겨볼 수 있다는 것이다. 이것을 신뢰라고 해도 좋고 믿음이라고 해도 좋다.

지금 이 책을 읽고 있는 당신은 분명 생생하게 살아 있다. 자, 이제껏 살아오면서 천만다행으로 죽을 위기를 넘겼던 기억들을 한번 되짚어보라. 어떤 길을 돌아갔기 때문에 위험천만한 빙판을 피하고, 문제의 가게가 아니라 바로 옆 가게로 들어갔기에 불행한 사고를 피하고, 약속을 놓쳐버린 덕분에 눈사태가 일어날 산에 가지 않게 되고…. 자신도 모르는 사이에 수많은 위험을 피해왔을 것이다. 그때마다 옆에서 속삭이던 작은 경고의 목소리, 그것이 바로 아홉 번째 세상의 몸의 목소리다.

　그중에는 위험의 징조가 너무나 강렬해서 도저히 따르지 않을수가 없었던 경험도 있을 것이다. 나도 사춘기 때 그런 일을 두번 겪었는데 아직도 그 기억이 생생하다.

　어머니하고 스키를 타러 갔다가 집으로 돌아오던 길이었다. 어머니와 나는 파리행 열차의 마지막 침대칸을 예약해두었다. 어머니가 스키를 타다가 다리를 다쳤기 때문에 내가 먼저 열차에 오르려던 찰나, 마치 깊은 우물 같은 새까만 구멍이 보였다. 다시 말해 열차의 그 마지막 칸이 내게는 끔찍한 허깨비처럼 느껴졌다. 순간 온몸이 오싹했다. 나는 죽어도 그 열차에 안 오르겠다며 플랫폼에서 난리를 쳤다. 타자고 하는 어머니와 안 타겠다는 아들 사이에 집요한 실랑이가 벌어졌다. 나는 무슨 일이 있어도 그 칸에는 타지 않겠다고 버텼다. 결국 어머니가 항복했고, 우리는 열차의 앞쪽에 타게 되었다. 어머니는 다리까지 다친 마당에 침대칸을 포기하고 열차의 반대편 끝까지 이동해야 했다. 그래도 나는 어쩔 수 없었다. 나를 밀어내는 듯한 그 새까만 구덩이에 제

발로 들어갈 수는 없었다. 그리고 밤이 되자, 달리고 있는 열차를 눈사태가 덮치는 바람에 마지막 칸이 떨어져나가 뒤에서 오던 열차와 충돌해버렸다.

열여섯 살 때도 비슷한 일이 있었다. 나는 친구 한 명과 파리의 베를리츠Berlitz 영화관에 갔다. 자리에 앉으려고 하는데, 또 한 번 새까만 구멍이 보였다. 나는 거기를 피해야 한다는 강박에 휩싸였다. 어머니하고 그랬던 것처럼, 이번에도 난리를 쳤다. 무슨 일이 있어도 그 자리에는 도저히 앉을 수가 없었다. 결국 친구가 양보했고 우리는 발코니 쪽으로 자리를 옮겼다. 친구는 갖은 말로 나를 비난했다. "너랑 다시는 영화 보러 오나 봐라." 나는 귀를 막은 채 천장을 바라보며 혼자 중얼거렸다. '천장이라도 무너져내리면 재미있을 텐데.' 그냥 장난치듯 한 생각이었는데, 문제는 그 일이 실제로 일어났다는 것이다. 그날 아래쪽에 앉은 사람들 위로 천장이 내려앉아버렸다. 처음에 우리가 앉으려던 그 자리에.

나는 모든 것이 이미 정해져 있고 우리가 보는 미래도 정해진 것이라고 생각하지 않는다. 다만 우리는 비교적 가능성이 큰 미래의 정보에 접속해볼 수 있고, 그 덕분에 다른 가능성을 선택할 기회를 얻을 수 있다.

보시는 바와 같이 이 책 전체가 합리와 비합리, 두 영역 사이를 오가고 있다. 이것은 당신을 위한 일종의 게임이다. 그러면 펜을 잡고 있는 나의 역할, 나의 궁극적인 목표는 무엇일까? 바로 당신을 깨어남으로 이끄는 것이다. 우리는 평생 '잠이 든 채로' 꿈을 꾸어왔다. 이제는 '깨어난 채로' 꿈을 꿔보도록 하자.

시간을 보는
다른 시각

시간과 관련해서 내가 겪어본 가장 희한한 경험 중 하나는 일본식 방어술의 노(老)대가와 무술을 할 때 일어난 일이다. 그는 작은 몸체에도 불구하고 완전히 덤덤하고 자신감에 찬 태도로 말했다. "자, 나를 공격해보시오들!" 그런데 우리가 약간의 동작을 하자마자 벌써 우리 뒤쪽에 가 있는 것이 아닌가? 우리는 어안이 벙벙해 서로 바라볼 수밖에 없었다. 그는 거의 인간 수준이 아닐 정도로 빨랐다. 분명히 거기 있었는데, 다음 순간에는 이미 사라지고 없어서 움직임을 도저히 감지할 수가 없었다. 여기서 저기로 눈 깜빡할 사이에 튀어버렸다. 도대체 그 비법이 무엇인지를 그에게 묻자, 그는 빙그레 웃으며 눈썹 하나 까딱하지 않고 대답했다. "나는 그냥 걸을 뿐이오. 단지 내 시간이 여러분의 시간과 같지 않은 거요."

그때는 이해가 가지 않았지만, 다른 설명을 곁들일 수도 없었다. 그리고 나중에야 시간이 주관적이라는 사실을 깨달았다. 우리도 매일 그것을 경험하고 있다. 5분 동안 시계만 바라보고 있으면, 시간이 정말 느리게 느껴진다. 반면 뭔가를 열심히 하고 있노라면, 아니! 5분이 그야말로 한순간에 흘러버린다. 시계는 늘 같은 리듬으로 움직이고 있지만, 우리는 그 시간 속에서 늘 같은 행동을 하지 않는다. 그래서 같은 시간도 다르게 감지하게 된다. 게다가 나는 시간이 우리 각자에게 똑같은 방식으로 영향을 주지 않는다고 확신한다. 우리 각자는 고유한 '시간의 선'(timeline)을 가지고 있다. 그것은 곧은 선이 아니라, 소리나 빛처럼 굴곡을 형성하며 지속되는 파도 같은 것이다.

파동과 결부된 에너지는 일명 도플러Doppler 효과(어떤 파동의 중심점과 관찰자의 상대 속도에 따라 진동수와 파장이 바뀌는 현상. 역자)를 따른다. 특히 소리가 그렇다. 큰 소리를 내며 앞으로 지나가는 차 소리에 한번 귀를 기울여보라. 우리 앞으로 지나갈 때 내는 소리는 멀어져가면서 내는 소리보다 훨씬 높게 들린다(사이렌 소리로 실험해보면 더 분명해진다). 차가 앞으로 가고 있기 때문에 앞쪽의 소리는 파장이 짧아지고(음정이 높아짐) 뒤쪽의 소리는 파장이 길어지기(음정이 낮아짐) 때문이다. 우리는 이 현상을 측정해서 얻어낸 원리를 은하 내부 물질들의 움직임을 관측하는 데 사용하고 있다. 청색편이를 나타내는 별은 우리에게 가까워지고 있고, 적색편이를 나타내는 별은 우리로부터 멀어지고 있다. 빛의 파장도 도플러 현상의 예외가 아니기 때문이다. 그렇다면 시간도 마찬가지 아닐까? 시간의 움직임에 따라 시간의 선도 줄거나 늘 수 있지 않을까?

오늘날의 물리학과 수학은 아인슈타인의 상대성이론에 근거하고 있다. $E=mc^2$, 즉, 특정 물질의 에너지는 그 물질의 질량에다 빛의 속도의 제곱을 곱한 것이다. 우리 우주에서 빛의 속도는 최대치로 고정된 것이라 더 빨라지지도 느려지지도 않는다. 로렌츠Lorentz의 함수도 동일한 전제에 기반하고 있다. 우리가 시간을 일정한 것으로 보는 이유는 빛의 속도(1초에 지구를 여덟 바퀴 도는 속도)보다 더 빨리 움직이는 물질을 만들지 못했기 때문이다.

제네바에 있는 유럽입자물리연구소(CERN)는 2011년 오페라OPERA(Oscillation Project with Emulsion-Racking Apparatus) 프로젝트를 통해 빛보다 1초에 6킬로미터를 더 빨리 가는 중성미자(neutrinos)를 관측했다고 발표했다. 프랑스 국립과학연구소(CNRS)도 이 소식을 전했다. 이 현상을 설명하기 위해서, 파리에 있는 천체입자/우주론 연구소(laboratoire AstroParticule & Cosmologie) 소장인 피에르 비네트리Pierre Binétruy는 소립자들이 다른 차원의 지름길을 통과할 수 있다는 가설을 내놓았다.

이 발견은 과학계를 떠들썩하게 만들었다. 심지어는 뭔가 기계적인 오류가 있지 않고서야 말이 안 된다는 주장까지 나왔는데, 유럽입자물리연구소의 권위를 생각해볼 때 쉽사리 동의하기 어렵다. 차라리 상대성이론에 의문을 품고 시간여행이 가능할 수도 있겠다고 생각해보는 편이 낫지 않을까? 슈퍼맨이 지구가 도는 방향과 반대로 빛보다 더 빨리 돌아서 시간을 과거로 돌리는 것처럼 말이다. (저자의 기대와 달리, 아쉽게도 이 발견은 관측장비가 일으킨 아주

미세한 오차 때문이라고 일단 결론지어졌다. 역주)

　내가 보기에 우리가 시간여행의 가능성을 받아들이지 못하는 이유는, 시간을 건드리는 것이 곧 신을 건드리는 것이기 때문이다. 인간은 시간의 흐름 속에 갇혀 있다. 반면 신은 영원해서 (éternité) 영성永聖(Éternel)이라고 부른다. (성지에서는 시계를 건물 안에 두지 않고 늘 밖에 둔다). 시간을 바꾸려고 하는 것은 곧 신에게 도전하는 것이다. 신이 인간에게 제시한 첫 번째 규칙은 이러했다. "저녁이 되고 아침이 되니…." 지고한 금기가 아닐 수 없다.

　그렇다 하더라도 발칙한 생각 하나쯤은 해보자. '생각은 물질이 아니므로 빛보다 더 빨리 갈 수 있다'고 말이다. 별빛은 초속 30만 킬로미터로 우리에게 도달한다. 즉 더 멀리 있는 별을 볼수록 더 오래된 과거를 보는 셈이다. 예를 들어 태양 빛이 우리에게 도달하려면 8분이 걸린다. 북극성의 빛은 430년 걸린다. 그러니 실제로 우리가 보는 것은 그 별들의 과거다. 지금 우리가 북극성에서 지구를 보고 있다고 상상해보라. 그곳의 우리는 1587년 마리 스튜어트Marie Stuart의 처형식을 보고 있는지도 모른다.

　우리가 만약 빛보다 더 빠르게 지구에서 멀어질 수 있는 에너지를 보유하고 있다면? 그러면 우리가 빛보다 빨리 간 그 거리가 시간의 지표가 될 것이다. 빛의 속도를 예로 들어 만일 내가 1광년만큼 더 이동했다면, 나는 1년 전에 일어난 사건(1년 전에 출발한 빛)을 보게 될 것이다. 1,000광년을 더 이동했다면 1,000년 전의 사건을 보게 될 것이다. 이런 식으로 우리는 시간을 거슬러 올라갈 수 있다. 물론 진짜 그때로 돌아가는 것은 아니고 그때의 광경을 볼 수 있다는 의미지만.

지금으로서는 이처럼 빨리 움직이는 우주선을 상상하기 어렵다. 적어도 현재의 방식으로는 그렇다.

그래서 아인슈타인은 웜홀이라는 개념을 제안했다. 한 장의 종이 위에 멀리 떨어져 있는 a점과 b점을 서로 만나게 한다고 해보자. 두 점이 맞닿도록 종이를 접어 구멍을 뚫는 것이 가장 빠른 길이 된다. 한 점에서 다른 점으로 종이 위를 쭉 잇는 길보다 말이다. 시간의 선이 똑바른 것이 아니라 롤러코스터처럼 오르락내리락하는 것이라면, 우리는 벌레가 과일 속을 파먹듯이 구멍을 뚫어 시간을 벌 수 있다. a점에서 폴짝 뛰어내려 b점에 도착하는 것이다.

모두들 집에서 열쇠를 잃어버린 경험이 있을 것이다. 여기저기를 뒤져봐도 보이지 않는다. 그러다가 10분쯤 지나서 좀 전에 열 번이나 뒤져본 바로 그 자리에서 열쇠를 발견한다. 귀신이 곡할 노릇이다. 내가 열쇠를 잃어버렸던 것일까? 아니면 열쇠가 나를 잃어버렸던 것일까?

내 설명은 이렇다. — 우리는 열쇠를 공간 속에서 잃어버린 것이 아니라 시간 속에서 잃어버렸다. 열쇠는 그 자리에 계속 있었다. 그런데 이례적으로 10분 동안 시간의 굴절이 일어나버린 것이다(시간이 접히면서 두 점이 맞닿았다). 종일 켜져 있는 CCTV에는 가끔 이상한 장면이 녹화되곤 한다. 어떤 물건이 이유도 없이 사라졌다가 다시 나타나기도 한다. 언젠가 우리가 이 은하에서 저 은하로 여행하게 된다면 아마도 이런 방식을 쓰게 될 것이다. 시간을 접어서 건너뛰는 식의 여행.

내가 보기에, 과거는 끝나버린 일이 아니다. 우리가 이미 겪었다고 해서 그 사건이 그대로 사라지지 않는다. 시간의 흐름은 이 방에서 저 방으로 이동하는 것과 같다. 내가 어떤 방을 떠났다고 해서 그 방이 없어지지는 않는다. 반면 미래란 내가 갖고 있는 에너지의 양에 의존하는 가능성의 총체다.

예를 들어 지금 이 순간의 나는 몇 초 후에 코를 긁을 가능성이 크지만, 날개가 생길 가능성은 아주 적다. 그렇다고 해서 쭉 이어지는 시간의 선 속에서 내게 날개가 절대로 생길 수 없는 것은 아니다. 다만 지금의 나에게 날개는 너무 아득한 곳에 자리하고 있어서, 거기에 도달하려면 엄청난 에너지가 필요할 뿐이다. 내가 엄두를 내지 못할 만큼의 에너지다. 그렇다고 그것이 아예 가능하지 않다고 말할 수는 없다. 단지 가능성이 희박할 뿐이다.

에베레스트산 앞에서 숟가락을 하나 주면서 산을 옮겨보라고 한다면, 나는 불가능하다고 대답할 것이다. 사실 불가능한 일은 아니다. 단지 시간이 엄청나게 많이 걸린다. 이집트의 피라미드는 산만큼 거대하다. 서기전 2,500년경에 인간이 기중기 없이 150미터의 피라미드를 만들어낼 가능성은 무척 적었다. 그런데도 그들은 해냈다. 날씨가 화창한 날에 생틸레르 산에서 갑작스러운 폭풍을 일으키는 것은 거의 불가능한 일이다. 그런데 우리는 충분한 에너지를 모아서 해냈다. 내가 15년 동안 실패를 거듭한 끝에 현자의 돌을 만들어낼 가능성도 적었다. 사람들은 납으로 무슨 금을 만들어내느냐고 입을 모아 말한다. 하지만 실험실 앞에 어떤 금언이 쓰여 있는지 아는가? "그는 불가능하다는 것을 몰랐다. 그래서 해냈다."

가능성(le possible)과 개연성(le probable)은 다르다. 여기서 관건은 시간이다. 앞서 연금술사가 목표로 하는 부동 상태에 대해 언급한 바 있다. 그 첫 번째 작업은 원인이 존재하지 않는(non-causalité) 기포, 즉 인과관계를 초월한 '영원의 순간'을 만드는 것이다. 외부에서 가능하지 않은 일들이 이 기포 안에서는 가능해진다. 거기는 또 다른 현실이다.

가능성은 에너지의 양, 그리고 집중의 강도에 의해 판가름 난다. 연금술이 하나의 예다. 현자의 돌이야말로 극도로 집중된 에너지의 산물이 아니겠는가? 이것이 곧 우리 삶의 목표다. 어떤 양상을 미리 그려가면서 그것이 이루어지도록 준비하는 것 말이다. 죽어가는 사람조차 사랑하는 가족을 만나기 위해 죽음의 순간을 뒤로 미루는 힘을 발휘하지 않는가.

이슬람 수피 댄스를 추는 수도자들은 어떻게 넘어지거나 현기증을 느끼지도 않은 채 그렇게 오랫동안 빙빙 돌 수 있을까? 그들의 초인적 능력은 신비로운 방식으로써 획득한 부동의 상태, 시간을 초월한 상태 덕분이다. 사실은 그들이 도는 것이 아니라 우주가 도는 것이다.

이제 시간을 초월하기 위해서 아홉 번째 세상의 몸을 이용하는 방법과 그 이유를 한번 알아보기로 하자.

나는 여행을 계획할 때, 내가 방문할 지역들을 꿈속에서 미리 봐두는 편이다. 그리고 현지에 직접 가서, 혹은 문헌들을 뒤적이면서 내가 본 것이 사실과 일치하는지를 확인한다. 어쨌든 내가 꿈속에서 얻는 정보들의 출처는 우리의 현실이 아니다. 그것들은 다른 데서 온다.

나는 이런 '시간여행'을 하다가 옛날 알렉산드리아 도서관에 무슨 일이 있었는지를 알게 되기도 했다. 나는 탁월한 문인이었던 카이사르가 그 지식의 사원을 불태워 없애버렸다는 이야기를 도저히 믿을 수가 없었다. 그런데 사실을 알고 나니 얼마나 가슴 떨리던지! 나는 내가 알게 된 것을 증명하기 위해 몇 달에 걸쳐 현장에도 가보고, 온갖 문헌도 들춰보다가 결국 증거를 찾아내고야 말았다. 하지만 여기서 그것을 밝히지는 않겠다. 내가 준비하고 있는 네 권짜리 소설의 주된 내용이기 때문이다.

사람들의 여행을 안내할 때, 나는 과거를 '불러내곤' 한다. 앞서도 말했듯이 내 머리를 거치지 않고 그냥 입에서 술술 흘러나오는, 그때의 광경과 분위기를 고스란히 담고 있는 이야기를 통해서 과거를 직접 느껴보게 하기 위해서다. 나는 그 이야기에 나를 내맡긴다. 나 자신뿐만 아니라 여행자 모두가 아주 선명한 이미지를 그릴 수 있을 때까지. 그러고 있노라면 묘한 일이 일어난다. 우리 모두가 그 이야기와 일치하는 감각을 실제로 경험하고, 심지어는 생생히 보기까지 한다.

섭씨 40도의 모래사막에 있는 이집트 옛 사원의 폐허에서 있었던 일이다. 나는 사람들에게 여기 모자이크 조각이 하나 있다고 상상하게 한 뒤, 그것을 조금씩 확장하여 사원 전체의 모습을 그려보도록 유도했다. "이 모자이크를 잘 보세요. 어떤 모양인지 상상해보고, 그 모양을 확장해보세요. 무늬를 더 연장시켜보세요. 이제 감이 좀 잡히시나요? 거기 그 기둥을 천정까지 올려보세요. 저쪽에도 비슷하게 생긴 기둥들이 있네요…." 이런 식으로 그림이 그려지고 나면, 생동감이 더해지고 그 안에 사제들까지 보인다. "보세요. 사제들이 표범가죽 옷을 입고 있네요. 등불도 들고 있고요. 거기 불꽃 보이시죠…."

그러고 있으면, 장담하건대 사막을 따갑게 내리쬐는 오후의 태양 빛에도 불구하고 우리는 사원 내부의 어둠을 느끼게 된다. 또한 현지의 높은 기온에도 사람들은 한기를 느끼고, 몇몇은 몸을 떨기까지 한다.

이것은 단순한 상상이 아니다. 나는 내가 본 것을 더 크고 선명하게 만들기 위해 특정 상태에 몰입해서 그것을 의심 없이 사람들에게 전달한다. 나는 내가 가진 실타래를 풀어 그 실을 따라서 어딘지도 모르는 곳으로 간다. 뭔가가 나타나고, 선명해지고, 느껴지고, 냄새까지 풍긴다. 옆에서 주워듣던 다른 관광객들도 덩달아 우리와 똑같은 광경을 보곤 한다. 그렇듯 보편적이고 강렬한 경험이다.

친구(copain)라는 단어는 '빵을 나눈다'(co-pain)는 의미도 된다. 같은 이치로, 만족스럽다(content)는 단어를 새의 언어로 풀면 '같이 시간을 보낸다'(con-temps)는 의미가 된다. 시간을 함께 보낼 때, 즉 시간의 선을 서로 일치시킬 때 우리는 만족감을 느낀다. 응시 (contemplation) — 새의 언어로는 '사원을 열다'(ouvrir le temple)가 된다 — 또한 부동 상태에서 함께 주변을 관찰한다는 의미다. 강변에 앉아서 강물의 흐름을 바라보듯이, 시간의 강변에 앉아서 그 장소의 모든 역사를 바라본다. 우리가 사막 위의 고대 사원에서 그랬듯이.

앞서 산티아고 순례 때의 경험을 언급할 때도 비슷한 이야기를 했다. 어차피 우리는 시간 속에 존재하는 인간이다. 그리고 빛을 갈구하는 물질적 존재인 우리에게 주어진 첫 번째 시험은 바로 '시간'의 시험이다. 순례는 단지 얼마나 시간이 걸리느냐(prendre du temps) ─ 내게는 1년이었다 ─ 만의 문제가 아니다. 얼마나 여유를 가지느냐(prendre son temps)를 가르친다. 요컨대 그 여정에서 휴식을 취하며 우주 리듬과 조율할 시간을 가진다는 의미다.

우리는 시간에 그야말로 중독되어 살아가고 있다. 이스터 섬에 갔을 때 내가 여실히 경험한 바이기도 하다. 거기는 전화도 인터넷도 없다. 주민들은 시간을 헤아리지 않고 살아가는 듯 보인다. 평소 습관 때문에 여행 초기에는 그런 상황을 못 견뎌하는 사람들도 있었다. 그러나 곧 모두가 적응했고 오히려 해방감까지 느꼈다. 나중에 집으로 돌아와서 일상의 리듬을 되찾는 데 어려움을 겪을 정도였다. 이런 '무시간성'에 대한 향수를 간직한 채 끝내 이전의 상태로 돌아가지 못한 사람들도 있었다. "오, 시간이여, 너의 비상을 멈추어라!"

나는 이와 같은 시간의 유연성을 나바호Navajos 원주민들 틈에서 이미 느껴본 적이 있다. 애리조나의 원주민 보호구역의 시간 개념은 우리와 다르다. 그들은 '인디언 타임'이라는 말을 자주 한다. 누군가와 만날 약속을 하면 사흘 후에야 그가 나타나는 식이다.

당황한 당신에게 그는 "저 왔어요"라며 태연하게 대답한다.

　나는 산업화된 나라일수록 더욱 시간의 노예가 된다고 생각한다. 우리는 시간을 자르고, 강요하고, 가두고, 누르고, 판단한다. 사람들의 말마따나 시간이 돈이라면, 영원(éternité)은 금일 것이다. 여기서 새의 언어가 톡톡히 재미를 본다. 우리가 사는 세상은 유혹의 세상인 만큼 '뭔가 유혹된다'(être tenté)는 것은 발음이 같은 '에트르 땅 떼être temps T', 즉 지구(Terre)의 시간에 존속된다는 뜻이다. 하지만 '영원(l'éternité)'은 발음이 같은 '레테르 니 떼l'ether nie T', 즉 레테르l'ether가 지구(Terre)를 부인한다는 뜻으로 지구 없는 레테르(l'ether=le corps éthéré) ─ 다시 말해 지구의 취약점을 능가해서 인간적인 시간을 뛰어넘는 아홉 번째 세상의 몸 ─ 을 가리킨다. 현자는 시간을 헤아리지도 않고, 지나가는 시간에 얽매이지도 않은 채 명상을 한다. 나 역시 여드레 동안 실험실에 처박혀 완전히 연구에만 몰입했던 적이 있다. 시간에 대한 감각 없이, 먹거나 자는 것도 잊은 채로, 탐구 이외의 모든 것이 정지된 상태를 경험했다. 나 자신의 시간 감각이 멈춘 상태에서는 째깍거리는 규칙적인 시간 리듬 따위는 아무런 의미가 없어진다.

　나는 연금술사들의 불멸성에 대한 질문을 자주 받는다. 여러 가지 대답이 가능하다. 당연히 현자의 돌을 만들어낸 연금술사라면 더 오래, 건강하게 살도록 도와주는 뭔가를 만들어낼 수 있다. 엄밀히 말해 그것은 불멸이 아니라 장수일 뿐이다. 다른 한편으로, 돌을 삼킨 아뎁트는 자기 몸의 여러 기능(감각, 대사, 근육 등)이 증진되었음을 느낀다. 그래서 노화가 늦춰진다고 말할 수 있지만 이 또한 불멸은 아니다. 또한 인지력이 모든 수준에서 개선되므로, 내가 불길한 일을 예지했던 것처럼 삶의 위험을 피하게 해주는 정보를 얻기도 한다. 사고 날 확률이 줄면 수명도 늘어날 것이다. 돌을 삼키고 나면, 그 빛의 작용으로 더 균일한 메시지가 육체의 세포들에 전달된다. 몸에 흐르는 정보가 강화되고 교정되니 자연히 퇴화도 늦추어질 것이다. 이런 다양한 이유로 수명이 늘어날 수 있다. 그러니 이 주제는 한 100년쯤 후에 다시 다루기로 하자.

지금 우리가 말할 수 있는 것은 시간의 흐름에 대항하는 것일 뿐, 시간을 완전히 뛰어넘은 것은 아니다. 여러분도 이미 짐작하고 있듯, 이 이야기를 논리로 시작해서 더욱더 신비로 나아가기 위해, 돌을 삼킨 아뎁트에게 벌어지는 일들을 다시 한번 상기시키고자 한다. 첫 번째 돌을 소화시킨 사람은 이 세상에 있으면서도 저세상으로 진입할 수 있다. 이것은 마치 집에서 창문을 열어 밖을 보는 것과 같다. 두 번째 돌을 소화시킨 사람은 머무는 곳이 바뀐다. 마치 집의 정원에서 산책을 하면서 가끔 집 안을 들여다보는 격이다. 그리고 세 번째 돌을 소화시키면, 아예 정원을 나서서 더 이상 집이 안 보이는 곳까지 가버리게 된다. 우리는 두 번째 돌을 소화시킨 연금술사가 '인간의 시간' 밖에서 여행한다고 상상해볼 수 있다. 만약 정원에서 하루 동안 거닐었을 뿐인데 집 안에서는 50년의 세월이 흘러버렸다면, 그가 되돌아왔을 때 하루치만 늙은 그를 바라보며 집 안의 사람들은 얼마나 놀라겠는가? 그들의 눈에는 그가 죽지 않는 사람으로 보이지 않겠는가? 이런

가정이 옛날 연금술사들과 결부되어 전해지는 묘한 얘기들을 설명해줄 수 있다. 실제로 아직도 죽지 않고 어딘가에 살아 있다는 얘기를 듣는 연금술사들이 꽤 있다. 18세기의 생제르망^{Saint-Germain} 백작도 그렇고.

장수 챔피언들은 성경 속의 원로들이다. 마투살렘^{Mathusalem}(969 살), 노아(950살), 아브라함(175살), 야곱(147살)…. 이들의 수명은 태초에서 멀어질수록 줄어든다. 일종의 탈신성화^{脫神聖化}인 셈이다. "네가 빛에서 멀어지면 멀어질수록 영원과 지혜에서도 멀어질 것이다."

연금술사, 그 누구도 이 세상에서 영원히 살아남기를 원하지는 않는다. 그것은 시간 속에 갇혀서 가족들이 늙고 죽어가는 모습을 지켜본다는 의미다. 그런 조건에서 어떻게 자기 영혼의 모든 황을 비워내고 새로운 여행을 시작할 수 있겠는가? 자신이 시작한 일을 끝내기 위해 좀더 오래 이 세상에 남아 있기를 바라는 정도라면 괜찮겠지만 말이다.

여하튼 연금술사에게 '불멸'은 제공되니, 선택은 그가 해야 한다. 그는 지진이 일어나 폐허가 되어버린 곳에서 살아나온 사람과 같다. 밖에서 구조대를 도울 수도 있고, 다시 그 혼돈 속으로 들어가서 땅속에 갇혀 있는 사람들에게 여기에 출구와 구조대가 있다고 말해줄 수도 있다. 그런데 과연 사람들이 그의 말을 들을까?

인간 세상에서의
연금술

나는 항상 연금술을 실험실에서 꺼내려고 해왔다. 바깥세상에서 활용할 수 있는 방법을 모색하려 했다. 금속제련 분야의 발명품, 아프리카를 위한 발명품, 그리고 트람을 활용한 치료법까지. 금속 비율표, 강연, 다양한 분야의 교육(유도된 꿈, 서예, 주문법, 지질생물학, 일곱 가지 세상으로의 몽상적 여행 등), 춘하추동의 예식, 그리고 내 생의 동반자인 샤를로트^{Charlotte}가 동참하여 세심하게 준비하는 국내외 여행들도 있다. 아내는 모든 준비 작업을 도맡는다. 게다가 특유의 여성적인 감각으로 여행에 인간적인 온기를 보태줘서 나뿐만 아니라 참가자 모두가 아내의 동참을 아주 소중하게 여긴다.

한편 나는 기업들과도 협업하면서 그들에게 주로 기술적 조언을 제공해왔는데, 이제는 예술적 차원의 조언과 더 나아가 철학적인 차원의 조언까지 담당하고 있다.

이 장에서는 내가 해온 일들을 순서대로 나열해보려고 한다. 활발하게 실전적 연금술에 몰두하던 시절, 나는 보석상들과 함께 작업하는 일이 많았다. 우리는 연금술사의 아궁이에서 끄집어내는 금에 대한 이야기를 자주 나누곤 했다. 연금술사는 귀중한 돌뿐만 아니라 온갖 종류의 돌을 다 만들어낸다고 하지 않았는가? 그렇다고 내가 여기서 그 비법을 밝힐 것이라고는 기대하지 말라. 나는 그것을 한 번도 공개한 적이 없다. 문자 그대로 비법이니까. 그래도 호기심을 가지는 이들에게 내가 말해줄 수 있는 것은, 내 방식은 곧 자연의 방식이라는 사실이다.

자연 속의 돌들은 그 결정체의 씨앗, 즉 광물의 씨앗으로부터 자라난다. 연금술사의 작업은 정원사들의 작업과 비슷하다. 씨를 뿌리고, 물을 주고, 적절한 분위기를 만들고, 기다리고…. 그러다 보면 자연에서처럼 돌이 자라난다. 다만 우리는 시간을 가속시킨다. 수백만 년이 걸릴 법한 자수정이 일주일 만에 자란다. 가공품이 아닌 진짜 자수정이다. 보석상이나 실험실에서 분석해봐도 의심의 여지가 없는 지극히 평범한 원석이다.

연금술은 광물학적 과정도 가속시킨다. 과학적인 관점에서 보면, 자연 속의 원석은 일곱 가지 결정 형태 중 하나로 존재한다(등축정계, 육방정계, 사방정계, 삼방정계, 정방정계, 단사정정계, 삼사정정계). 연금술은 각각의 원석을 서로 다른 세상과 짝짓는다. 결정 형태의 숫자가 관련 세상의 숫자와 일치하지 않는다는 사실에 주의하라. 예를 들어 자수정 결정은 육방정계이고, 문자 그대로 육각 형태를 띤다. 하지만 자수정은 여섯 번째 세상이 아니라 아홉 번째 세상의 돌이다.

연금술사는 원석의 결정과 관련된 메시지를 바꿔버릴 수도 있다(순수한 물이 불순물에 의해 원래 메시지를 잃고 얼음으로 변했던 사례를 떠올려 보라). 말하자면 광석이 자신이 속한 세상과 일치하는 결정 형태를 띨 수 있도록, 현재 그 광석이 갖고 있는 정신과 메시지를 다른 것으로 대체할 수 있다. 바로 이런 방법으로 루비가 홍옥으로 변성된다. 홍옥(escarboucle)은 어원적으로 '작은 석탄'을 의미하는데, 실제로도 벌겋게 타고 있는 석탄의 빛깔(신성함의 상징)을 띤다고 알려져 있다.

정원사처럼 연금술사도 자신이 한 작업의 결실을 선물하기 좋아한다. 나 역시 치료용 돌이나 천체의 기운이 담긴 음료를 필요한 사람들에게 나눠주곤 한다.

그런가 하면 이런 광물들을 꿈 여행에도 사용한다. 다른 세상으로 들어가는 데 해당 원석의 도움을 받는 식이다. 자수정, 오렌지색 방해석, 사금석, 황수정, 적색벽옥, 방조달석, 흑요석을 각각 특정 신체 부위(목, 심장, 이마 등)에 얹어놓는다. 이 일곱 가지 돌에 석영까지 보태면 돌을 뽑아서 고민을 해결했던 고대 점술식이 된다.

나는 대형 보석상들에게 기술적이고 예술적이며 심지어 철학적인 조언까지 전수했는데, 연금술사로서 나름 기여한 바라고 생각한다. 내가 직접 참여해서 만들어낸 다이아몬드 장식품(흔들면 그 속에 별 하나가 나타난다)은 실제로 큰 성공을 거두었다. 다른 예로 성城이 새겨진 반지도 만들었는데, 각각의 성은 세피로트 나무 속 여러 세계의 문을 형상화한 것이다. 내가 '화학적 혼배'라고 이름 붙인 또 다른 제품도 있는데, 그것은 황금과 백금을 매끄럽게 결합시킨 반지다. 이 두 금속은 녹는점이 전혀 달라서 그동안 한 번도 합금이 실현된 적이 없었기에, 이것은 기술적으로도 제법 의미가 있는 결과물이다. 이렇듯 연금술사에게는 불가능이 없다.

나는 옛날식 서책을 꾸미는 사람과도 협업했고, 악기 장인에게 스트라디바리우스 바이올린의 광택을 되살리는 비법을 가르쳐주기도 했다. 여기서 밝힐 수는 없지만, 우리가 아주 흔하게 사용하는 제품을 갖고 충분히 할 수 있는 일이다. 빨간색을 띨 때까지 그것을 신중하게 가열해서 — 금속을 녹일 때처럼 — 사용하면 된다. 이것도 물질과 대화하면서 알게 된 방법이다. 그 연장선에서, 나는 검을 만드는 대장장이들과도 함께 일했다.

요리만큼 연금술과 가까운 것은 없을 것이다. 나는 요리법을 개발해서 요리책을 내기도 했고, 요리사들이 메뉴를 개발하는 데 동참하기도 했다. 샴페인 발명으로 유명한 수도사 돔 페리뇽$^{Dom Perignon}$이 연금술에 관심이 있었던 것은 우연이 아니다. 와인 제조법에는 분명히 연금술적 요소가 개입되어 있다. 작가 라블레의 말마따나, 와인은 성스러운 것이다.

나는 아로마 힐링 심포지엄에 참여해서 향수의 거장들에게 향수의 에센스, 즉 향수의 성스러운 정신이 무엇인지를 설명하기도 했다. 최근에도 유명한 화장품 회사에서 연락을 받았는데, 자기들과 함께 체취 제거제를 기획해보면 어떻겠냐는 제안이었다. 기술적인 문제가 아니라 정신적인 문제, 즉 제품의 컨셉에 대해서다. 화장품계 — 화장품(cosmétique)이라는 단어도 우주(cosmos)와 연관이 있다 — 에서는 의미 있는 작업이다. 잘 살펴보면, 우리의 냄새는 곧 우리의 정체성이라 체취를 제거하는 것 자체가 자연을 역행하는 일이다. 그래서 나는 오히려 그들에게 냄새를 되살려보라고 권유한다.

최근에 내게 오는 요청들을 보면, 사람들은 실험실에서 이뤄지는 연금술의 실용적이고 실전적 측면보다는 연금술의 정신과 철학적인 측면에 더 관심이 많은 것 같다.

즉 제품에 영혼을 더해달라는 요청들이다.

내가 언급해온 다른 세상들과 관련된 상징과 색깔은 보기엔 마냥 비현실적으로 보이는 요소들임에도 불구하고 상품 로고 같은 것에 아주 적극적으로 활용되고 있다. 나는 여러 브랜드를 분석해보곤 하는데, '정신'이 결여된 기업은 잘되지 않는다. 그래서 나는 대기업들이 선의와 인류애의 바탕 위에 자리하도록 돕고자 한다. 우리 사회의 모두가 덕을 볼 수 있도록 말이다. 이 주제만 갖고도 책 한 권 분량이 나올 것이다.

나는 이런 활동들을 통해서 '의미 있는 말'을 퍼뜨리고 있다. 그 메시지는 언제나 동일하다. — '깨어남의 원리를 아는 것.' 내가 보기에, 지금 우리 사회는 과거의 어느 때보다 깨어남의 부재로 힘들어하는 것 같다. 혹자는 이것을 영성의 결핍 또는 빈곤이라고 부른다. 나도 그 말에 동의한다. 종교나 도그마를 경계하기에 '정신'이라는 표현을 더 선호하기는 하지만 말이다. 그럼에도 내가 늘 낙천적인 어조를 간직하는 이유는 이 세상이 너무나 아름답기 때문이다. 나는 사람들도 이것을 깨닫도록 북돋을 뿐이다.

그래서 모든 사람이 이 세상의 아름다움을 깨달아 보다 적극적으로 보존할 수 있도록.

아조트^{Azoth},

춤추는 문자

나는 감옥을 방문할 때 여행가방 대신 공구상자를 가지고 다닌
다. 그리고 그것을 사람들 앞에 열어 보인다. 그중 어떤 도구가 유
용할지는 당신 스스로 판단할 일이다. 나는 물질을 다뤄보고 싶
어하는 이들에게는 실전적 연금술을 설명해주고, 지적 호기심으
로 접근하는 이들에게는 그들이 원하는 것을 준다. 또는 '자기계
발'을 목적으로 하는 이들도 있는데, 솔직히 나 자신은 그런 활동
에 별로 가담하진 않지만 그들의 요청에도 충실히 응해준다. 정
신세계를 추구하는 이들에게는 그들이 갈아먹을 씨를 주고, 육체
적인 관심을 가진 이들에게는 그에 상응하는 조언을 해준다. 이
처럼 '하나의 빛'에 이르는 길은 수없이 다양하다.

나 같은 공구 수집가가 있는가 하면 금속제련사, 발레무용수,
전사, 조용한 명상가도 있다. 한바탕 싸워야 속이 풀리는 사람, 표

현이 풍부한 사람, 직관이 뛰어난 사람, 남을 돌보는 사람, 상처받은 사람, 손재주 있는 사람, 엉덩이가 가벼운 사람, 앎을 갈구하는 사람, 호기심이 많은 사람, 의심이 많은 사람, 세상을 구원하고 싶은 사람, 감옥의 왕이 되고 싶은 사람도 있다. 여자, 남자, 탈바꿈할 준비가 돼 있는 순례자, 절대적인 것을 추구하는 사람, 신봉자, 관광객, 과학자, 시인, 코믹한 사람, 수도승이 되려는 사람도 있다. 한때 주먹을 쓰던 사람, 왕 고집쟁이, 못 참는 사람, 결단을 못 내리고 어정거리는 사람, 늘 실패를 하고도 꿈쩍도 안 하는 사람, 쓸데없이 말 많은 사람, 믿음이 부족한 소극적인 사람, 절망감에 지푸라기라도 잡고 싶어하는 사람, 늘 방방 뛰며 열 올리는 사람, 뭔가를 하고 있어야 속이 풀리는 사람, 뭔가 야릇한 분야에 끌리는 사람, 아버지/스승/사이비 교주라도 찾고자 하는 사람, 뭔가 오싹한 것을 즐기는 사람, 남의 말을 잘 듣는 사람, 자기가 좋아하는 것만 하는 사람도 있다. 나의 청중은 이처럼 분류하기도 벅찰 만큼 다양한 사람들로 넘쳐난다.

내가 기획하는 실습, 여행, 예식에 참가하기를 원하는 사람들의 명단만 해도 5,000명에 달한다. 아내가 1년 치의 프로그램을 공개하면 두 시간 만에 800명이 예약한다. 행사를 열 때마다 아쉽게도 예약에 실패해서 대기자 명단에 기록되는 사람들만도 수백 명씩 된다. 그중 일부는 몇 년을 기다려서라도 참가 자격을 얻어내곤 한다. 내가 아직 분신술을 터득하지 못한 관계로 별다른 해결책이 없다! 이런 집필 작업이 그나마 유일한 대안이랄까. 물론 이런 상황을 불평하지는 않지만 그래도 더 효율적인 전수 방법이 없을까 고민해보게 된다.

　나는 생판 모르는 사람들로부터 수많은 메시지를 받는데, 그것들을 통해 내가 한 말의 파급력을 확인하게 된다. "10년 전 선생님께서 이런저런 말씀을 하셨는데, 이후 제 삶이 바뀌었습니다." 나는 내가 정확히 무슨 말을 했는지 모르겠고, 내 말 덕분에 그 사람이 연금술사가 되었을 리도 만무하다. 아마도 그가 말한 삶의 변화란, 내 말 속에 있던 작은 진실을 찾아내고 확장시켜서 이제는 세상을 다르게 바라보게 되었다는 뜻일 것이다.

　앞서 말했듯이, 아뎁트는 한 세기에 고작 열 명 정도를 헤아린다. 그러니 내가 아는 것을 전수해줄 수제자를 내가 간절히 찾고 있는 것도 아니다. 나는 연금술이 우리 각자의 기대에 맞추어 적절한 도움을 줄 수 있다고 진심으로 믿는다. 그래서 이 보편적인 예술을 맛보게 해줄 도구를 다양하게 갖춰두려는 것이다.

　강연, 책, 영화, 실습, 여행, 교육, 트람 요법이 전부 그와 같은 도구들이다. 여기서는 내가 히브리어 공부를 하다가 영감을 얻어 고안해낸 도구에 대해 말해볼까 한다. 나는 히브리어를 통해 성경을 다르게 읽는 시각을 얻었고, 일종의 춤까지 만들어냈다. 그렇다. 언뜻 보기에는 이상하게 보일 것이다. 히브리 문자의 춤, 이것을 나는 '아조트Azoth'라고 부른다. 이것은 춤인 동시에 유럽에서 탄생한 유일한 무술이기도 하다. 실험실이나 도서관에 처박히지 않고도 '몸'을 통해서 연금술을 실행할 수 있다. 몸을 사용하는 것도 연금술의 도구 중 하나다. 다음 장인 '지고한 여정'에서도 같은 내용을 다룰 것이다.

내가 히브리어 알파벳과 세피로트 나무에 대해서 했던 이야기를 떠올려보기 바란다. 이 둘의 공통점은 숫자 22이다. 세피로트 나무를 잇는 길이 22개인 것과 마찬가지로 히브리어 문자도 22개다. 히브리어의 첫 문자 알레프(א)와 베트(ב)에서 '알파벳'이라는 단어가 생겨났다. 창조가 전일체의 분화로부터 일어났다고 하면, 이 전일체를 되찾기 위해 인간은 여러 단계를 넘어야 한다. 그것이 바로 지혜의 단계, 즉 22의 단계다.

히브리 문자는 모두 자음으로 되어 있고, 각각의 문자는 고유의 진동수를 가진다. 세상을 바라보는 카발라의 관점은 이 22개의 진동이 우주를 창조했다고 간주한다. 물론 이 문자들도 서로 조합되어 단어를 만들기는 하지만, 원래는 그런 일상 언어의 용도가 아니라 성스러운 목적을 위해 탄생했다.

히브리 문자는 일종의 기계와 같다. 각 문자의 모양은 제 안에 담긴 힘 — 신의 '남성적' 힘(작용) — 을 도식화한 것이다. 각 문자를 공들여 그려내는 행동만으로 우리는 그 힘을 불러낼 수 있다. 그래서 히브리어로 된 종교 서적들은 밀폐된 곳에 보관된다. 힘이 깃들어 있는 책이기 때문이다. 우리는 히브리 자음들 속에 모음을 불어넣음으로써 절대자의 숨결, 즉 생기를 일깨워낸다.

이 문자들의 진동을 이해하는 방식은 두 가지다. — 드러나는 것을 읽는 방식과 드러나지 않는 것을 읽는 방식.

드러나는 것을 읽는 방식은 눈에 보이는 문자 형태에서 일상의 닮은꼴을 찾아내는 것이다. 알레프(א)는 젖소의 머리를 닮았고, 베트(ב)는 집을 닮았으며, 기멜(ג)은 낙타를 닮았다는 식이다.

드러나지 않는 것을 읽는 방식은, 태초의 진동은 하나의 음만으로 해석될 수 없는 일종의 노래이며 그 노래가 22개의 음으로 구성되어 있다고 본다. 모래 위에서 이 음들을 불러보면 모래가 특정 모양을 나타내는데, 히브리 문자 모양이다. 즉 각각의 문자들은 각각의 소리가 그려낸 그림이고, 전체 창조 과정의 22분의 1에 해당한다.

이것은 예사로운 이야기가 아니다. 단순한 예를 들어보자면, 첫 번째 문자인 알레프(א)는 얼핏 X로 보이지만 자세히 들여다보면 위의 불이 일종의 가지를 매개로 아래의 불과 만나는 모양새다. 따라서 위와 아래의 균형, 즉 중용의 여정을 가리킨다.

'세상의 트람' 장에서 이미 설명한 바 있듯이, 진동은 형태를 만든다. 그런데 그 역도 성립해서 형태도 진동을 만든다. 나는 실험을 통해 몸으로 히브리 문자의 형태를 취하는 방법을 고안해냈다. 나의 전제는 다음과 같았다. ― 문자의 형태를 취하면, 그에 해당하는 진동이 만들어진다. 따라서 22개의 문자 형태를 취할 수 있다면, 창조의 비밀을 발견하게 될 것이다. 더 나아가서는 그것을 몸으로 실현하고 깨닫게 될 것이다. 내가 모든 것 안에 있고, 모든 것이 내 안에 있게 될 것이다.

그렇다면 문자의 형태를 취한다는 것은 무엇을 의미할까? 그 문자를 손으로 그려보는 것? 실제로 나는 히브리 문자를 쓰는 방법을 가르치고 있다(통상의 서예 방식하고는 좀 다르다). 하지만 손만 쓰는 것으로는 성에 차지 않아서 온몸을 써보기로 했다. 이 그림 문자들은 에너지와 연관 있다. 즉, 문자 안에 에너지가 흐른다. 나는 그 에너지가 우리 몸속에서도 똑같이 흐르게 했다.

그리하여 각 문자의 도식을 본뜬 동작들이 만들어졌다. 동작에 생기를 불어넣기 위해 들숨과 날숨을 더했다. 이 춤을 나는 '균형의 여정'이라고 부른다. 각 문자는 우리 몸이 특정 균형점에 도달할 수 있도록 정확히 안내해주고 세 가지 에너지를 만들어낸다. ― 뿜어내는 에너지, 받아들이는 에너지, 그리고 중립의 에너지.

무술(art martial)이라는 단어에서 우리는 전쟁의 신 마르스Mars(화성)의 이름을 듣는다. 무술은 본래 싸움의 기술이다. 한편 예술(art)이라는 단어도 들리는데, 이것은 무술이 하나의 표현 양식이기 때문이다. '아조트Azoth'도 무술과 같다. 여럿이 할 때는 싸움의 기술이지만 혼자서 할 때는 무용이다.

우리는 세 가지 장단 ― 소금, 황, 수은 ― 중에서 하나를 선택한다. 느린 동작은 은총과 균형을 느끼게 한다. 반면 빠른 동작과 격한 호흡은 엄청난 힘을 발휘하게 해준다. 상대방을 건드리지도 않은 채 꼼짝 못하게 하거나 저 멀리 밀어낼 수 있을 정도의 힘이다. 이 힘은 폭력적이지 않다. 그것이 바로 이 훈련의 목적이다. 이 예술은 언뜻 보이는 것보다 훨씬 더 오묘하며 각 문자에 해당하는 동작뿐만 아니라 그것들의 연계성도 익혀야 한다.

이 훈련은 세 단계로 구성되어 있으며 대업의 과정과 동일하다.

첫 단계는 '동작의 여정'으로 입문에 해당한다. 수강생들은 22개의 기본 동작과 거기에 수반되는 숨쉬기를 익힌다. 더불어 굳은 감정을 풀어내어 신체의 균형을 회복한다. 이것은 외로운 흑색 작업이다.

두 번째 단계는 '만남의 여정'이다. 이제는 혼자가 아니라 상대방과 함께 외부의 장애를 극복하는 법을 — 물질적 차원과 영적 차원을 아울러서 — 익힌다. 이 연습은 짝을 지어 이뤄지는데, 서로 밀치고 당기고 멈추는 동작을 통해서 관계 속의 균형을 되찾게 한다. 백색 작업에 해당하며, 상반되는 것들이 평화롭게 공존하는 단계다.

마지막 단계는 '지혜의 여정'이다. 이것은 내면으로 향하는 여행이다. 이제는 동작이 아니라 소리로 문자를 표현한다. 적색 작업에 해당한다. 자신 안에서 전일체를 느끼며 우주와 합일하는 단계다. 완벽한 균형을 이룬다면 깨달음이 올 것이고, 그로써 여정은 끝이 난다.

수강생들이 22개의 문자를 다 표현할 수 있게 되면, 나는 우리를 북돋아줄 특별한 에너지를 내뿜는 멋진 장소로 그들을 데려가서 춤추게 한다. 예를 들어 로카마두르Rocamadour 절벽 앞이나 페라슈발Fer-à-cheval 협곡, 또는 브르타뉴Bretagne의 카르낙Carnac 해변에서 물에 발을 담근 채로. 그러면 생기가 샘솟고, 몸에 활기가 돌고, 정신이 안정된다. 동시에 사람들은 서로를 더 깊이 이해하고 존중하게 된다. 우리의 몸은 많은 것을 말해주니까 말이다. 이 문자와 저 문자를 연결하며 몇 시간이나 춤을 추기도 하면서 장단에 사로잡히고, 풍경에 젖고, 집단의 융화감에 휩싸여 힘든 줄도 모른다.

여기서 비범한 현실에 대한 이야기를 다시 꺼내야겠다. 자연 속에서 이 춤을 추고 있노라면 뭔가 굉장한 일이 생긴다. 마치 자연이 우리에게 응답하는 듯한 광경을 보고 겪게 된다. 한번은 우리가 계곡에서 손에 손을 잡고 계곡을 감싸 안는 모양새를 만들어 하늘로 올려보냈다. 그러자 그에 동참하기라도 하듯, 하늘에서 새들이 까맣게 떼를 지어 우리와 완전히 똑같은 모양새를 만들어냈다. 그저 우연의 일치였다면 이보다 기막힌 우연이 또 어디 있을까 싶다. 그런가 하면 나비 한 마리가 내 손등에 내려앉고는 춤을 추는 내내 아무런 동요 없이 머물러 있기도 했다.

더 놀라운 사실은 야생동물들이 우리를 보러 오기도 한다는 것이다. 마치 우리의 동작이 그들과의 경계를 허물어버린 듯이⋯. 숲 근처에서 노루들이 불쑥 나타나는가 하면, 어떤 날은 산양 떼가 내려와 고작 2미터쯤 떨어진 자리에서 우리를 물끄러미 바라보기도 했다. 마침 참가자들 중에 수의사가 있었는데, 그는 야생동물이 이렇게 사람들 가까이 다가오는 것은 불가능한 일이라고 말했다. (이제는 당신도 내가 '불가능'이라는 단어를 어떻게 여기는지 짐작하리라.) 심지어 어린 산양들도 섞여 있었다. 산양 떼는 아마 이렇게 생각했을 것이다. '저들은 누구지? 우리하고는 좀 다르게 생긴 산양인가?' 그러다가 200미터쯤 떨어진 곳에 관광객들이 나타나자 곧장 달아나버렸다. 산양들은 도망치면서 이렇게 생각했을 것이다. '저 산양들은 왜 우리를 따라오지 않는 거지?'

문자를 표현하는 것은 이처럼 나름의 가치를 가지는데, 각 문자마다 역할도 다르다. 어머니의 문자가 있는가 하면 아버지의 문자, 어린이의 문자가 있다. 나는 사람들에게 그 전부를 체험하게 한다. 어떤 이는 거의 고인돌 상태로 왔다가 깜짝 놀랄 만큼 유연해진다. 그와 반대로, 원래는 몸을 자유자재로 쓸 수 있는 사람 — 예를 들면 무용수나 무술가 — 인데 유독 특정 문자에서 뻣뻣해지며 균형을 못 찾는 경우도 있다. 그러다가 어느 날 문득, 뭔가에 동화된 듯 그 단계를 뛰어넘는다.

누군가 특정 문자에서 막혀 있더라도 나는 정신분석 같은 것을 하지 않는다. 익히 알겠지만 그것은 내 방식이 아니며 그럴 능력도 내겐 없다. 나는 그냥 막혀 있는 뭔가를 움직임으로 표출해보라고 사람들에게 용기를 줄 뿐이고, 그 짐을 내려놓는 것은 그들 자신이다.

나는 '아조트' 춤을 전수하려고 무술도장을 하나 창건했다. '아조트'는 대업을 이루는 데 필요한 제1물질의 이름이기도 하고, 'A부터 Z까지'라는 의미도 된다. 내 제자인 장 미셸Jean-Michel이 그 도장을 이끌어가고 있다. 그는 중국무술 대회의 전 챔피언으로 서양 문화 속에서 자신의 길을 닦아가고 있다. 다행히도 이번에는 이전에 겪었던 민주적 승계의 부작용이 재현되지 않았다. 무술도장들이 대개 그렇듯이, 나는 자격을 갖춘 스승만이 이 춤을 가르칠 수 있도록 규칙을 단단히 정해두었다.

이 춤은 하나 더 보태진 막강한 도구이고 내 여정과도 합치한다. 사람들의 성향에 따라 다양한 문을 제공하는 것이 바로 내 역할이니까.

★

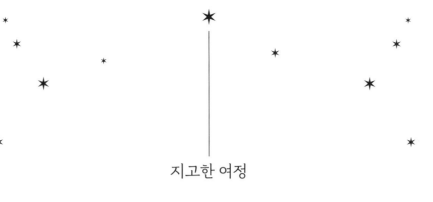

지고한 여정

여기까지 오는 동안, 나는 8만 개 이상의 단어를 사용했다. 그 중에서 당신이 꼭 기억해주기를 바랐던 중심단어 세 가지를 기억하는가?

부동, 고요, 합일.

당신은 모든 입문 여정에서 이 단어들을 수시로 발견하게 될 것이다. 표현은 조금 달라질 수 있지만 말이다. 동아시아에서는 관조, 수행, 명상, 무상無相 등의 단어를 쓰겠지만 결국 같은 뜻이다. 빛이 우리 몸을 통과하게 하려면 이 세 요소가 갖춰져야 한다. 요가를 할 때도 비슷한 표현을 듣게 된다. ― 조율, 부동, 고요.

이 세 요소는 기억하기도 쉽고 이해하기도 쉽다. "뭘 어떻게 해야 하나요?"라고 사람들이 물으면 나는 늘 이렇게 대답한다. "부동, 고요, 합일로부터 시작하세요."

사실 현자와 우주가 사용하는 도구는 동일하다. ― 흩어져 있는 것을 모으고, 성질이 다른 두 대상을 고른 다음, 그 둘을 결합시켜 중립 상태로 만든다. 당신의 내면을 예로 들자면, 감정과 정신을 결합시킨다. 그 둘을 섞어 서로 물들게 하고, 감당하지 못할 것들은 굳혀서 걷어내고, 그 순수한 '물듦'을 하나의 점에 집중시킨 다음, 일시에 우주 속으로 해방시키는 식이다.

뒤에서 더 자세히 설명하겠지만, 이 과정을 따르는 것이 바로 '지고한 여정'이다. 나는 건조한 여정과 습한 여정, 식물 작업과 광물 작업에 대해서 언급한 바 있다. 지고한 여정은 자신의 몸속에서 대업을 이루는 것이다. 몸만 있으면 되니까 쉬울 것 같지만 사실은 가장 어려운 길이다. 그래도 수강생들을 이 길로 이끌어 그 느낌을 맛보게 해주면, 얼마 지나지 않았는데도 실마리를 딱 잡아채는 사람들이 있다. 심심치 않게 일어나는 일이다.

이 여정은 사전학습도 필요 없고 믿음도 필요 없다. 믿음이 아니라 실천의 문제다. 심리분석 따위도 필요 없다. 그냥 '물리적인' 조건을 갖추는 게 전부다. 내가 빛이라고 부르는 것이 당신의 마음에 충만해지게 하는, 당신 자신이 빛을 받아 담아내는 그릇이 되게 하는 조건 말이다.

이 여정에서 우리는 역설을 경험하게 된다. 지고한 여정을 학습할 때 나는 우리가 하게 될 훈련의 원리를 설명하면서 다음과 같이 경고한다.

"바뀔 것이냐, 그대로 있을 것이냐? 선택권이 우리에게 주어지면, 놀라시겠지만 백이면 백 그대로 있기를 선택합니다. 자신은 예외라고 여긴다면 그나마 다행이고요. 그렇습니다. 우리는 선택의 여지가 없을 때만 변화를 모색합니다. 입문의 여정이란 널빤지로 만든 다리와 같습니다. 매번 발을 뗄 때마다 방금 지나온 널빤지는 아래로 떨어져나갑니다. 우리가 앞으로 갈 수밖에 없는 이유는 되돌아갈 수가 없기 때문입니다.

당신은 요동을 분해하고 자신의 생각을 이해하려 들 것입니다. 하지만 의문이라는 것, 즉 답을 갈구하는 것 자체가 요동입니다. 이해하는 것은 답을 찾을 필요 없이 자신의 내부에 자리하는 것입니다. 여정은 당신의 의문에 대답하는 대신 당신이 의문조차 가지지 않게 만듭니다. 그러니 전혀 다른 길입니다. 의문을 가지고 답을 갈구하는 동안은 인과의 사슬을 벗어나지 못합니다. '원인 없는 결과', 그것이 바로 이 여정의 결말입니다.

하지만 우리는 논리를 저버리기가 참 어려우며 모든 것에는 이유가 있어야 한다고 생각합니다. 그건 사실과 다릅니다. 아름다움, 선함, 이타성에는 이유가 없습니다. 만일 이유가 있다면, 그건 보상을 바라고 하는 그냥 좋은 행동일 뿐입니다. 예를 들어 당신이 다이어트를 하고 있는 중이라고 칩시다. 당신은 고된 하루를 보내고는 집에 와서 초콜릿을 깨물어버립니다. 당연하지요. 종일 그렇게 애를 썼으니 초콜릿을 먹을 자격이 있습니다. 우리는 이런 식으로 보상의 법칙을 만들어냅니다. 그리고 이 신비로운 여정에도 그것을 적용하려 듭니다. 하지만 나는 전혀 다른 말을 해줄 수밖에 없습니다. 우리에게는 그 어떤 권리도 없습니다. 우리가 지금 찾고 있는 것은 정수이기 때문에 의미를 부여하려 하면,

정수는 우리에게서 달아나버립니다."

이 역설은 우리가 모르는 뭔가가 있다는 사실, 그리고 그것으로 인해 우리가 바뀔 수도 있다는 사실을 받아들이게 한다. 말로 설명할 수는 없지만 말이다. 이 역설은 모든 입문 과정에 빠짐없이 등장한다. 인도의 쿤달리니 수행도 마찬가지다. 하지만 나는 아조트 춤처럼 이것을 우리 서양 문화에다 접목해보기로 했고, 그래서 동작과 호흡을 결합한 기법을 내놓았다.

우리 안에 있는 황을 배출하는 유일한 방법은 날숨과 함께 그것을 내보내는 것이다. 그러면 빛이 그 빈자리를 채워준다. 빛은 저항이 있는 모든 부위의 통로를 뚫어준다. 이미 통증이 나타났을 만큼 약해진 부위는 물론이고 아주 약간 경직된 부위까지도 포함해서. 이 동작을 하고 있다 보면 하품과 재채기를 하고, 콧물을 흘리고, 가래를 뱉고, 기침을 해댄다. 그래서 나는 늘 휴지를 잔뜩 준비한다.

나는 이 여정의 훈련법을 '통달해야 할 일곱 원리'라고 이름 붙였다. 그 내용은 다음과 같다.

1. 목의 중심점을 정한다(황).
2. 심장의 중심점을 정한다(수은).
3. 천골의 중심점을 정한다(소금).
4. 황과 수은을 섞어 서로 물들인다.
5. 그렇게 물든 것을 천골로 내린다. 그러면 소금이 불순물을 걸러준다.
6. 두 요소를 다시 심장으로 올려 응축시킨다.

7. 이 혼합물을 부풀리며 해방시킨다.

'세상의 트람' 장에서 이미 말했듯이, 우리는 고립되어 있지 않고 모든 것과 연결되어 있다. 우리의 영혼은 우주와 끊임없이 상호작용하고 있다. 그런 정보들이 거쳐가는 중심점이 세 군데(목, 심장, 천골) 있는데, 우리는 정확히 그 점들을 향할 수 있어야 한다.

이 훈련을 더 상세히 들여다보자. 이 책에서 하는 설명만으로 집에서 실행해보기는 쉽지 않을 것이다. 모든 신체적인 훈련이 그렇듯, 시연을 직접 보는 것보다 더 좋은 방법은 없다. 여럿이서 배우면 '분위기'도 잘 조성된다. 어쨌든 글로나마 요지를 접해보면 이 연습과 연금술 원리가 통한다는 사실을 이해하게 될 것이다.

일단 바닥 깔개 하나만 있으면 다른 준비물은 필요없다. 천골이 바닥에 닿도록 정좌로 앉는다. 야외의 풀밭 위에서 하는 것이 가장 좋긴 한데, 그 이유는 천골이 '땅과 맞닿게 되기(접지되기)' 때문이다. 하지만 실내나 고층 아파트에서 한다고 해도 문제 될 것은 없다.

원래 빛은 곧바르다. 그런데 우리 세상의 방울 속으로 들어오면서 굴절된다. 물질의 저항 때문이다. 그래서 빛을 받아들이려면 우리도 굴절된 움직임을 취할 필요가 있다. 나는 이것을 '뱀의 움직임'이라고 부른다. 정좌로 앉은 채로, 마치 물속의 미역처럼 좌우로 움직인다. 이 물결치는 동작은 이상적인 흐름을 찾는 데 도움이 된다. 최대한 힘을 뺀 상태에서 요추의 움직임이 점점 어깨까지, 또 머리까지 올라온다. 어깨가 오른쪽으로 기울면 머리는 왼쪽으로 기운다. 머리를 그렇게 움직이라는 말이 아니다. 오히려 그 반대다. 움직임은 아래에서 위로 올라가야 하고, 허리와 목은 최대한 유연한 상태여야 한다. 등의 긴장이 풀리고, 사지의 긴장이 풀린다. 몸의 무게중심이 오른쪽 엉덩이와 왼쪽 엉덩이를 오가면서 기분 좋고 상쾌한 리듬이 일정하게 지속된다. 춤을 추는 듯 개운해진다. 그리고 하품이 나온다. 하품이 나오면 하라! 될 수 있으면 소리까지 내가면서. 그렇게 자신을 해방시킨다.

이 동작은 전혀 어렵지 않다. 그런데 이것조차 어려워하는 사람들이 적지 않다. 그들은 몸의 저항 탓에 삐거덕대고, 잘 안 되니까 신경질을 내거나 얼굴이 벌개진다(황이 열로써 방출된다). 그런가 하면 정신력으로 모든 것을 조절하려는 사람들도 있는데, 그들은 머리가 움직임을 주도하는 모습을 보인다. 아무튼 자기가 어떻게 움직이고 있는지를 직접 보여주면 대개는 재밌어하면서 스스로 제대로 된 움직임을 찾아간다.

이 동작에 대해 조금만 더 이야기하고 다음으로 넘어가겠다. 당신이 딱 하나의 훈련만 해야 한다면, 바로 이것을 해야 하기 때문이다. 나는 유별난 것들에 홀리지 말고 이 단순한 동작만을 매일 5분씩 해보도록 권한다. 원한다면 두 시간까지 늘려서 해도 좋다. 그 어떤 부작용도 없을 것이다. 다만 끝낸 직후 또는 다른 일을 하는 동안에 약간의 흔들림, 붕 떠 있는 기분을 느끼게 될 수는 있다.

이 동작을 하루에 5분 동안 하는 것만으로 당신의 삶은 바뀔 것이다. 내 말을 믿어보라. 이 동작은 긴장을 풀어줄 뿐 아니라 감정을 부드럽게 배출시켜준다. 감정(공포, 스트레스, 슬픔, 분노 등)이 북받칠 때 이 동작을 하면 훨씬 나아질 것이다. 장담하건대 적절한 리듬, 흔들림, 유연성을 획득하면 내면의 균형을 찾게 된다. 나는 회사의 직원들에게 이 동작을 가르칠 때도 있는데, 그러면 사내 분위기가 한결 평화로워진다. 미역처럼 움직여보게 하여 아이들을 진정시킬 수도 있다. 이것은 우주의 리듬과 합일하는 방법이다.

더불어 감정들이 쌓여 질병으로 나아가는 상황을 막아준다. 막힌 곳에 통증이 나타나기 전에 미리 흐름을 회복시켜주기 때문이다. 지극히 당연한 논리이며 특히 동양인들에게는 더욱 그렇다. 이렇게 자신의 황을 방출하면, 자신의 황을 타인에게 전가하고 그는 또 다른 타인에게 전가하는 식의 연쇄작용이 더 이상 일어나지 않는다. 감정을 쌓아가는 것은 인간의 특성에 가깝다. 우리 안에 누적된 감정들은 점차 부풀어서 밖으로 표출될 즈음이 되면 처음보다 몇 배나 커져 있기 십상이다. (게다가 타인에게 전가될 때마다 또다시 몇 배씩 증폭된다.)

지고한 여정의 첫 단계, 이 '뱀의 움직임'은 특별한 숨쉬기로 마무리된다. 속이 후련해지도록 소리를 내뱉고, 잠시 쉬었다가, 상체를 숙이라. 가능하다면 머리가 땅에 닿을 정도로 숙여도 좋다. 그러면 코를 풀거나 기침을 하고 싶어질 것이다. 아주 좋은 현상이다. 나올 것은 나와야 안이 비워진다.

황의 중심점은 목 아래 두 개의 쇄골(빗장뼈) 사이의 작게 파인 부분에 자리한다. 이 점은 후두와 닿아 있는 동시에 일곱 번째 경추와도 연결되어 있다. (기억하는가? 성당에는 고개를 숙여야 들어갈 수 있는 낮은 문들이 있다. 투우사가 황소를 교정하기 위해 마지막 칼을 꽂는 부위도 이곳이다. 이처럼 모든 것이 서로 통한다.) 이 점에서 모든 감정이 일어난다. 이 부위를 살짝 만지거나 말로써 언급하는 것만으로도 목구멍이 조여들곤 한다.

뱀의 움직임은 막힌 목구멍을 뚫는 데도 유용하다. 이때 감정이 풍부한 사람들은 눈물을 흘리거나 고함을 지르기도 한다. 나는 이런 감정의 원인을 분석하지도, 무슨 이미지를 떠올려보게 하지도 않는다. 그냥 그것들이 표출되도록 내버려둔다. 콧물이든, 고함이든, 눈물이든, 그 무엇이든 간에. 쉽게 말해서 그것들은 찌꺼기다. 우리의 몸은 이 찌꺼기들이 몸 밖으로 나가기만을 학수고대한다.

이 동작의 흔들림은 우리가 시간을 다르게 느끼도록 이끌어주기도 한다. 일단 리듬을 타게 되면 멈추기가 싫어지고, 별다른 노력 없이 움직임이 지속된다. 시간에 신경을 안 쓰게 된다. 잠깐이나마 마치 시간 밖에 존재하는 듯한 느낌이 든다. 책의 서두에서 언급한 우리 여정의 첫 가르침이다. — '천국을 찾고자 하면, 영원을 잃어버릴 것이다. 아무것도 기대하지 않으면, 모든 일이 때맞춰 이뤄질 것이다.' 이런 철학이 얼핏 보기에는 별것 아닌 듯한 이 동작에 깔려 있다. 공중에 붕 떠 있는 듯한 느낌도 든다. 미역처럼 움직이는 동안 눈을 한참 감았다가 떠보면 마치 안갯속에 있는 듯 주변이 다르게 보인다. 단지 이 연습만으로 오라를 보기 시작하는 사람들도 있다.

목구멍을 해방시키기 위해서, 좌우의 흔들림에 이어서 앞뒤로도 물결치듯 움직여본다. 앉은 자세 그대로 머리를 앞뒤로 움직이는데, 마치 앞에 드리워진 두툼한 커튼을 살짝 밀쳤다가 제자리로 되돌아온다는 느낌으로 하면 된다. 이 동작을 2분 동안 반복한다.

이렇게 목구멍을 열었다면, 이제는 심장으로 가보자. 심장의 중심점은 흉골 근처 약간 오른쪽에 자리한다. 태양신경총에서 약간 떨어져 있다. 이것은 가벼운 점이다(우리는 무거운 점도 가지고 있다). 앉은 채로 손목을 90도로 꺾어서 앞으로 쭉 내민다. 위를 향한 손가락이 최대한 몸쪽으로 당겨지도록 한다. 다른 동작은 하지 않고 그냥 그렇게만 있어도 곧 통증이 나타날 것이다. 견딜 수 있을 만큼 버티다가, 자세를 풀고 편안히 숨을 쉰다. 이 연습을 반복하는 동안 더웠다 추웠다 할 것이다. 순환이 일어나고 있다는 좋은 징조다. 상체에서 시작된 신경계의 이완이 차츰 하체까지 내려간다.

드디어 하체의 순서다. 앉아서 다리를 뻗고 팔은 약간 뒤쪽 바닥에 댄 채로, 엉덩이에 힘을 주어 오른쪽 장딴지와 왼쪽 장딴지를 교대로 바닥에 가볍게 떨어뜨린다. 속도는 조금 빠르게 한다. 처음에는 쉽지만 몇 분 동안 지속하면 아주 힘들어진다. 당연하다. 에너지를 순환시켜서 저항(고통)을 해소하는 동작이기 때문이다. 그러다가 갑자기 동작을 멈추면 마치 동상에 걸린 듯 다리의 감각이 없어진다. 서늘한 느낌이 들 수도 있는데, 황이 제거되었기 때문이다. 그런 상태로 조금 머물다가 천천히 몸을 움직여 온기를 회복시킨다(팔다리를 움직이고, 머리도 돌려본다). 이것은 황과 수은을 동시에 순환시키는 연습이다.

이제 '물듦(teinture)'을 만들어내기 위한 혼합 작업에 들어간다.

목구멍을 삼켜서 심장으로 내려보낸다고 상상해보라. 물론 아무 것도 삼킬 것은 없다. 그래서 오히려 어렵다. 목뼈가 조금 뒤로 밀리면서 뭔가가 아래로 내려가는 느낌을 가져본다. 이 연습은 소화계에 영향을 미친다. 딸꾹질이 하고 싶어질 수도 있고, 뭔가가 걸려 있는 듯한 느낌이 들 수도 있다.

흉골에서 이 '물듦'을 아래로 보내기 위해, 일어서서 손바닥이 아래를 향하도록 두 손을 겹쳐 심장 높이에 둔다. 그리고 폐에 숨을 가득 들이쉰다. 이어 숨을 내쉬면서 팔을 아래쪽으로 내려 쭉 뺀다. 이 동작을 여러 번 반복하는데 만일 현기증이 난다면 즉시 중단한다.

그다음은 내가 '파란 공'이라고 부르는 것을 만드는 동작이다. 광물적 현자의 돌이 작고 빨간 결정체라면, 이것은 전통적으로 두 팔로 껴안을 만한 크기의 파란색 공으로 묘사된다. 일어선 상태에서, 상체를 숙여 이 공을 들어올리는 듯한 자세를 취한다. 그리고 숨을 한껏 들이쉬면서, 공을 껴안고 있는 두 팔을 가슴 높이까지 들어올린다.

깨달음의 도구는 '축약'이다. 껴안고 있는 공에 공기를 가득 채우듯이 폐를 최대한 부풀린다. 꽉 조이는 옷을 입고 있어서 일부러 숨을 더 크게 들이마셔야 할 때처럼. 그런 다음, 자세는 그대로 유지한 채, 껴안은 공이 아주아주 작아진다고 상상한다. 동시에 모든 근육을 수축시킨다. 가슴, 복부, 허벅지, 엉덩이… 할 수 있는 한 모든 부위를 수축시켜서 버틸 수 있는 만큼 버틴다. 더 버틸 수 없게 되면, 그때 모든 긴장을 풀며 팔을 떨어뜨린다.

바로 그때 뭔가 일어날 수 있다. 아니면 몇 분 뒤에 일어날 수도 있다. 어떤 물결 같은 것이 다가오거나 고요한 폭발이 일어날 것이다. 그것이 바로 깨달음이다.

모든 사람이 빛을 받아들이는 데 성공하지는 않는다. 왜 그런지는 나도 모르겠다. 어쨌든 내 경험에 따르면 참가자 전원이 빛을 받은 경우는 없었다. 달리 말하면, 아무도 빛을 받지 못하는 경우도 없었다. 보통은 열 명 중 두세 명 정도가 성공하는 것 같다. 이 현상은 거짓으로 꾸며낼 수도 없고, 무덤덤하게 지나칠 수도 없는 특별하고도 기묘한 무엇이다. 이것은 감각이 예민해지는 것과도 다르고, 자기암시의 효과도 아니다. 어떤 해일이 밀려와서 우리를 저 멀리로 데려가는 바람에 우리는 한동안 아무 말로 하지 못한다.

더불어 억누를 수 없는 전율이 시작된다. 나는 그것을 '서막'이라고 부르는데, 어떤 이는 거기서 그치기도 한다. 빛의 물결이 다가와서 누군가를 건드리려고 할 때, 그것이 나한테도 보인다. 나는 모른 척하지만 온몸의 털이 곤두선다. 빛이 누군가를 건드리면 주변의 모든 사람이 그것을 느낀다. 마치 전염이라도 되듯 모두가 함께 전율하게 된다. 나는 그렇게 물결에 휩싸인 사람들을 돕기 위해 특별한 숨쉬기를 시킨다. 얕은 숨을 반복해서 쉬면서 이 물결을 자신의 숨으로 받아들이게 하는 동작이다.

빛이 들어오면 얼굴부터 바뀐다. 처음에는 곧 죽기라도 할 듯이 깜짝 놀라고 두려움에 떤다. 그러나 곧 은총의 순간이 오는데 그 변화가 너무나 확연하게 드러난다. 이제 그들은 성인聖人처럼 보인다. 심지어 자기도 모르게 그런 자세를 취한다. 팔을 벌리고, 머리를 약간 옆으로 기울이고, 온화하게 웃는다. 혹은 울기도 한다. 부드럽게 흐느끼지만, 그러면서도 웃음을 잃지 않는다. 인상적인 광경이 아닐 수 없다. 그들은 다른 곳에 가 있어서 눈은 먼 곳을 응시하고, 몸은 투명해진 듯 빛을 발한다.

대개 그들은 침묵을 유지하는데, 누가 묻는 말에 대답도 못하는 상태다. 그들이 내뱉는 딱 한 마디는 "고맙습니다"이다. 그 순간에는 고마움밖에 느껴지지 않기 때문이다. 존재할 수 있음에 대한 이 고마움은 특정 대상을 향한 것이 아니다. 마치 영혼이 팽창하기라도 한 듯 헤아릴 수 없는 행복감으로 채워져서, 온 우주를 보편적인 사랑으로 감싸 안을 수 있을 것 같고, 아름다움과 선함이 온몸에 끼얹어진 것만 같다.

이렇게 빛을 받아들이고 나면, '지고한 여정'을 경험하기 이전의 삶으로는 돌아갈 수가 없다. 고통, 불화, 의심, 망설임을 뛰어넘게 된다. 아니, 모든 것을 뛰어넘게 된다. 내가 모든 것 안에 있고, 모든 것이 내 안에 있다. 설명하기 힘든 이타심에 휩싸인다. 그래서 내가 연금술은 온갖 종류의 도그마와 믿음과 문화적, 민속적 차이를 초월한다고 말한 것이다. 내게 믿음이 있든 없든, 빛은 내게로 온다. 스스로 나아졌다고 느끼기 위해서 신을 운운할 필요도 없다. 그래도 신을 운운하고 싶다면, 그렇게 하라. 흘러나오는 대로 표현하라. 신의 손길, 은총, 성령의 강림은 별다른 것이 아니다. 모두 이 신비로운 황홀감을 가리키는 말들이다. 어쨌든 나는 그런 표현을 쓰지 않는다. 다시 말하지만, 나는 빛을 받아들이는 데는 거창한 관념 따위가 필요하지 않다고 믿는다. 그냥 '깨어 있는' 상태면 족하다.

그들은 충격에 휩싸여 그날 하루종일 그렇게 앉아 있기도 한다. 멍하지만 유쾌하게. 마치 오랜 여행을 마치고 집으로 돌아왔지만 아직 시차에 시달리는 것처럼. 한번 맛본 사람들은 계속 이 느낌을 찾게 된다. 반복할수록 점점 더 쉬워지는 것도 사실이다. 그렇더라도 내가 늘 덧붙이는 말이 있다. "마약처럼 황홀감을 쫓지 마세요. 그 빛을 세상으로 가지고 가세요."

'금을 손에 넣었다'는 말이 바로 이 뜻이다. 깨달음을 전수해주라. 빛을 나눠주라. 우리가 전일체임을 알게 되었으니, 기꺼이 선을 행하라.

깨달음… 그다음엔?
행복에 관한 소소한 가르침

'지고한 여정'을 안내할 때 느끼는 전율 말고, 내가 직접 빛을 경험했던 적은 딱 세 번이다. 첫 번째는 돌을 삼켰을 때로 이미 앞에서 이야기한 바 있다. 두 번째는 우연히 찾아온 깨달음 같은 것이었다. 세 번째는 이 책을 집필하는 동안 겪은, 그러니까 최근의 일인데 마치 뭔가가 위로 떠오르는 느낌이었다.

여기서는 두 번째 경험을 이야기해보겠다. 돌을 삼킨 지 25년이 지난 뒤였다. 즉 이 글을 쓰고 있는 지금으로부터 약 2년 전이다. 나는 파리로 향하는 기차 안에 있었다. 샤르트르에서 여행자들을 이끌어 대성당을 방문하고 난 뒤였다. 야단법석을 떨며 일어난 일이 아니라 그냥 조용히 생긴 일이다. 문득 눈을 떠서 세상을 바라보는데, 5분 전에 내가 봤던 세상이 아닌 듯한, 아니 같은 세상이지만 뭔가 더 아름다워진 듯한 느낌이 들었다.

나는 기차 안에 앉은 사람들을 찬찬히 훑어봤다. 아는 사람은 없었지만, 내 눈에는 그들 모두가 아름다워 보였다. 외적인 아름다움이 아니었다. 정확히 표현할 수는 없지만, 어떤 내적인 아름다움이었다. 그러면서 어디선가 이런 문장이 들려오는 것 같았다. "저것 좀 봐. 얼마나 아름다운가! 얼마나 잘 만들어졌는가!" 별것 아닌 말이긴 하지만, 이 문장은 이후 3주 동안 내 머릿속에 고스란히 남아서 밤낮없이 울려댔다.

　"저것 좀 봐! 얼마나 아름다운가!"

　"저것 좀 봐! 얼마나 잘 만들어졌는가!"

　나는 집으로 돌아와 작은 숟가락 하나를 한 시간 동안 응시했다. 그냥 바라보기만 했다. 그것이 얼마나 아름답고 잘 만들어졌는지를 감상했다. 그것이 만들어지는 데 기여한 광부, 제련공, 디자이너를 떠올리면서. 그저 흔한 숟가락일 뿐이지만 사람들의 손길이 닿아 우리 입속에 딱 들어가도록 부드럽게 다듬어져 있었다. 주변 사람들은 그런 나를 보며 이상하게 여겼다.

　더 우습게도, 나는 바닥에 버려진 휴지를 한참이나 바라보기도 했다.

　"저것 좀 봐! 얼마나 아름다운가!"

　"저것 좀 봐! 얼마나 잘 만들어졌는가!"

　마구 구겨진 일회용 휴지일 뿐이었지만 모양, 곡선, 빛을 받는 정도에 따라 하얀색의 명암이 달라지고, 구겨진 부분들은 그림의 장식 같았다. 뾰족한 부분, 푹 패인 부분, 균형감, 연약함 속의 아름다움…. 모든 것이 정말 굉장했다!

이런 경험이 계속되었다.

날씨가 좋았느냐고? 날씨가 좋아서 하늘에 감사하고 싶었다. 그러다 비가 오면? 비도 너무나 아름다웠다. 빗물에 패인 물웅덩이는? 그조차 대단했다! 불분명한 경계를 띠고 있는 액체 거울들. 그리고 그 안으로 떨어지는 물방울들. 가까이서 바라보니 정말이지 굉장한 광경이었다! 베르사유 궁전의 분수만큼이나 대단해 보였다. 세상 전체가, 아주 미세한 부분까지 성스럽도록 잘 만들어져 있었다.

머리를 벼락으로 한 방 맞은 듯했다. 아니, 머리가 아니라 몸으로 와닿았다. 뭔가가 목을 통해 위로 올라와서는 빛을 발산했다. 말로 표현하기가 참 어렵다. 그때를 생각하면 다시 온몸이 오싹해진다. 그 느낌이 아직도 남아 있기 때문이다. 내 피부 속에 숨겨진 듯 자리한 채, 언제든 다시 작동할 수 있도록. 나는 그 상태를 되찾기 위해 굳이 노력할 필요조차 없다.

그렇게 성스러운 은총의 샤워를 하고 나서, 며칠 후 우체국에 소포를 찾으러 갔다. 창구의 담당자는 언짢은 표정이었다. 내 소포를 찾으러 뒤쪽의 창고까지 가는 게 엄청 귀찮은 듯했다. 무슨 행정업무로 화가 났는진 몰라도 내 소포를 주지 않겠다고 버티기라도 할 참이었다. 아마도 해소해야 할 화가 있던 차에 내가 나타난 모양이었다. 그녀의 나쁜 의도가 이제 내게로 와서 또 화를 만들어낼 차례여서 그럴싸한 다툼이 일어나기에 제격인 상황이었다.

다른 때 같았으면 나는 내 권리를 외치며 마구 따졌을 테고, 그녀도 지지 않고 받아쳤을 것이다. 하지만 빛을 받은 직후라 그때의 나는 좀 다른 상태에 있었다. 나는 그녀에게 말했다. "담당자님, 억양이 참 좋으시네요." 진심이었다. 그녀는 카리브 해협 출신의 프랑스 사람이었고 말투가 매력적이었다. 내 말에 동한 듯, 그녀는 미소를 짓고는 흔쾌히 소포를 찾으러 갔다.

나는 지금 타인을 기분 좋게 만드는 법에 대해 이야기하고 있는 것이 아니다. 단지 그 사소한 일이 내게 가느다란 외줄 위에서 균형 잡는 법을 깨닫게 해주었다는 말이 하고 싶을 뿐이다. 균형을 잃으면 전쟁이 일어나고, 균형을 찾으면 평화가 온다. 우리는 정말 아무것도 아닌 것 때문에 언제든 혼돈 속으로 빠져들 수 있으며 그럴지 말지는 우리 자신이 결정한다.

나는 자연의 안내자로서 늘 사람들에게 삶의 즐거움, 세상의 경이로움, 명쾌함에 대해 가르쳐왔다. 우리 모두 무엇이 옳고, 무엇이 좋고, 무엇이 이로운지를 직감한다고 나는 여긴다. "연금술의 여정은 아침에 깨어나자마자 스스로 행복해지겠다고 다짐하는 일로부터 시작됩니다." 내가 수강생들에게 하는 말인데 이것이 근본이다. 어떤 여정이든 그 안에서 당신 자신이 행복해야 한다. 그렇지 않다면 다른 여정을 선택하라! 물론 어느 여정이건 흑색 작업처럼 고충의 단계가 있다. 하지만 그로부터 쭉 이어지는 길에는 세상의 아름다움과 행복만이 있을 뿐이다.

샤르트르의 기차에서 내가 경험한 이 깨달음은 내 속에서 뭔가를 바꾸었다. 아니, 나를 바꾼 것이 아니라 내 안에 있던 것을 드러나게 해서 나를 원래대로 돌려놓았다. 나는 돌을 삼켰을 때처럼 다시 태어났다.

시간에 대한 감각도 달라졌다. 연금술사의 시간에 대해 나는 이미 한 장에 걸쳐 거론한 바 있다. 내가 지혜로움으로 세상을 바라보는 것은 다름 아닌, 사회가 우리에게 강요하는 리듬과 '다른 리듬'을 받아들이는 것이다. 그날 이후로 나는 더 이상 달릴 수가 없다. 아니, 더 정확하게는 달리고 '싶지 않다.' 거리에서 보면 사람들은 나보다 훨씬 빨리 걷는다. 나는 관찰자가 된 듯한 느낌을 받는다. 완전히 같은 세상에 있는 게 아니라, 옆으로 좀 빗겨나가 있는 느낌이랄까. 속도를 늦춘 상태가 내 변별력을 가동시켜서 매 순간 더 풍부하고, 밀도 높고, 정확한 정보를 제공해준다.

어떤 때는 나의 느려진 리듬에 다른 사람들을 끌어들이기도 한다. 예를 들어 언젠가 식당에 갔을 때, 내 옆쪽에서 사업가들이 이야기를 나누고 있었다. 나와는 반대로 잘 빼입고, 엄숙하고 권위적이며 다급한 모습이었다. 종업원도 주체할 수 없는 리듬으로 사방팔방 왔다 갔다 했다. 내게는 마치 영화 필름을 빨리 돌린 것 같았다고나 할까? 어쩌면 그런 분위기에 휩쓸려 나도 긴장하거나 조급해졌을 수도 있었다. 그런데 그 반대로 나의 느긋함이 그들에게 영향을 미쳤다. 여종업원이 내게로 왔을 때, 나는 나지막한 소리로 이렇게 말했다. "전 급할 것 없답니다." 그러자 그녀는 속도를 줄이면서 약간 당황한 기색을 비쳤다. 마치 '잠깐, 지금 내가 여기서 뭘 하고 있지?'라고 자문하는 듯했다. 그녀의 눈빛을 보고 미루어 짐작하건대, 아마 그녀는 속으로 이런 생각을 했을 것이다. '아, 그래. 세상은 이런 리듬으로 흐를 수도 있어.' 그녀는 내게 미소를 지어 보였다.

나는 시간 속에 갇혀 있는 동시대 사람들의 모습을 더 면밀하게 관찰하게 되었다. "시간이 없다"는 말을 달고 사는 사람들 말이다. 그들은 시간의 노예라서 정말로 시간이 없다. 마구 요동치는 주위 환경에 휩쓸리지 않으려면 각별한 주의가 필요하다. 세상은 유혹도 하고, 강요도 한다. 그래서 우리는 성급히 타인의 리듬을 따라가게 된다. 하지만 주의하라! 이제껏 그래왔듯이 그 무질서의 행진에 가담하면 판단, 의심, 불안이라는 지원군이 덩달아 우리 뒤에 늘어설 것이라는 사실을. 시간에 붙들리면 후회할 일이 생기고, 후회는 또다시 시간에 붙들리게 한다. 즉 엎친 데 덮치는 격이 된다. 시간이 부족하다고 느끼니까, 더 부족해질까 봐 아예 뛰어다니게 된다. 숨이 얕아지고, 정신이 흐려지고, 영혼과도 멀어진다.

그럼에도 우리는 속도와 요동의 유혹에 순식간에 빨려들어간다! 그러다 보면 악마는 거칠게 돌변한다. 이 가속을 받아들이면 일단 우리의 원칙이 삐걱대기 시작하고, 이어 그동안의 평화가 난도질당한다. 그렇게 자신도 모르는 사이에, 그것도 일순간에, 모든 것을 망치게 된다. 우리 안의 평화는 아무도 훔쳐갈 수 없는 보물이다. 자신의 악마에게 휘둘려 평화 보전을 못하면, 평화를 잃게 되는 장본인은 바로 우리 자신이다.

내게 쏟아진 그 빛은 무엇이 중요한지를 상기하게 해주는 일종의 경고였다. "부디 주의해!" 우리 일상에서는 우체국 창구의 일화 같은 일들이 날마다 한가득 생겨나므로 우리는 늘 선택의 기로에 놓인다. ― 악마에게 항복할 것인가? (급하게, 삐딱하게, 도미노처

355

럼 타인에게 계속 감정을 떠넘기면서, 매번 후회하면서도 점점 더 빠져드는 식으로.)

아니면 그 악마의 유혹을 부드럽게 물리칠 것인가? 기차가 두 시간 연착되었다고 하자. 물론 그것은 현실이다. 하지만 두 시간 기다리는 것이 뭐 대수겠는가? 그 두 시간이 당신을 어떤 만남, 독서, 사색으로 이끌 수도 있으니 오히려 은총 아니겠는가? 비록 그곳이 사람들로 붐비는 역일지라도 내가 내 존재를 확고히 느끼고 있기만 하다면, 투덜대면서 무언가 — 연착, 시계, 사람들 — 와 싸우는 것보다 훨씬 즐거운 경험을 하게 될 것이다. 이렇게 말하고 있는 나도 왕년에는 한 성깔 했다. 내 금속 비율표를 보면 아직도 철이 많은 편이다. 이전에는 아무 데나 화를 냈다. 하지만 이제는 악마가 저만치서 다가오는 것이 보이고, 나는 그 악마가 삼박자의 춤을 추게 만들어버린다. 그러면 좀 낫다. 아직 성인聖人까지 되지는 못했지만, 나는 이제 시간에 구애받지 않는다.

한편 보편적인 사랑의 샤워를 하고 난 뒤로 내 안에는 늘 자비로움이 자리하게 되었다. 깨달음이 준 또 다른 결과다. 나는 한시도 감사함을 느끼지 않은 적이 없다. 뭘 먹을 때도 마찬가지다.

오늘날 우리가 먹는 식품의 이면에 대해서도 모두들 할 말이 많을 것이다. 너무 기름지고, 달고, 화학물질 등이 가득한 음식을 먹는다는 식으로 우리에게 잔뜩 죄책감을 불러일으키는 내용. 그런가 하면 요즘 가공식품의 포장지나 식당 메뉴판을 유심히 들여다보면 무슨 처방전이라도 읽는 것 같다. 오메가3 함유율이 얼마고, 변비에 좋은 섬유질이 어떻고, 노화 방지가 어떻고, 암 예방 조리법이 어떻고, 알레르기를 일으키지 않는 항산화가 어떻고….

정말이지 입맛이 싹 달아날 지경인데 유명한 식품들이 전부 그런 식이니 얼마나 씁쓸한가!

진짜 문제는 영양소나 조리법에 있지 않다고 나는 생각한다. 이것들이 텅 빈, 즉 정신이 결여된 식품이라는 사실이 문제다. 온갖 비타민이 다 들어 있다는 음식을 먹어본들, 텅 빈 음식에 불과하다. 우유 팩에 적힌 글들을 한번 읽어보라! 살균 처리(무슨 의미겠는가?), 저지방, 칼슘과 비타민D 첨가, 유당 제거…. 대체 이런 말들이 젖소에게서 나온 우유와 무슨 관련이 있는 걸까? 아이들을 농장에 데리고 가서 갓 짜낸 우유를 맛보게 하면 "으악, 맛이 이상해요!"라며 인상을 찌푸린다. 그런데 그게 진짜 우유다!

변질된 것은 맛뿐이 아니다. 풍미가 획일화되고 조작되고 있다. (베이컨이 안 들어간 '베이컨 맛 감자칩', 레몬케이크 맛이 나는 요거트…) 대량으로 생산되는 과일과 채소도 마찬가지다. 품종이 획일화되었고, 크고 작고 상처 나고 부푼 것들은 아예 유통되지도 않는다. 이런 맛과 모양의 표준화, 생산 과정의 산업화 때문에 우리는 '정신'을 까맣게 잊어버리게 되었다. (살아 있던 식품이 우리 입으로 들어오기까지 그 중간 과정만 몇 년씩 걸리기도 한다.) 우리는 죽은 식품, 텅 빈 식품을 섭취하고 있다. '먹는 것'(nourrir)과 '죽는 것'(mourir)이 이처럼 쌍둥이 같았던 적은 없었다.

옛날 사람들은 모든 것에 정신이 깃들어 있다고 보았다. 음식도 마찬가지다. 신께 음식을 바치는 성스러운 종교예식을 치른 후에(꼬박 하루가 걸리기도 한다), 사제들은 그것을 자신들은 먹지 않고 굶주린 사람들에게 나눠주었다. 신께서 '정신'을 취하셨기에 속이 텅 빈 음식이 되었다고 본 것이다. 신을 믿든 말든 간에, 식사 전에 식탁에서 그 음식이 여기에 오기까지의 과정을 떠올리고 대지의 은혜에 감사하는 기도를 올리는 것은 결코 무의미한 일이 아니다.

우리는 지금 식품이 우리를 먹여 살리지 못하는 사회에서 살아가고 있다. 우리의 신체는 살이 쪄도, 우리의 정신은 굶주리고 있다. 햇빛을 충분히 받은 과일을 직접 나무에서 따 먹는 편이 며칠 동안 보관대에 놓여 정신이 결여된 과일을 먹는 것보다 훨씬 유익하다. '열량'이라는 말은 본질을 감추는 포장지에 불과하다. 진짜 에너지는 열량으로 표시될 수 없다! 거리의 격차가 우리를 죽이고 있다. 식품의 생산지와 소비자 사이의 거리, 사랑을 잃어버린 사람들 사이의 거리. 그런데도 우리는 그저 음식의 성분과 효과만을 따지려 든다.

뭔가를 먹는다는 것은 그것을 우리 안에 받아들인다는 의미다. 육식 그 자체는 문제가 안 된다. 나도 채식주의자는 아니다. 하지만 끔찍한 환경 속에서 고통스럽게 길러진 동물의 살을 우리의 살과 섞는 것은 그 고통을 받아들이겠다는 의미와 같다. 즉 그 동물의 황까지 섭취하게 된다. 그것을 변성시켜 배출할 수 있다면 다행이지만, 그게 아니라면 이제는 우리 자신이 황이 넘쳐나는 처지가 될 것이다. 수공예품들도 다르지 않다. 갖은 스트레스 속에서 월급도 제대로 못 받으며 공예품을 만드는 사람들을 떠올려보라. 만든 사람의 그 짜증이 이제 당신에게로 건너온다. 어째서 우리 사회는 이런 영향력을 무시하는 걸까? 귀찮아서? 아니면 무지해서?

그렇다고 우리 모두가 농사꾼이 되자거나 정원 한구석에 (노래 부르며) 뭘 심어 먹자는 뜻은 아니다. 그런 일은 가능하지도 않다. 나만 해도 파리 토박이다. 하지만 사랑을 담은 음식, 정성을 담은 음식, 시간에 쫓기지 않은 음식을 만들 수는 있다. 아무리 몸에 좋다는 음식도 이런 음식들에 비할 바는 안 된다.

당신에게 좋은 음식은 당신 자신이 가장 잘 안다. 당신의 몸이 당신에게 알려준다. 예를 들어 뭔가를 먹을 때 코의 반응에 주의해보라. 콧물이 흐르거나 숨쉬기가 답답해진다면, 그것은 그 음식을 그만 먹으라는 신호다. 식사를 시작하자마자 그런 반응이 나타날 때도 있다. 몸이 그렇게 말하고 있으니 그럴 때는 먹지 말라. 내 말은 아무것도 먹지 말라는 뜻이 아니라 자신의 직감에 주의를 기울이라는 뜻이다. 음식뿐만 아니라 모든 영역에서!

내가 잠시 음식 이야기로 빠진 이유는, 예전에 내가 깨달음을 경험했을 때 내 가슴속에서 솟구쳐 지금까지 지속되고 있는 감사의 마음을 설명해보기 위해서다. 식사 시간은 그런 마음을 표현하기에 가장 적절한 시간이다. 땅이 제공한 음식과 정신적인 음식 간에 다리를 놓을 수 있는 적절한 때인 것이다.

자비로움에 대해서도 한번 이야기해보자. 내심 보답을 기대하거나, 상대방이 알아주기를(그것도 대개는 영원토록!) 바라거나, 자신의 에고를 만족시키기 위해서 하는 것이 아니다. 빛을 통과시킨 사람에게서는 아무 대가도 바라지 않는 이타심이 자연스럽게, 의지와 상관없이 흘러나온다. 한 번 더 밝히지만 나는 결코 성인이 아니다. 늘 빛을 발하고 있는 것처럼 연기할 생각도, 그런 능력도 없다. 하지만 내가 빛을 발할 때마다 나 자신뿐 아니라 주위의 사람에게 좋은 영향이 미친다는 사실만큼은 분명하다. 만족감이 주위로 이전되고, 긍정적 에너지가 퍼져나간다.

예를 들어 나는 친구들과 식사할 때 종종 그런 경험을 한다. 사소한 말다툼이 커져서 싸움이 되고 이내 아수라장이 되는 경우가 있다. 그때 빛이 내게 윙크하고, 나는 그게 내 의무인 양 오묘한 물결에 휩싸여 고요하고 평온하고 정화된 느낌에 젖는다. 더욱 멋진 것은 바로 이 평화가 친구들에게로 퍼져나갈 때의 느낌이다. 그러면 곧 모두가 잠잠해지고, 모임은 이런 대화로 마무리된다. "오늘은 참 아름다운 하루였어." 이 마지막 느낌보다 중요한 것은 없으며 우리를 억누르던 긴장감은 어느새 사라져버린다. 그 누구도 이 평화의 숨결에 저항하지 못한다.

이렇게 내면의 평화를 되찾으면 감정의 중화가 일어난다. 앞서 감정에 관한 장에서 이미 언급한 바 있듯이, 나는 시간이 지날수록 내 감정들이 ─ 그것이 슬픔이든 기쁨이든 간에 ─ 점점 더 옅어지고 있음을 느낀다. 덜 영향받고, 덜 자극받는다. 크게 괴롭지도, 크게 기쁘지도 않다. 나를 분노케 하거나 걱정에 사로잡히게 하는 일이 별로 없다. 늘 덤덤하면서도 안정된 상태를 유지한다. 야단법석을 떨며 뭔가를 하는 일이 드물다. 물론 나도 사랑을 한다. 하지만 보편적인 사랑을 한다. 열정이 아니라 연민으로 채워진 사랑 말이다. 이게 바로 평화의 대가다. 마치 이제 내게는 아무것도 중요한 게 없는 듯한 상태.

감각(오감)은 다양한 접촉이 들어 오는 문일 뿐이다. 감각이 존재의 목적이 되어서는 안 된다. 감각은 전일체의 일부만 보게 하고, 오로지 행복만이 우리에게 전체를 보여준다.

인간은 원래 행복한 존재였다. 아이들을 보면 알 수 있다. 그러나 우리는 길을 잃어버려 행복할 '이유'를 군이 찾아다니고 있다. 그래서 나는 끊임없이 이렇게 말한다. "즐겁게 사세요. 이 세상의 경이로움을 즐기세요. 행복을 누리세요!" 우리의 목적은 행복할 이유를 찾는 것이 아니다. 이유 없이 행복해지는 것이다. 이것이 바로 마지막 단계다. 더 이상 물질적인 것에 연연하지 않는 지극한 복락, 지복의 상태다.

나는 이 중화된 상태, 느긋함 속에 자리하고 있다. 그렇다 보니 거창한 계획을 세우고 성사시키려고 안간힘을 쓰면서 매달리지 않는다. 완전히 그 반대다. 그러노라면 될 일은 저절로 쉽게 된다. 행여 안 되는 일이 있어도 덤덤하다. 나날이 결심하는 일은 줄어드는 대신 시간에 구애를 받지 않는다.

나는 이처럼 군이 나서지 않는 상태에서 오히려 많은 것을 얻고 있다. 예를 들자면, 어느 날 모로코의 탕헤르^{Tanger}로 단체관광을 갔을 때였다. 혼자 빠져나와서 시장을 거닐고 있는데, 상인 한 명이 나를 가게로 부르더니 구리로 된 커다란 반지를 내밀었다. 돈은 필요 없으니 그냥 가져가라는 것이다. "이건 당신 거예요!" 그래서 나는 반지를 받아왔다. 유달리 무겁고 차갑게 느껴지는 반지였다. 반지를 빼도 그 차가움이 손에서 계속 느껴질 정도였다. 나는 집으로 돌아와서 그 반지를 책상 위에 놔두었다. 어느 날 친구 한 명이 우리 집에 와서 그 반지를 보고는 특이하게 여겨 사진을 찍어갔다. 며칠 후에 그는 사진을 현상하고 나서 깜짝 놀라 내게 전화했다. 반지에서 빨간 네온빛이 비친다는 것이다. 그래서 자세히 조사해본 결과, 그것이 12세기에 만들어진 반지임을 알게 되었다. 다른 세상들의 문을 여는 예식에서 사용되었던 반지였다.

한번은 중국에서 온 소포 하나를 받게 되었다. 발신인이 적혀 있지 않은 그 소포에는 뻘건 흙으로 뒤범벅된 낡은 물건이 들어 있었다. 나는 물건을 닦아서 조사해봤다. 2,500년이나 된 옥벽玉璧이었다. 아마도 오래된 절의 문에서 나온 것인 듯했다. 나는 아직도 누가 그것을 보냈는지 모른다. 나한테는 동물 뿔로 만들어진 중세의 마법 지팡이도 있고, 무슨 가죽으로 만들어졌는지 모를 마녀 책자도 있다. 나는 이것들을 우주의 윙크라고 부른다. 내가 굳이 얻으려고 한 것도 아닌데 그냥 받게 된 것들이니까.

아주 희귀한 책을 발견한 적도 많다. 거의 찾아볼 수 없는 연금술 책이, 마치 하늘에서 떨어지듯 우연히 책방 앞을 지나가던 내 눈에 띄는 식이다. 그런가 하면, 고맙게도 사람들이 내게 필요할 거라며 뭔가를 보내주는 경우도 있다. 그 덕분에 나는 이런 물건들과 그 수익을 관리하는 비영리단체까지 세우게 되었다. 그중에는 가치를 측정하기 어려운 것들도 있다. 책 한 권이 집 한 채의 값어치를 갖기도 한다.

마치 내가 이 '보물'들의 임시관리자라도 되는 듯이, 이런 일이 내게 일어난다. 아닌 게 아니라 나도 그 역할을 기꺼이 받아들이고 있다. 때가 되고 적임자가 나타나면, 나는 그것들 전부를 망설임 없이 건넬 것이다. 그 물건들은 우리보다 훨씬 수명이 길며 우리는 전달자일 뿐이다.

같은 이치로, 나는 여행을 준비할 때도 정보 '전달자'라는 내 역할을 충실히 수행한다. 이스터 섬에서 찍힌 신비한 사진이 그 사실을 극명하게 드러내주고 있다. 나는 사전답사를 가서도 특정 장소를 미리 점찍어두지 않고 그냥 걸어서 이곳저곳 돌아다닌다. '기꺼이' 길을 잃기 위해서다. 그리고 대개 우연과 직감에 의해 주옥같은 장소들을 발견한다. 수 세기 동안 인간에게 발견되지 않은 채로 자연 속에 파묻혀 있던 고인돌 같은 것. 내가 그것에 손을 대고서 풀어내는 이야기는 그 고인돌이 들려주는 말이다.

프랑스 서부 브르타뉴 지역을 여행할 때의 일이다. 그때는 사전답사가 아니라 본 여행이었다. 우리 일행은 여러 대의 차량으로 이동했고, 내가 제일 앞차를 몰았다. 그런데 길을 잃어버리고 말았다. 나는 차에서 내려 무작정 걷기 시작했고 모두가 내 뒤를 따라 걸었다. 나는 내가 어디로 향하고 있는지도 모르는 채 느낌대로 움직였다. 나와 함께 여행을 준비한 아내는 이 도보가 우리 일정에 포함된 것이 아님을 알고 있었다. 하지만 다소 놀란 눈빛으로 나를 바라봤을 뿐, 아무 말 없이 신뢰하고 따라주었다. 그런데 고인돌 하나가 우리 앞에 나타났다. 도저히 있을 만한 곳이 아닌 자리에 꽁꽁 숨어 있다가 불현듯. 그 돌은 이야기를 잔뜩 품고 있었다. 나는 거기에 손을 얹기만 하면 되었다. 돌이 내게 이야기를 들려주고 나는 즉흥적으로 그 이야기를 전달했다. 그리고 나중에야 그것이 역사적인 사실과 딱 들어맞는다는 것을 확인했다.

그때 우리 일행은 이런 속사정까지 알지 못했고 아내와 나만 아는 일이다. 지금 그 고인돌은 우리의 공식 일정에 포함되어 있다. 고인돌이 스스로 나를 찾아온 거나 마찬가지다.

이런 일화가 수두룩하다. 라 레위니옹에서 있었던 일이다. 나는 일행과 함께 어떤 장소에 가게 되었는데, 거기서 마치 아버지가 아이들에게 하듯 환상적인 이야기를 지어서 들려주었다. 그곳은 무척 가팔라서 접근하기가 어려운 협곡이었다. "한 마녀가 도망친 노예들을 이끌고 그 협곡으로 숨어들었는데, 지금 우리 발밑에 바로 그 마녀가 묻혀 있답니다…." 나는 이 이야기를 나중에 내 친구에게도 들려주었다. 그러자 그가 말했다. "어? 잠깐, 너 그 이야기를 어떻게 알았어? 아무도 모르는 얘긴데. 어릴 때 아버지에게서 들은 얘기와 똑같아."

페루에 갔을 때의 일이다. 늘 하던 대로 들판을 정처 없이 걷고 있는데, 커다란 돌 위에 앉아 있던 시골 사람이 내가 다가가자 이렇게 말했다. "어서 오게. 기다리고 있었네." 그리고 그는 그 지역에 얽힌 이야기를 내게 들려주었다. 이처럼 내 삶은 나를 풍성하게 해주는 예기치 않은 만남들로 가득하다. 나는 그저 받아들일 준비만 하면 된다. 내가 어디를 가든, 사람들은 나를 이방인이 아니라 그 지역에 사는 사람인 줄 안다.

전문적이고 예술적인 분야에서도 마찬가지다. 나는 아무것도 바라지 않는데, 그냥 어떤 일들이 일어난다. 나는 뭔가 강연을 해달라거나, 어떤 행사에 참석해달라는 요청을 받게 된다. 애석하게도 그 요청에 다 응할 수는 없지만, 여하튼 전혀 예상하지 못한 곳에서 연락이 오곤 한다. 책, 영화, 공연…. 내가 조니 할리데이 (프랑스의 유명한 대중가수. 역주)의 베이시스트와 함께 음반을 내게 되리라고 상상이나 했겠는가. 그런데 가사도 쓰고, 공연도 기획하고, 대기업이나 은행 같은 곳의 상담 요청도 받는다. 그들에게 연금술사의 조언이 필요하리라고 누가 상상이나 하겠는가? 내가 먼저 그러겠다고 나선 것도 아닌데 말이다. 나는 나 자신을 등불로 여긴다. 누군가 원하면 빛을 밝혀주는 것, 그것이 바로 내 사명이다.

앞장에서 '통달해야 할 일곱 원리'에 대해 언급한 바 있다. 그것의 다음 단계는 정반대의 훈련, 즉 '내려놓기'이다. 우리는 지고한 여정에서 몸을 통해 이미 '내려놓기'를 경험해보았다. 특정 동작들로 몸을 비우고 나면, 우리가 원하든 원치 않든, 어떤 황홀감이 다가와 우리를 마구 흔들어놓는다. 실험실에서도 마찬가지다. 무수히 실패를 반복한 후에 더 이상 아무것도 기대하지 않는 상태에서, 우리의 의지와는 무관하게, 마치 마법처럼 적색 작업의 결과물이 나타난다. 똑같은 일이 우리의 인생에서도 벌어진다. 처음에는 모든 것을 얻고자 탐욕을 부리고 싸워 이기고자 한다. 그러나 지혜를 얻고 나면 마음이 달라진다. '내가 왜 바삐 움직여야 하지?'라면서 있는 그대로를 받아들이게 된다. 우리에게는 꼭 가져야 할 것도, 꼭 해내야 할 일도 없음을 깨닫게 되는 것이다.

바꿔 말해서, 보통의 사람들은 항상 작용(action) 속에서 온갖 것을 쫓아다닌다. 반면 입문자는 반작용(réaction) 속에서 머문다. 할 수 있는 만큼만 하고 능력 밖의 일들은 그냥 제쳐둔다. 스승은 작용도 반작용도 아닌 상태에 머문다. 세상이 더 이상 내게 일을 주지 않는다면, 나도 굳이 일을 만들지 않을 것이다. 그것은 내가 떠날 때가 되었다는 뜻이기 때문이다. 나는 이 세상을 사랑하지만, 떠날 때는 어떤 미련도 남기지 않을 것이다.

고인돌이나 라 레위니옹의 일화에서 보듯이, 내게서 흘러나오는 이야기의 특징은 바로 그것이 적재적소에 등장한다는 점이다. 히브리 문자의 춤을 가르칠 때도 마찬가지다. 나는 바로 그런 정확함, 완벽한 균형을 추구한다. 나는 가끔 발끝으로 서는 동작을 해보곤 하는데, 발레를 배운 적이 없는데도 그것을 해낸다. 빛이 균형을 잡아주기 때문이다. 내가 합일이나 교정에 대해 말할 때도 같은 관점에서 이해하면 된다. 빛이 그것을 해준다.

이제 당신은 자신을 정화시키는 데 다양한 도구를 쓸 수 있음을 이해했을 것이다. 실험실에서는 금을 실현하는 것이 그 도구다. 지고한 여정에서는 자신을 충분히 비워서 빛을 통과시키는 것이 그 도구다. 예술작품도 하나의 도구다. 어떤 예술작품 앞에 꼼짝 않고 말없이 서서 전율을 느낄 때(부동, 고요, 합일의 상태), 빛이 우리를 통과해간다. 물론 일상의 평범한 상황 속에서도 같은 일이 벌어질 수 있다. 그러니 분별력을 발휘하라. 분별력은 의심의 반대말이며, 또 하나의 도구다. 합일을 이룬 사람은 주저하지 (tergiverser) — 어원상으로 '등을 돌리다, 외면하다'(tourner le dos) — 않고 올바른 길로 간다. 뭔가 업적을 세우기 위해서가 아니라 그냥 겸허하게. 세상과 부딪히지 않고, 자기가 있어야 할 곳에 머문다. 세상을 사랑하고, 행복해한다.

아침에 깨자마자 별 이유 없이 행복한 느낌, 이게 유일한 나침

366

반이다. 만일 행복하지 않다면 어딘가 불균형이 있는 것이다. 귀가 뾰족한 초록색 스승(영화 스타워즈의 요다. 역주)이 말하듯이, 우리를 어둠의 힘으로 끌어내리는 것이 바로 이 불균형이다. 행복은 외줄 타기와 같다! 우리가 행복해서는 안 될 이유들이 양편에 바글거린다. 대부분 망상에 불과하지만, 어쨌든 그런 것들이 우리의 내면과 일상을 장악하고 있다. 그러나 우리는 낙천성을 발휘하여 그것들을 변성시킬 수 있다.

빛은 균형을 찾도록 도와준다. 나는 이제껏 빛을 만날 수 있는 여러 가지 길을 소개했다. 그 혜택을 누리는 것은 각자의 의지에 달려 있다. 빛을 만나려는 의지, 빛을 선량하게 쓰려는 의지 말이다.

빛이 주는 황홀감이 고민들을 싹 치워버릴 것이다. 정말 아무것도 아닌 일들로 느껴지게 할 것이다. 새로운 빛이 쏟아져내리고, 그 덕분에 세상을 이전과 다르게 바라보게 되니 얼마나 다행인가. 당신은 이 아름다운 세상 속에서 다른 존재들의 선의를 느끼는 동시에 자신의 선의를 행동으로 옮긴다. 거듭 말하지만 이런 깨달음은 원한다고 해서, 애써 노력한다고 해서 주어지는 것이 아니다. 하지만 운 좋게도 이 은총을 맛보게 되었다면, 그 이후의 일들은 온전히 자신의 책임이라는 사실을 명심해야 한다.

나는 우리 모두가 매 순간 만족감을 느끼며 살아가기를 바란다. 물론 현실은 그렇지 않다. 그렇다. 이것은 선택의 문제다. '지옥을 택할 것이냐, 천국을 택할 것이냐.' 하지만 내가 이 책에서 마지막으로 공개할 비밀은 바로 이것이다. '지옥이나 천국은 어떤

장소를 뜻하지 않는다. 그것은 우리의 상태를 가리킬 뿐이다.'

지금은 잃어버렸지만 우리는 천국의 상태가 무엇인지를 알고 있다. 그래서 그 상태로 돌아가고자 한다. 그게 전부다. 내가 힘닿는 만큼 기꺼이 수행하고 있는, 전수자로서의 내 사명도 예외가 아니다.

지금 누군가가 내게 "연금술이 무엇인가요?"라고 묻는다면, 나는 이렇게 대답할 것이다. "연금술은 행복해지기 위한 예술이랍니다."

어떤 만남

한 10여 년 전에 '정신세계' 쪽의 책 한 권을 우연히 접하고 감동 깊게 읽은 적이 있습니다. 제게는 특별한 만남을 제공한 책이었습니다. 영어 원서를 불어 번역본으로 읽었는데, 수려한 번역이라 이후 그 출판사에서 번역된 다른 책들까지 찾아 읽었습니다. 정신세계 분야의 전문 출판사여서, 덕분에 그 분야의 다른 책들도 접할 수 있었습니다.

그런데 번역가가 해당 출판사의 장^長이고, 지인의 지인이라는 사실을 알게 되었습니다. 그런 인연으로 그를 만나게 되어 나누었던 얘기 중 한 부분이 인상적이었습니다.

그 책을 내가 만날 수 있었던 행운을 염두에 두면서, "어떤 기회로 그 책을 번역 출간할 생각을 했는가?"라는 제 질문에 정확한 문구는 기억에 없지만 다음과 같은 내용으로 그는 대답했습니다.

사실은 그 책을 번역 기획하기 10여 년 전에 한 지인에게서 선물로 받았는데, 그 당시엔 정독하지 않고 그냥 책꽂이에 꽂아두었다가, 10여 년이 지난 어느 날 그 책에 꽂혀서 프랑스 독자들에게 소개할 마음까지 가지게 되었다고….

'만일 그가 10년 앞서서 그 책을 번역 출간했으면, 내가 그 책을 만날 수 있었을까?'라는 생각이 문득 스쳤습니다. 물론 아닐 것입니다. 제가 그 책을 파리의 한 책방에서 만나게 되기까지, 제 삶의 여정이 무관하지 않고, 그런 삶의 여정을 겪기까지 저는 수많은 선택을 해왔을 테니까요.

저는 독서를 하나의 만남으로 여깁니다.

'만날 것이냐 말 것이냐?'라는 선택권이 대개는 우리에게 주어지지만, 어떤 만남은 우연히 이루어져 마치 운명 같은 결과를 만들기도 합니다.

그렇다 보니 저는 책방이나 도서관에 가면, 약간 설렙니다. 굉장한 누군가를 만나게 될지도 모르는 순간 앞에 도달해 있다는 느낌에섭니다.

어떤 책은 마음을 울리고, 어떤 책은 이성을 자극하고, 어떤 책은 눈물을 쏟게도 하며, 또 어떤 책은 저의 일부분을 보는 듯해서 마치 오랜 친구를 만난 듯 반갑기도 합니다. 그런가 하면 기대에 못 미치는 책도 있고, 수년간 책장만 장식하는 책도 있습니다. 그 외 수많은 책들은 이번 삶에서 한 번도 만나지 못합니다.

예사롭지 않은 경험을 하며 살아가는 한 연금술사의 자전적 책,《연금술이란 무엇인가》를 제가 번역하기까지, 또한 이 책이 독자 여러분 앞에 펼쳐지기까지, 우리는 '삶'이라는 명목으로 수많은 상황들을 겪으며 살아왔겠지요.

이 책과의 만남이 여러분에게 어떤 식으로 전개될지는 어쩌면 여러분 각자의 인간 조건에 달렸을지도 모르겠습니다.

무지와 겸허에 대한 숙고

하루가 24시간 이상인 듯 살아가는 사람들이 가끔 있습니다. '잠도 안 자나?' 싶을 정도로 수많은 도전과 경험을 마다하지 않는 사람들.

파트릭 뷔렌스테나스는 제게 그런 사람으로 보였습니다. 그가 쓴《연금술이란 무엇인가》. 한국 독자들에게는 꽤 소원할 수 있는 테마, 연금술과 연금술사에 대한 책을 번역하는 작업은 나름 골치 아프긴 했지만 동시에 무척이나 흥미진진했습니다. 다루는 소재나 논리가 만들어낼 수도 있는 '골치 아픈 부분'보다 '흥미진진한 부분'이 한국 독자들에게도 와닿기를 간절히 바라며 번역 작업에 임했음을 굳이 밝힙니다.

'겸허.'

책에서 여러 번 반복되는 단어입니다. 저자가 말하듯 이 세상을 대하여 우리가 가질 수 있는 열린 자세라고 저도 생각합니다.

내가 모르는 것이 있다는 것, 즉 자신의 무지를 인정하는 겸허한 자세는 우리를 무한한 앎으로 이끄는 원동력이기도 하니까요. 그래서 저는 '겸허'와 '거울'을 동일한 색채의 단어라고 여깁니다.

그런데 솔직히 프랑스 일상에서 겸허와 겸손의 태도를 자주 접하게 되는 것은 아닙니다.

"나는 모른다"는 표현을 서슴없이 내뱉는 그들이지만, 그런 표현 뒤에 자리하는 감정 상태는 겸손해서라기보다는, 혹여 발 벗고 나섰다가 생길 수 있는 책임을 자신이 지지 않으려는 지극히 개인주의적인 의도가 농후합니다. 그래서인지 "나는 모른다"는 말에 동반되는 표정은 전혀 겸손하지 않으며, 거의 자동적이면서 냉랭하기까지 합니다. 따지고 보면 그들이 자주 내뱉는 또 다른 표현 "내가 알 바 아니다"와 거의 동의어인 셈입니다. 결국 상대방을 향해서 자신을 여는 자세라기보다는, 나 몰라라 하면서 자신을 닫는 자세입니다.

그런 의미에서 이 책에서 저자가 독자에게 권하는 '겸허한 자세'는 한국 독자들보다는 프랑스 독자들에게 더 힘들 것으로 짐작됩니다.

그런가 하면, 자신의 무지를 인정하는 자세는 지식인이나 특정 분야의 전문가일수록 더 어려울 것입니다. 평생 자신의 관점에 논리를 다져가면서 일종의 자신만의 방패를 만들어왔을 테니까요. 그래서 그 논리가 자신의 한평생을 대변한다고 여기고 있을지도 모릅니다.

혹여 여러분에게 그런 방패가 있다면, 잠시 옆에 내려놓고 독서하기를 바라는 바입니다. 그 방패가 자신의 무지를 인정하는 겸허함 대신 '말도 안 된다'는 닫힌 마음으로 독서를 방해할지도 모르니까요. 알고 보면 그 '말'은 자신의 논리와 다름없을 테니까요.

2019년 9월 파리에서

추신. 주옥같은 책들을 찾아내어 한국 독자들에게 소개하려고 최선을 다하고 있는 정신세계사의 노고에 감사드립니다.